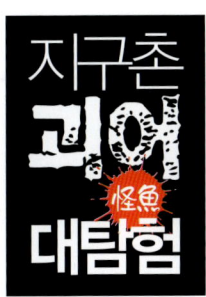

Copyright © Takeishi Noritaka 2009

이 책은 일본 扶桑社에서 발간한 『世界 怪魚 釣行記』의 한국어판으로, 저자 다케이시 노리타카(武石 憲貴)와의 독점계약에 따라 한국 내의 저작권은 도서출판 예조원에 있습니다. 따라서 한국 내에선 예조원의 허락 없이 이 책의 내용(사진 포함)을 복제하거나 전재 또는 발췌할 수 없습니다.

지구촌 괴어 대탐험

지은이 다케이시 노리타카
옮긴이 조흥식

1판 1쇄 인쇄 2010년 3월 5일
1판 1쇄 발행 2010년 3월 12일

발행처 예조원
발행인 김국률

출판등록 제128-34-46691호

주소 경기도 고양시 덕양구 토당동 53-44, 24/3
전화 (031)816-5625 팩스 (031)979-7878

값은 표지에 있습니다.
ISBN 978-89-94129-26-6 (03690)

© 2009, 다케이시 노리타카(일본) / 2010, 예조원(한국)

저자 및 출판사의 허락 없이 이 책의 일부 또는 전부를 무단 복제·전재·발췌할 수 없습니다.
기타 문의사항은 예조원 편집부로 연락주십시오.

지구촌 괴어 怪魚 대탐험

다케이시 노리타카 지음

예조원

2010年에도 변함없이
블랙홀은 그 을 후원합니다!

[2010 환경캠페인]

낚시터를 깨끗이!
블랙홀과 함께합니다!

N·S 주)엔에스 인천광역시 남동구 간석 4동 616-1 Web: http://www.nsrod.co.kr
TEL 032)868-5427, A/S 문의처 032)868-1004   FAX:032)868-5423

2010 The Perfect
Fishing is in Your Family

엔에스의 미래지향적인 개발정신은, 과거에는 지극히 개인적인 취미였던 낚시를 온가족이 함께 할 수 있는 패밀리피싱으로 만드는 것에 주안점을 두고 있다. 가족이 다함께 참여할 수 있는 각 분야별(배스, 쏘가리, 송어, 붕어) 대회의 개최는 낚시를 개인의 취미가 아닌, 가족구성원의 행복을 키워나가는 힘이 되고 있다.

또한 장르별 필드테스터를 통해 나오는 소중한 결과들을 제품개발에 반영하여 한국적 현실에 맞는 제품을 생산하고 있다.

N·S 주)엔에스 인천광역시 남동구 간석 4동 616-1 Web: http://www.nsrod.co.kr
TEL 032)868-5427, A/S 문의처 032)868-1004   FAX:032)868-5423

NEW
OCEAN MASTER [오션마스터]

솔트 게임로드의 새 지평을 여는 올라운드 플레이어

▶카본 X랩핑 프리프레그 (Carbon X Wrapping Prepreg) 공법 채용으로 강력한 Blank Power ▶최신형 Fuji VSS,ACS 시트 적용 ▶Fuji CMNAT, CLCAG, CLDBAG 합사 전용 가이드 컨셉 적용 ▶Fuji CMNAT, CLNAG, CLMNAG 가이드 채용 롱 캐스팅 컨셉 적용 S96M, S103M ▶Blank 무도장, 무연마 가공으로 강도 향상, 최상의 감도 실현 ▶Reel Seat 부 카멜레온 Color, 티탄와이어 적용

NEW
sea raid 眞鯛

솔트게임의 스페셜리스트 전용 로드

씨레이드
▶LJ60S : 근해 라이트 지깅 전용 모델, 5:5 휨새로 파라볼릭 액션을 구현, 뽑아올리듯 쉽게 제압되는 특징을 소유한 로드 20g~60g까지의 지깅에 대응가능
▶LJ63F : 보다 하드한 채비를 선호하는 앵글러를 위한 선택, 3:7 액션의 FAST 타입으로 설계되었으나 실제 파이팅 시에는 전체적인 휨새로 대형어를 제압하는 액션 설계 40g~100g까지의 지깅에 대응

씨레이드 진조
▶진조 S64POWER, C64POWER 참돔지그를 사용하는 낚시 전용으로 개발 된 선상 교 킬로드, 6:4 휨새의 파라볼릭 액션으로 미약한 참돔의 입질을 이물감을 느끼지 않고 자연스럽게 먹일 수 있는 액션을 완성함

▶진조 S82SHARP, C82SHARP 참돔의 활성도가 좋지 못한 필드상황에서, 조과를 확실하게 UP 시켜주는 비장의 카드, 선단부 Glass Solid 접합

NEW
IX-S SPINNING

최고급 사양의 구성과 경량화 추구로 피로감을 최소화한 고품격의 루어 낚시대

▶최적의 웨이트 밸런스 설계로 장시간 낚시의 피로감 해소 ▶초탄성 카본사용으로 미세한 입질까지도 간파 ▶경량 티타늄(Titanium)프레임 SIC 가이드 삽입 ▶Hood Lock Down 방식 릴시트채용으로 피지감 극대화 ▶최상의 피지감을 제공하는 최고급 EVA 그립 채용 ▶파워가 느껴지는 은은한 톤의 블랭크 디자인 ▶캐스팅 타입은 최신형 Fuji Sensor Touch 방식 ACS 릴시트 채용 ▶스피닝 타입은 최신형 Fuji VSS 릴시트 채용

NEW
GRIFFON [그리폰]

▶카본 X랩핑 프리프레그 (Carbon X Wrapping Prepreg) 공법 채용으로 강력한 Blank Power 구현

▶최신형 Fuji VSS, ACS 시트 채용으로 최적의 피지감 제공 ▶Fuji CMNAT, CLAG CYAG 가이드 채용 : SPINNING TYPE ▶Fuji CMNAT, CLAG, CLNAG 가이드 채용 CASTING TYPE ▶Blank 무도장, 무연마 가공으로 강도향상, 최상의 감도 실현
▶부드러운 ACTION BLANCE를 구현한 SPIGOT 사양 ▶터치감이 좋은 EVA + RUBBER CORK GRIP 탑재 ▶SPINNING은 BLUE CONCEPT, CASTING은 RED CONCEPT ▶1회 무상 보증서

LURE ROD 보증서	
제품명	VANESSA
아이템	(아이템 직접기재하세요)
구입일자	20
구입매장	

▶소비자가 10만원 이상 제품 - 구매일로 부터 1년 이내 1회 무상 처리 하여 드립니다. (원피스, 원&하프 제외)
▶소비자가 10만원 미만, 5만원 이상 제품 - 구매일로 부터 1년 이내 판매가의 50% 에 보상 교환하여 드립니다.
▶원피스 또는 원&하프 (버튼분리형) 제품의 경우 구매일로 부터 1년 이내 1회 에 한하여 소비자가의 30%에 신품 또는 해당 부품으로 교환하여 드립니다.
▶해당제품의 생산단종으로 재고가 없을경우 유사제품으로 적용 합니다.

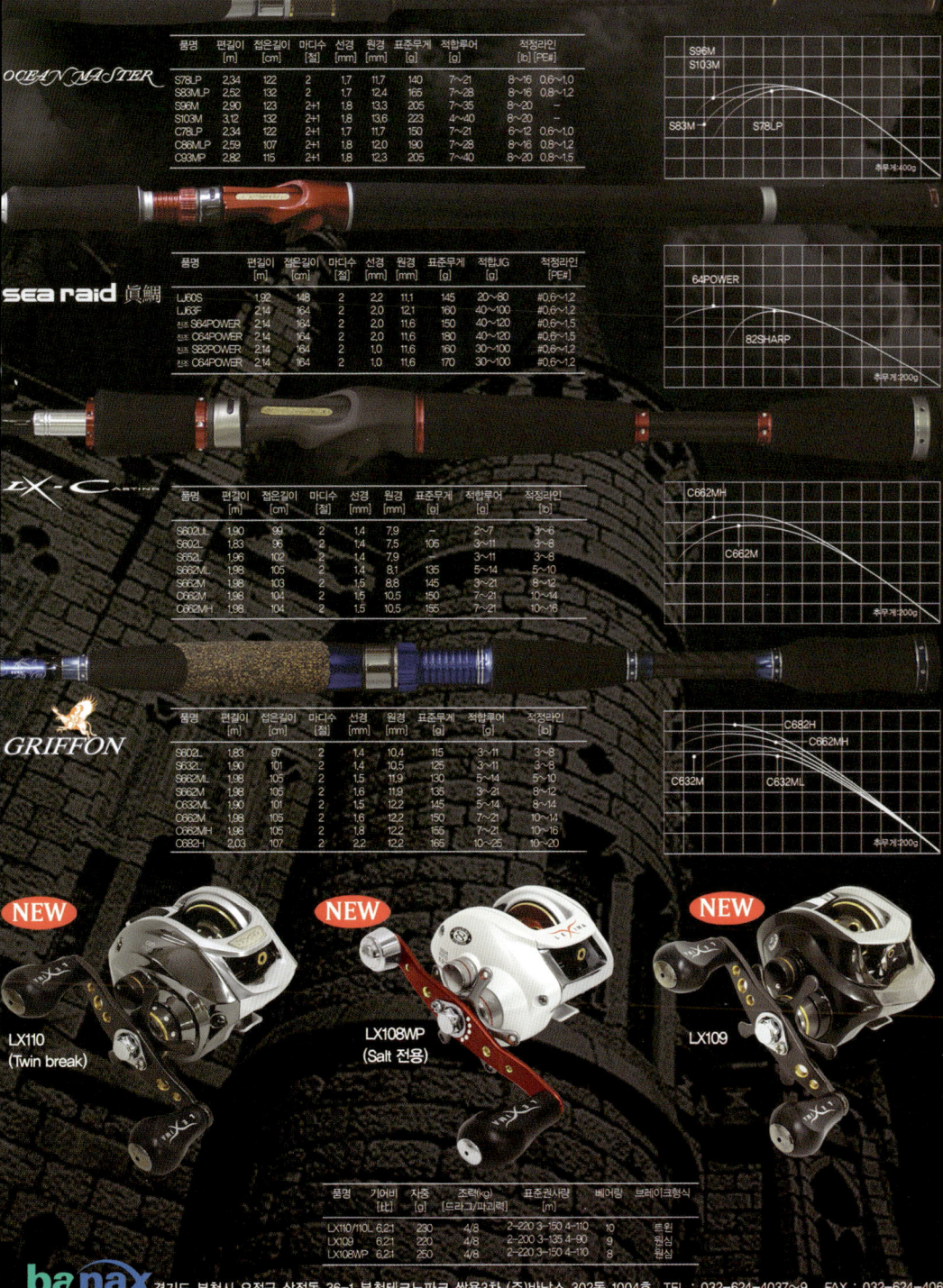

Feel Alive.

최고의 순간을 즐긴다.
오감을 초월한... 쾌감.
전신으로 퍼져나가는.... 감동.
모든 것의 혁신은, 최고의 순간을 만끽하기 위하여.
우리는 항상 새로운 도전을 계속하며,
낚시를 통해서 인생을 벅찬 감동의 세계로 만들어 드릴 것입니다.

The experience of a great moment.
It's the feeling of exhilaration coursing through the five senses.
It's the sense of excitement spreading throughout the body.
All of our innovations — just so you can experience these great moments.
We continue to take on new challenges and bring more excitement
to life through the world of fishing.

다이와, 전진한다. Daiwa, Moving ahead.

다이와정공주식회사는, 글로브라이드주식회사로 社名을 변경하였습니다.
DAIWA 는 낚시 단독의 글로벌 브랜드로 비주얼·아이덴티티를 一新. 다이와의 한층 더 새로운 도전을 기대해 주십시오.   www.daiwakorea.com

머리말

나는 어디든지 간다
내 발이 시키는 대로!

세계의 강과 호수에는 괴어가 산다.

아프리카 나일강 유역에는 거대한 나일퍼치가 유유히 헤엄치고, 남미 아마존 밀림 오지에는 고대어 피라루쿠가 숨어 있다. 몽골 대초원의 계류에 서식하는 2m짜리 귀어鬼魚 타이멘이 기다리는가 하면, 동남아시아의 탁류 저 바닥에는 200kg을 넘는 거대한 가오리가 숨을 죽이고 있다.

유년 시절, 여러 서적과 도감에 등장하는 이들 괴어는 내게 있어서 먼 나라의 꿈에 지나지 않았다. 일본 동북지방 산간지대에서 자란 나는, 바닷물고기에는 거의 흥미가 없었다. 거대한 물고기가 바다에 서식하는 것은 너무도 당연하다고 생각했고, 따라서 대물 낚시의 진수라는 마린 트롤링 같은 건 흥미조차 두지 않았다. 호수와 강 그리고 늪, 담수淡水라는 한정된 공간에서 대어의 모습을 찾는 것이 좋았던 것이다. 거기에 존재할지, 존재하지 않을지도 모를 환상의 괴어를 머릿속에 그려보는 등, 가슴 설레어가며 어른이 되었다.

그러나 점차 낚시에 빠져들어 가는 동안, 내가 사는 동네 근처를 흐르는 강에는 괴어의 존재가 단지 공상에 불과하다는 것을 알게 되었다. 당연하지만, 유년 시절처럼 물가에서 가슴 설레는 일도 갈수록 없어졌다. 나는 점차 좁은 섬나라에 흥미를 잃었고 다시금 마음을 설레게 해줄 무언가를 찾기 시작했다.

　1999년, 나는 2년간 근무하던 회사를 그만두고 인도 일주여행을 떠났다. 첫 목적지로 인도를 택한 것은 막연하나마 일본과는 전혀 다른 이질적인 세계가 거기에 있으리라는 기분이 들었기 때문이다.
　어느 날, 성스러운 갠지스강에 낚싯줄을 드리웠다. 강변의 돌에 붙어있는 조개를 미끼로 낚시를 드리우면 차례차례로 메기가 걸려 나왔다. 손바닥에 올려 놓을 정도로 '괴수怪獸'라고 부르기에는 너무도 작았지만, 크기는 그리 문제가 되지 않았다. 낯선 나라에서 처음 보는 물고기를 손에 넣었다는 사실에 피가 끓어오르는 것 같은 흥분을 느꼈다. 그리고 유년시절에 품었던 상상이 다시금 떠올랐다. 그로부터 나는 아직 알지 못하는 나라에서 아직 만나본 적 없는 물고기를 쫓는 일에 몰두하게 되어 버렸다. 그리고 지금, 꿈같은 괴어를 찾아 1년 중 절반을 여행에 할애하는 생활을 하고 있다.

　나는 어디든지 간다. 내 발이 시키는 대로 그 나라 특유의 자연과 문화를 맛보며 결국에는 낚시터로 향한다. 열대우림으로 걸어 들어가고, 말을 타고 초원을 누빈다. 사막을 방황하기도 하고, 대습지의 수로를 노를 저어 나아가기도 한다. 그리고 때로는 낚싯대를 들고서 도시나 관광지를 배회하다 엉뚱한 의심을 받기도 한다.
　초면의 나라를 방문하면 언어도 잘 통하지 않고 지리적 감각도 없다. 어떤 물고기가 서식하는지도 모를 뿐만 아니라, 물가에 다다르는 것조차 고행일 때가 많다. 그러나 목적이 뚜렷한 여행을 한다면 세계는 아직도 너무나 넓다.

　악어 · 호랑이 · 하마가 앞길을 가로막고, 때로는 말라리아에 감염되고, 식칼을 휘두르며 덤비는 강도를 만나 고생하기도 한다. 그리고 어렵사리 물가에 낚싯줄을 드리웠다 할지라도 외국 낚시에 대한 선입견, 즉 '거대한 물고기가 많이 낚인다'는 낙관적인 희망이 산산조각 나기도 한다. 보기에는 자연이 풍요롭다고 생각한 장소인데도 보이지 않는 남획으로 개체수가 많이 줄었다거나, 또는 방류된 외래종으로 생태계가 파괴된 곳 등등, 내가 사는 나라보다 더한 '인내의 낚시'를 강요당하는 일도 드물지 않다.

　하지만 그 고생이 또한 즐거운 것이다. 고행이 긴 여정 끝에 얻는 대어일수록 성취감을 배가시켜 주기 때문이다. 그리고 낚시여행에서는 한 마리 물고기와의 만남이 그 무엇보다 감동적이다. 그래서 물고기를 낚을 때까지 겪게 되는 수많은 고행이 단번에 사라지는 그 순간을 기다리며 나는 여행을 한다.

2009년 2월
다케이시 노리타카(武石 憲貴)

역자의 말

이 책의 저자인 다케이시 씨를 처음 알게 된 것은 꽤 오래 전의 일이다. 그의 블로그를 통해서였다. 세계의 오지를 누비며 그가 전하는 괴어怪魚 조행기를 실시간으로 탐독하며, 좋아하는 일에 모든 정열을 쏟아 붓는 그의 모습에 온통 대리만족을 느꼈다. 그러다 서로 연락을 주고받게 되었고 초록은 동색이라 결국은 의기투합, 몽골의 오지 탐험을 계획하고 함께 짐을 꾸린 일도 있었다.

10년에 걸친 그의 낚시모험담이 지난 해 일본에서 한 권의 책으로 출간되었을 때, 또 한 번 놀랐다. 일본 낚시인들 사이에 그가 펴낸 『世界怪魚釣行記』(이 책의 일본판 제목)가 일약 화제의 대상으로 떠올랐음은 물론, 어떤 네티즌들은 일본의 저명한 작가이자 여행가인 고故 가이코 타케시開高健 씨의 작품과 견주기도 했다. 물론 이 책의 저자는 전문 작가도, 전문 사진가도 아니다. 그러나 낚시인으로서 낚시에 대한 애정과 집념, 오지 탐험가로서 갖은 고행과 역경을 온 몸으로 부딪쳐 극복하고 끝내 목적을 달성해내는, 놀라운 그의 의지와 열정만큼은 누구와 견주어도 결코 모자람이 없다.

학창 시절의 역자가 가이코 선생의 작품(Fish on, Opa 등등)을 읽으며 지구촌 오지에 숨어있는 괴어에 대한 꿈을 키웠듯, 오늘날 우리나라 낚시인 중 누군가도 이 책을 읽으며 같은 꿈을 키우게 되리라 믿는다. 이것이 곧 다케이시 씨의 이번 저서를 한국어판으로 출간하게 된 동기이자 목적이기도 하다.

이 책을 펴낼 수 있도록 도와준 많은 분들과 후배 박상길 군에게 감사의 뜻을 전하며, 이 책이 꿈 많은 낚시인 모두에게 희망과 용기를 북돋워 주는 '행복 전도서'가 되길 바란다.

2010년 2월
조홍식

차 례

머리말 12
역자의 말 15

Part 1 파푸아뉴기니 Papua New Guinea
습원의 투신鬪神 바라만디 …………………………………… 18

위험한 향기를 풍기는 수도 포트모레스비 20
비경을 흐르는 대하, 플라이강을 거슬러 올라라 32
투신鬪神과의 대결이 끝나고… '죽어도 좋아!' 50
물의 나라에서 진귀한 물고기를 잡아 행복해지는 일 60
나는 말라리아 보균자? – 말라리아 감염 일기 68

Part 2 아프리카 Africa
사막의 거신병巨神兵 나일퍼치 …………………………………… 80

오랜 꿈 키워 온 아프리카 대륙으로 82
에티오피아, 육로 2천km의 지옥 여행 88
사막의 거대 인공호수 '나세르호수' 102
작열하는 사막에서 거신병巨神兵의 그림자를 찾아가는 일 114
공포의 '목조르기 강도단' 출현하다 128
공포의 남아프리카 여행을 끝내다 141

Part 3 동남아시아 Southeast Asia
혼탁한 강의 대마신大魔神 프라 크라벤 …………………… 158

괴물 담수어의 천국 태국을 가다 160
유적지 이상의 그 무엇, 앙코르와트 182
정글 속 거대 인공호수 테멩고르 Lake Temengor 190
세계 최강의 담수어가 사는 보르네오섬 200
세계 괴어 집합소 '몬스터레이크' 211

Part 4 몽골 Mongol
대초원의 살아있는 전설傳說 타이멘 232

- 출룻강에서 테르킨차간호수까지 234
- 오토바이로 몽골 초원을 횡단하다 256
- 알코올중독 운전기사와 떠난 출룻강 야생체험 274
- 조급한 남자는 얼어 죽는다? – 필사의 탈출 287
- 배고픈 초원에서의 요리 기행 295
- 오래 된 이방인이 본 몽골, 몽골 사람들 304

Part 5 아마존 Amazon
고대의 철갑병鐵甲兵 피라루쿠 332

- 머나먼 지구 뒤편, 꿈에 그리던 아마존! 334
- 아마존이 드디어 미소를 지을 때 348
- 정글의 파이터와 어자원 창고 라고아 Lagoa 365
- 아마존 최후의 표적– '고대의 철갑병' 피라루쿠 376
- 안녕, 나의 아마존. 다시 언젠가! 389

Part 6 다시 아마존 Again, Amazon
정글의 황금색 맹호猛虎 도라도 398

- 6년만의 꿈 이루려 다시 아마존으로 400
- 아마존, 거대한 악어 포획 대작전 408

후기 미지의 괴어가 계속 존재하길 기원하며 422
부록 세계 오지여행 수칙 10장 424
       이 책에 등장하는 괴어·괴수 일람 428

1 파푸아뉴기니
Papua New Guinea

습원의 투신鬪神 바라만디

- 위험한 향기를 풍기는 수도 포트모레스비
- 비경을 흐르는 대하, 플라이강을 거슬러 올라라!
- 투신鬪神과의 대결이 끝나고… '죽어도 좋아!'
- 물의 나라에서 진귀한 물고기를 잡아 행복해지는 일
- 나는 말라리아 보균자? – 말라리아 감염 일기

위험한 향기를 풍기는 수도
포트모레스비

●● 스튜어디스가 '사이바바' 아니면 '오랑우탄'인 나라

일본에서 남으로 약 5천km, 남태평양에 떠 있는 파푸아뉴기니는 국토의 대부분이 인간의 손을 타지 않은 열대우림으로 덮여 있다. 지금도 원시의 자연이 그대로 보존돼 있어 지상최후의 비경이라 일컬어지는 나라다. 특히 서부 지역의 웨스턴주에는 파푸아뉴기니 최대의 강인 플라이강이 열대우림을 가로지르며 구불구불 흐른다. 이 강에 잠자는 용맹한 파푸안배스와 바라만디를 노려 나는 눈으로 덮인 한겨울의 아키타秋田를 떠났다.

일본 나리타成田 발, 파푸아뉴기니의 수도 포트모레스비까지는 뉴기니항공의 직행 편으로 6시간 반 가량. 비행기 속은 단체여행객이라고 생각되는 노년과 젊은 여성으로 넘쳐나고 있었고 처음에는 그저 그러려니 생각했다. 그러나 벨트 착용을 재촉하러 온 스튜어디스의 엄청난 모습에 그만 나는 경악했다. 우리들이 보통 생각하는 스튜어디스 이미지와는 너무도 크게 벗어나 있었기 때문이다. 마치 폭탄을 맞은 듯 형클어진 머리 하며, 중년 나이가 무색하리만치 엄청 부풀어 오른 허리 살집이 좌석 통로에 끼어 낑낑대는 형상이었다.

그녀는 거의 '사이바바'(인도의 종교지도자)였다. 그리고 반대 쪽 통

파푸아뉴기니의 헤어스타일은 대부분 펑키스타일.

'다루'의 바다에 떠있는 작은 배. 돛에 새겨진 하트마크가 멋지다.

로를 걸어가는 스튜어디스는 더욱 강렬했다. 얼굴에 문신을 새긴 데다가 우람한 체격까지 합쳐져 마치 오랑우탄을 연상케 하는 모습. 국제선의 스튜어디스는 승객에게 있어 그 나라를 대표하는 존재로서 어여쁜 모습을 보여주는 것이 보통인데, 내 눈 앞의 주인공들은 통상의 이미지를 철저히 뒤집어 놓고 있었다.

"파푸아뉴기니라는 나라, 도대체 어떤 나라일까?" 불안감이 높아갔다.

잭슨국제공항에는 새벽에 도착했다. 비행기에 가득하던 젊은 여성 승객들은 다 어디로 갔을까. 아마도 오스트레일리아로 가는 환승객이었던 모양이다. 노년의 단체객들만 가이드에게 이끌려 버스에 올랐고, 나만 혼자 공항에 우두커니 남았다.

공항 밖으로 나오니 습기로 눅눅한 공기가 피부에 무겁게 닿는다. 어둠속에서 흔들리는 야자 나뭇잎이 여기가 별세계임을 일깨워 준다. 이국에서 처음 거리에 나설 때는 어둠이 지배하는 시간에 내려볼 일이다. 새카만 어둠이 홀로된 이방인임을 아프게 느끼게 한다.

나홀로 여행이 처음이었던 인도의 뉴델리에 내렸을 때도 어둠 속이었다. 이국의 낯선 기운이 흐르는 뉴델리국제공항에서 혼자 택시를 타고 시가지 중심부로 향하던 때가 생각난다. 이상한 호객꾼이 따라와 친구의 호텔을 소개해 준다며 끈질기게 달라붙어 그것을 뿌리치는 일부터가 고역이었다. 시내를 향하는 차창 밖 풍경 또한 혼란스러웠다. 자동차·오토바이·사람·자전거·소 등등이 서로 뒤엉켜 무질서하게 도로를 달리고 있었다. 빨간 신호에 멈추고 있으면 얼굴에 페인트칠을 한 노숙자가 다가와 돈을 요구하며 손을 내밀었다. 불안과 미지로의 기대가 뒤섞여 뭐라 말할 수 없는 흥분에 휩싸였던 그때 그 뉴델리 여행.

그로부터 나홀로 여행 경험이 쌓이면서 언제부턴가 이국의 분위기에 익숙해지기 시작했고 이런저런 긴장감마저 없어지게 되었다. 여행이 일상이 되고 자극마저 무뎌진 것이다. 그러나 아직도 그때의 두근거림을 느끼는 것은 어둠 속 처음 닿는 거리에 내려섰을 때다.

바로 지금, 공항에서 한 걸음 한 걸음 내딛는 발길이 가볍지가 않다. 아직 날이 밝지 않은 공항 여기저기 약간의 인기척이 있긴 해도, 왠지 실체를 알 수 없는 두려운 분위기가 흐른다. 일본을 떠나기 전 이 나라에 대해 검색해 본 위험정보가 떠올라 갑자기 무서운 생각마저 든다. 파푸아뉴기니는 거의 전역에서 "충분히 주의해 주십시오"라는 위험정보가 나왔기 때문이다.

도시에서는 살인·강도·부녀폭행·상해 등 거의 모든 흉악한 범죄가 빈번히 발생하고 경찰은 인원과 예산부족으로 충분하게 대응하지 못한다고 했다. 또한 수도 포트모레스비에는 라스칼이라고 하는 무장집단이 다수 존재한다는 것이었다.

그러나 보통, 해외위험정보는 세계 제일의 안전국가에서 편히 살고 있는 일본인에게 강하게 주의를 환기시키기 위해 조금 과장되게 쓰고 있는 것 같은 기분도 든다. 그 정보를 믿고 두근두근하며 방문해 보면 실제로는 "뭐야, 괜찮잖아!"라는 것이 대부분이었다. 그러나 새벽녘 잭슨국제공항에는 '보통'이 아닌, 위험한 향기가 피어오르고 있었다. 나는 택시에 탈 것인가의 고민에 빠졌다.

그때, 어둠 속에서 한 남자가 다가오고 있었다. 꼬불꼬불한 머리에 덥수룩한 콧수염, 눈빛이 매우 날카로웠다. 종합격투기 링에서 난폭하기로 유명한 '찰스 크레이지보이 베네트'와 꼭 닮았다. 나는 극도의 긴장감에 휩싸여 나도 모르게 움찔해 버렸다.

그러나 그 남자의 말 한 마디에 긴장이 풀려버렸다. "담배 한 대만…." '뭐야, 담배가 필요했던 거야?…' 안도의 한숨을 내쉬며 서둘러 한 대 꺼내 주었다. 그런데 그는 담배를 다 피

포트모레스비의 낚시점 주인. 전형적인 파푸아뉴기니언 모습이다.

우고도 나에게서 떠나려고 하지 않았다. 내 옆에 서서 심한 액센트의 영어로 뭐라고 알아들을 수 없는 말을 떠들기 시작했다. 나는 지겨워져 그를 방치하고서 '괜찮아, 나는 대담해…'라며 내 자신을 설득하고는 서둘러 택시를 탔다. 목적지는 포트모레스비의 번화가, 일본에서 인터넷으로 찾은 1박 요금 약 800엔(약 1만 500원)이라는 파격적으로 싼 게스트하우스였다.

한참을 달리니 아침 햇살에 비친 포트모레스비의 거리 모습이 나타나기 시작했다. '이것이 일국의 수도인가?' 너무나 시골스러움에 아연했다. 도로는 일단 포장되어 있지만, 여기저기 함몰되어 있었다. 높은 건물이라고는 야자나무 이외에는 보이지 않고 그저 남국의 시골 풍경이었다. 도심부에 들어서자 사람들이 서서 이야기를 하고 있거나 둥그렇게 모여 도로 위에 앉아 있을 뿐, 평안한 분위기는 느낄 수 없고 뭐라 형언할 수 없는 위험이 담긴 표정들. 날이 밝기 전보다는 어느 정도 긴장감에서 해방되었지만, 아무래도 방심할 수 없는 느낌이었다.

드디어 택시가 목적지 건물 앞에 멈췄다. 하지만 게스트하우스라는 분위기는 어디라곤 찾아볼 수가 없다. 너덜너덜한 폐허 아파트 같

바리케이드가 처진 게스트 하우스 입구.

은 건물. 게다가 아무리 불러도 사람이 나오질 않는다. 그렇다고 초저럼 게스트하우스를 포기할 수는 없다. 할 수 없이 근처를 서성이는데, 200m도 떨어지지 않은 지점에 요금이 저렴할 것 같은 게스트하우스가 눈에 띈다. 입구가 철창으로 가려진 틈 사이로 경비원이 눈을 밝히고 있다. 대단한 경비태세라 생각하며 경비원에게 인사를 하고 안으로 들어섰다. 그런데 주인에게 가격을 듣고선 눈이 튀어나올 정도로 놀라고 말았다. 객실에는 2개 채널밖에 나오지 않는 TV와 굉음을 울리는 구식 냉장고가 붙어 있을 뿐, 화장실과 샤워는 공동 사용인 데도 1박에 무려 140키나(약 7만 8천원)라는 것이다. 태국이라면 1천엔(약 1만 3천원) 이하로 묶을 수 있는 시설에 불과한데 주인 왈, 여기서는 이곳이 가장 가격이 싼 수준의 호텔이란다.

폭리라는 생각이 들었지만 달리 갈 곳도 없었다. 어쩔 수 없이 객실에 짐을 풀고 서둘러 거리로 나섰다. 기웃기웃 치안을 확인하면서 호텔로부터 서서히 행동반경을 넓혀갔다. 가끔씩 모여 있는 남자들이 큰 목소리로 나를 부르기도 했지만 관계치 않고 적당하게 손을 흔들어 대응해 갔다. 게스트하우스에서 500m 정도 걸어갔을까, 많은 사람들로 흥청대는 시장이 나왔다. 한 잡화점으로 들어서니 안이 철창으로 가려져 있다. 강도 대응책으로 상품과 점원이 철창으로 보호되고 있는 듯한데, 필요한 상품 하나하나를 손으로 가리켜야 하니 여간 귀찮은 게 아니다.

'주변은 그렇게 위험하게 느껴지지는 않지만 그래도 역시 강도가 많은가보다.'

나는 파푸아뉴기니산 맥주인 '사우스퍼시픽'을 사면서 주위를 경계했다. 물가가 무척 높았다. 맥주가 6팩에 약 660엔(약 9천원), 빵과

점원도 상품도 안전한 창살 안에 있다.

슈퍼에서 산 점심. SP(사우스 퍼시픽) 맥주는 의외로 맛있다.

통조림과 소시지로 약 400엔. 자국의 산업이 발달하지 않아 대부분 수입에 의존하기 때문일 것이다. 일본과의 소득격차를 생각해 보면 '서민 생활은 과연 어떨까?' 하는 의문도 생겼다.

게스트하우스의 정원에서 맥주를 땄다. 열대식물에 둘러싸여 마치 정글과 같은 분위기. 차츰 맥주병이 비어가고 나는 금방 취해버렸다. 파푸아뉴기니의 첫날은 이것으로 장식되었다.

다음날, 시내의 치안은 생각보다는 좋다고 느꼈기 때문에 거리를 본격적으로 탐색하기로 했다. 거리를 서성이다가 운 좋게(?) 한 현지인과 사귀게 되어 시내 안내를 받게 되었다. 키가 작고 몸집이 두툼한 남자는 이야기도 잘하고 사교적이었지만 사기꾼의 향기가 풀풀 피어오르고 있었다. 그는 나에게서 돈을 우려내려는 의도가 빤히 드러나 보였다. "포트모레스비는 아주 위험해!" 하는 반복적인 주의를 던지고는 자기가 아는 택시를 사용할 것을 종용했다.

'아~ 이 남자, 택시요금 바가지 씌우는 사기꾼? 친절한 가이드인 척하지만 나중에는 깜짝 놀랄 정도의 요금을 요구하는 게 아닐까?'

세계 여러 나라에서 각종 사기꾼을 만난 적 있는 나는 파푸아뉴기니의 바가지 정보를 깊게 느껴보고 싶어져 그에게 택시를 한 대 부르도록 했다. 폐차 직전의 택시에 탄 우리들은 시내를 돌았다. 대개 이런 택시는 사전에 요금 합의를 하지 않으면 나중에 낭패를 겪게 되는 것이 통례지만 '까짓 거, 나중에 들어보고 놀라지 뭐!' 생각하며 마음의 여유를 가지기로 했다.

우리들은 어시장과 낚시점, 포트모레스비 유일의 관광명소인 국회의사당을 돌아보았다. 지겹고 아무렇지도 않은 장소로 슬렁슬렁 맥주를 마시면서 하는 관광이었다. 드디어 헤어질 때 택시운전수가 제시한 금액! 3시간에 100키나(약 5만 5천원)였다. 정녕 묘한 가격이었다.

그러나 나는 마음을 고쳐먹었다. 현지인에겐 큰돈이지만 나는 외국인 아닌가, 물가가 높은 것을 고려하면 적당한 가격일 수도 있겠지…. 미묘한 기분으로 운전수에게 요금을 묵묵히 지불했다. 그런데 키 작고 몸집 두툼한 남자가 호텔까지 따라왔다. 그리고선 가이드 요금으로 20키나(약 1만 1천원)를 요구했다. 부르는 가격마다가 묘하고도 미묘했다. 이날 하루 관광에 그의 도움이 몇 푼어치나 되었을까

코코넛·감자·바나나 등을 파는 서민 대상의 시장 모습.

생각하면서도 잠자코 지불했다.

남자는 만면에 미소를 띠며 "내일 낮에 또 올게!"하며 손을 흔들고 돌아갔다. 나는 '당신하고는 이제 만날 일 없죠. 이미 일 없습니다'라고 마음속으로 외치며 그를 보냈다. 그리고 그날, 아무것도 눈에 띄거나 손에 쥐어진 쇼핑 한 건도 없이 1만 6천엔을 써버린 사실에 가슴 쓰린 밤을 보내야 했다.

2일간에 걸쳐 이 나라의 수도에서 지내며 알게 된 것은 물가가 비싸고 그다지 구경할 곳이 없다는 것, 더욱이 바가지 요금 사례가 많아서 더 이상 머물러 얻을 메리트는 없다는 결론이었다.

●● 중간 기착지의 섬, 다루에서의 무위도식 4일

파푸아뉴기니에 온지 3일째 아침. 국내선 소형 프로펠러기를 타고 지루한 포트모레스비를 떠났다. 목적지는 파푸아뉴기니 서부 지역의 관문인 웨스턴주의 중심지인 다루Daru. 탑승할 때, 공항 직원과 시비가 붙어 뇌물을 요구당하는 사고가 있었지만, 액수는 10키나(약 5천 5백 원)에 불과했다. 결코 유쾌할 리는 없지만 환상의 괴어怪魚가 살고 있는 플라이강 가까이로 가고 있다는 생각에 이내 기분이 쾌청해졌다.

바다 위를 날기 시작한 지 약 1시간 30분. 착륙 직전이 되어 다루 시내를 창으로 내다보고는 깜짝 놀랐다. 지도상으로 볼 때는 주변에서 가장 큰 도시였지만 눈 아래 펼쳐진 것은 바다에 둘러싸인 조그만 섬, 그 밀림 속에 집이 하나둘 있을 뿐인 한촌이었다.

프로펠러기에서 내려서니, 내린 지점이 곧 도착 로비인, 그저 광장과 다름없는 공항이다. '이제부터 어떻게 해야 하나?' 생각하고 있자니, 현지인 아저씨와 젊은이가 다가온다. 젊은 쪽이 미소를 지으며 "당신이 타케입니까?"라고 인사를 건넨다. "에~"하고 머뭇거리자, 젊은이가 "나는 일본인 T군과 B군의 친굽니다!" 하고 자신을 소개한다. "아아, 잘 부탁합니다."

현지에서 인기 있는 기호품, 부아이(좌). 껌처럼 씹으면 각성작용이 있고 입속이 새빨개진다(우).

　실은 파푸아뉴기니에는 내 친구인 일본 낚시꾼 2명이 1주일 전에 미리 들어가 있었고, 4일 후인 토요일에 플라이강 유역의 작은 섬에서 함께 만나기로 약속을 했었다. 이름도 알려져 있지 않은 오지의 작은 섬에서 만나기를 약속한 우리들은 완전히 무계획적이라고 할까 돈키호테식의 여행자로, 과연 이런 오지에서 서로가 만날 수 있을까 불안해하고 있던 터였다. 그런데 1주일 전에 이 마을을 지나간 내 친구 2명이 현지의 이 젊은이에게 나의 편의를 부탁하고 갔다는 것이다. 뜻밖의 현지인에게 초대되어 나는 플라이강으로 향하기까지 4일간, 무료하고도 재미난 식객생활을 할 수 있었다.
　아저씨의 이름은 페이, 40대의 과묵하고 솔직한 사람이었다. 젊은이는 벤슨, 페이 씨의 집에서 신세를 지고 있는 착한 남자였다. 공항에서 걸어서 금방 그들의 집에 도착하니 안주인이 나타났다. 이 나라의 여성 연령은 겉모습으로 예측하기가 도무지 불가능하다. '실례지만…' 하고 연령을 물어보니 19살이라는 놀라운 대답이 돌아왔다.
　"예? 페이 씨랑 20살 이상이나 차이가 난다고요?"
　너무 큰 차이에 놀라 페이 씨를 부러운 눈으로 바라보고 말았다. 서로 사귀게 된 사연은 나중에 들었지만, 페이 씨는 그녀의 부모에게 돈을 지불하고서야 신부로 맞아들일 수 있었다고 한다.
　"응? 돈으로 부인을 샀다고?"
　한순간 페이 씨의 값어치가 떨어져버리는 느낌. 그러나 여기서는 평범한 일일지도 모른다. 게다가 '나의 경우, 일본에서 19살의 여자를 강제로 신부로 맞아들일 만큼의 재력이 있는 걸까?' 생각해 보니,

1_숙소 주인, 페이 씨와 함께.   **2_**19세로 믿기지 않는 페이 씨의 부인.
3_왼쪽의 남자가 벤슨. 마을 어린이들과 함께.   **4_**페이 씨의 아내가 만들어 준 게 요리.

오히려 페이 씨에게 존경심마저 떠오르기도 했다.

  4일간의 식객생활이 시작되었다. 내 스스로 할 수 있는 일이라곤 아무것도 없었다. 시골에서 그저 술이나 마시는 매일이었다. 무위도식하기는 벤슨도 마찬가지. 직업도 없이 매일 뒹굴거리고 있을 뿐이었다. 우리들은 죽이 맞아 가까운 가게에서 맥주를 왕창 사다 마을 곳곳을 돌아다니며 마셔댔다. 좁은 마을에는 금세 술친구들이 늘어났고 우리들은 매일 연회를 열었다. 일본 관광객이 드문지 어디를 가도 어린이들에게 둘러싸였고 어른들로부터는 질문공세가 잇따랐다. 나는 어줍은 스타가 되어 즐거운 하루하루를 보냈다.

  페이 씨의 집은 그리 풍족하지 않아 보였다. 방에는 일상용품들이 거의 보이지 않았고 밤에는 촛불만 켜졌다. 샤워 룸이 있긴 해도 항상 단수斷水 상태라 어쩔 수 없이 스콜로 몸을 씻는 일이 잦았다. 중국산 TV가 중요하게 거실을 장식하고 있었지만 수신료를 지불하지 않아 거의가 먹통이었다. 그러나 이 같은 그의 가정에 어두운 그림자라곤 눈곱만큼도 없었다.

주민들에게 둘러싸여 대낮부터 맥주를 마시는 벤슨.

　유일한 오락은 라디오에서 흘러나오는 남국 특유의 정열적인 음악. 모두가 라디오 주위에 모였고, 젊은 부인이 기분 좋게 콧노래를 불렀다. 나는 그녀의 노래에 연신 박수를 보냈다. 가끔 라디오 건전지가 떨어질 때면 내가 돈을 지불하는 등, 생색도 내면서….

　그런데 꼭 한 번, 페이 씨가 슬픈 얼굴로 나를 본 적이 있었다.

　이 마을에 도착한 첫날, 먹을 것을 살 돈이 없었던 것 같았다. 미안한 얼굴로 나를 시장으로 데려가 쌀을 사달라고 했다. 나는 쌀에 더해 바나나·고구마·닭고기·코코넛을 신세에 대한 보답으로 보탰다. 그날 밤, 부인이 만들어준 바나나와 치킨을 곁들인 코코넛라이스를 잔뜩 입에 물고서 '적은 비용에도 행복의 대가가 이렇게 클 수 있구나' 생각했다. 나는 그날부터 매일 시장에 들러 게나 물고기를 선물로 사 왔다. 페이 씨와 부인의 기뻐하는 얼굴을 보고 싶어서였다.

　그런데 이곳에서의 마지막 날, 나는 너무 술에 취한 나머지 매일매일의 선물을 잊어버리고 말았다. 벤슨과 양손이 모자랄 정도의 맥주를 사서 페이 씨 집으로 돌아오니 흰 밥만이 우리들의 눈앞에 놓였다. '반찬은 아직인가?' 생각하며 맥주 마개를 열고 건배를 외치는데, 페이 씨가 갑자기 벤슨을 향해 강한 어조로 나무라기 시작했다.

현지어를 제대로 알아들을 수 없었지만 나는 페이 씨가 꾸짖는 말이 무얼 뜻하는지 느낄 수 있었다.

"너! 매일 비싼 맥주 같은 것 마시고 취해 있을 때냐? 그걸 살 돈이면 반찬을 얼마든지 살 수 있잖아!"

마을을 걷다보면 호기심 왕성한 어린이들에게 둘러싸인다.

그냥 가만있을 수 없어 페이 씨에게 사죄하려 했지만 나에게는 분노를 지우는 대신 슬픈 모습을 보였다.

다음날, 나는 페이 씨와 벤슨을 비롯한 많은 사람들의 배웅을 받으며 다루를 뒤로 했다. 페이 씨는 전날 밤과는 완전히 달라져 웃는 얼굴로 나를 전송해 주었다. 조금씩 작아져 가는 마을을 내려다보면서 혼자 중얼거렸다.

'오늘부터 그들의 식사는 흰밥뿐일까….'

조금은 슬픈 기분으로 플라이강으로 향했다.

1_맛 좋은 코코넛라이스. 2_더부살이라서 요리를 도와주고 있다. 코코넛 열매 긁는 중.
3_스콜이 오면 목욕 시간. 4_모녀간에 고기 요리 중인 부엌 풍경.

비경을 흐르는 대하,
플라이강을 거슬러 올라라!

●● 듬직한 악어사냥꾼들에게 이끌려

웨스턴주의 주도(州都)인 다루를 떠난 프로펠러기는 푸른 바다를 넘어 녹색의 열대우림 위를 날랐다. 4일 간 머문 섬을 뒤로 하고 드디어 플라이강으로 향하는 중이었다. 프로펠러기는 20명만 타면 만석이 될 듯한 소형으로, 구름 속을 흔들흔들 불안정하게 춤을 추었다. 옆에 앉은 곱슬머리 젊은 여성은 두꺼운 콧수염이 듬성듬성 돋아 창을 들고 있어도 위화감이 없을 것 같은 풍모다. 플라이강 유역에 점점이 자리한 작은 마을들을 간이역 거치듯 정차해 가는 프로펠러기. 하나 둘 오르는 승객들은 갈수록 야성미를 더한다.

가끔 구름 사이로 대지가 얼굴을 내민다. 완전하다고 말해도 좋을 정도로 간격 없이 들어 찬 열대우림에 밀크커피 색깔의 플라이강이 구불구불 흐른다. 저 속에 어떤 괴어가 도사리고 있을까. 상상한 해도 폭발할 것 같은 기대감으로 가슴이 부풀어 오른다. 1시간 정도 지나자 대지는 밀림에서 넘쳐난 물이 창조해낸 광대한 습원(濕原)으로 모습이 바뀐다. 드디어 비행기가 서서히 고도를 낮추면서 광대한 습원에 떠 있는 조그만 섬으로 내려선다.

이곳이 플라이강 유역의 작은 섬 공항 사무실.

비행기가 작은 섬에 닿자마자 주민들이 몰려 들었다.

'이곳이 비행장? 그저 풀밭 아닌가!'

그곳은 비행장이라고 하기에는 뭔가 조악한, 그저 풀밭 같은 곳이었다. 그리고 초원에 불쑥 서 있는 공항 오피스는 얼기설기 판자를 덧댄 구조물로, 작은 창고로 밖에 보이지 않았다.

프로펠러기에서 내려 대지에 발을 딛으니 섬 주민인 듯한 사람들이 주위를 에워쌌다. 작은 마을에서는 주 1회의 프로펠러기 도착이 큰 이벤트인 것이다. 마을사람들이 총출동해 프로펠러기를 에워싸더니 흥미진진한 모습으로 방문객들을 주시했다. 특히 일본인인 나에게 호기심어린 눈길이 쏠리는 듯했다.

군중 속에 T군의 익숙한 얼굴이 보였다. 힘차게 악수를 나누고 어떻게든 만나게 된 것을 기뻐했다. 한 겨울의 일본으로부터 비행기를 갈아타길 3번, 총 비행 시간 9시간. 그러나 그 정도의 시간 끝에 이렇듯 상상 밖의 별세계가 존재한다는 사실이 도무지 믿기지 않았다. 세계는 넓고도 좁다는 것을 새삼 실감했다.

주위는 우기의 플라이강에서 넘친 물이 대지를 삼켜 대습원을 이룬 형상이었다. 사람들의 교통수단은 엔진이 달린 보트나 굵은 통나

대습원에서의 이동 수단인 카누와 현지 어린이.

　무를 파서 만든 카누뿐으로, 습지대에 퍼져 있는 수로가 도로 역할을 하고 있어 마치 물의 나라였다. 마을에는 물론 숙박시설 같은 건 없고 그저 민가에 신세를 질 수밖에 없었다. 나는 비행장이 있는 섬에서 1시간 정도 거리의 작은 섬으로 카누로 건너갔고 마을 주민 집에서 식객생활을 시작했다.

　섬은 가난 때문에 흉악범죄가 빈번히 발생하는 이 나라의 수도와는 달리 평화로움 그 자체였다. 사람들은 야생동물이나 물고기를 잡고 코코넛과 바나나를 채취해 거의 자급자족의 심플한 생활을 누리고 있었다. 고요한 촌락이 점재할 뿐 진정 비경이었다.

　할아버지 세대에서는 식인종이었다는 집주인은 학교 선생님을 하고 있었고, 교양 있는 따뜻한 눈길을 가진 온화한 성품의 아저씨였다. 부인과 어린아이가 2명 있고, 집은 나무를 서로 연결만 해 놓은 고상식高床式이었지만 이 지역 주민들 중에서는 풍요로운 수준이라고 생각되었다. 방에는 가재도구라곤 일절 없고 그저 모기장만 쳐 놓았을 뿐이었다. 당연히 샤워 시설이 없어 드럼통에 모아 둔 빗물을 바가지로 퍼서 몸을 닦았다. 화장실은 일단 움막처럼 만들어 놨지만 밤에는 대왕 바퀴벌레의 소굴이 되어버려 공포의 '볼일 보기'가 되고 만다.

그러나 거실에는 놀랍게도 TV와 VCD플레이어가 배터리로 가동되고 있어서 중국에서 들여왔다고 생각되는 VCD영화를 즐길 수 있었다. 사람들이 여럿 모이면 상영회가 시작되는데 중국제 쿵푸영화가 인기였다. 대습원의 작은 섬에서 영화감상이라니? 야릇한 생각이 들었지만 아무것도 할 일이 없는 변경의 밤에 좋은 소일거리가 되었다.

마시는 물은 흐릿한 빗물. 식사는 밥에 인스턴트 라면을 붓고 정글에서 잡은 사슴이나 왈라비의 고기가 곁들여졌다. 전통적인 요리에 문명의 향기가 아주 조금 믹스된, 아주 그저 그런 요리지만 생각지도 않게 '오!' 하고 목소리가 드높여질 정도로 맛이 좋았다. 나는 거리낌 없이 풍요로운 섬 생활을 만끽했다.

그러나 식객생활을 시작한 지 이틀째, 해프닝이 발생했다. 새카만 화장실에서 볼일을 보던 중이었다. 벽을 기어다니는 거대한 바퀴벌레를 쳐다보며 대변을 보다가 슬쩍 라이트를 비춰보고는 소스라치게 놀라고 말았다.

"우왓! 변이 왜 이렇게 하얗고 끈적끈적해?"

나 자신이 배출한 것이라고는 도저히 생각할 수 없었다. '이건 아주 위험한 상태구나. 혹시 콜 레 라⋯⋯.' 배가 아프지도 않고 컨디션에 전혀 문제가 없었지만 확실히 이전에 본 여행책자에 '콜레라는 경구감염. 발병하면 쌀뜨물 같은 흰 변을 보게 됨'이라고 적힌 구절이 떠올랐다. 갑자기 머릿속이 하얗게 될 정도로 절망적인 기분이 되어 침상에 들었다.

그러나 그 후, 또 다시 흰 변을 보는 일 없이 무사하게 식객생활을 이어갔다. 그 흰색 변은 도대체 무엇이었을까? 한동안 의문에 휩싸였지만 어찌됐건 그것으로 그만이었다. 수일간 그 섬에서 푹 지낸 후, 마을의 악어사냥꾼들과 함께 플라이강의 오지를 향하게 되었다. 약 1주일에 걸쳐 야영을 하며 배의 연료가 동날 때까지 괴어를 찾아가는 여행이었다.

옆 마을에 몇 곳뿐이라는 잡화점에서 야영생활에 필요한 물자를 보충했다. 기본적으로 메인 디시는 낚은 물고기가 되겠지만, 쌀·빵

가늘고 긴 안정감 없는 카누가 이동 수단이다.

·비스킷·통조림 등 식료품을 준비하고 모기향·건전지 등의 일용품 그리고 스피어라고 하는 현지식 잎담배도 구입했다.

악어사냥꾼이 스스로 큰 나무를 베어 만들었다는 거대한 카누가 준비되었다. 길이는 약 6m나 되지만 폭은 겨우 60cm, 극단적으로 가늘고 긴 카누는 안정감이 없어 몸을 조금 움직이는 것만으로도 좌우로 크게 흔들렸다. 일행 7명이 타고 1주일분의 식료와 캠핑도구 등을 실으니 공간은 거의 남지 않았다. 카누에는 뒤에 엔진이 달려 있어서 이것으로 약 200km의 이동을 한다고 한다. 불안을 느끼지 않을 수 없었지만 사냥꾼들의 조종은 전혀 주저함 없이 하루 내내 플라이강 지류를 거슬러 올랐다.

플라이강 지류에서 벗어나 첫날밤의 야영지가 될 호수로 향했다. 그러나 수로는 수생식물과 고사목에 뒤덮여 길을 트는 것이 매우 힘들었다. 건장한 체격의 악어사냥꾼들이 나이프를 꺼내 들었다. 그 나이프는 마치 산적이 갖고 있을 것 같은 거대한 것으로, 차라리 검劍이라고 부르는 게 좋을 정도다. 그들은 나이프를 휘둘러 큰 나무는 물론 진로에 방해가 되는 것들을 하나하나 제거해 갔다. 때로는 수면이 보

악어사냥꾼들이 난공불락의 정글을 헤쳐 나간다.

격투기선수와 같은 탄탄한 몸매의 사냥꾼 리더.

이지 않을 정도로 모질고도 질긴 수생식물에 덮여 있어 카누를 모두가 당겨 끌어올리기도 했다. 무모할 정도의 강행군이었다. 나는 악어사냥꾼들의 우람한 근육질 등짝을 그저 바라보고 있을 뿐이었다.

어렵사리 해질 무렵에 작은 호수에 도착했다. 잘라낸 대나무를 기둥으로 물가에 비닐 지붕을 쳤다. 일행들은 거기에 모기장을 치고 잠자리를 만들었다. 일몰 찰나에 무려 3m나 되는 크로커다일이 자색으로 물든 호수 수면 위로 떠올랐다. 그 크로커다일에게 루어를 던져보고 싶었지만 악어사냥꾼들이 제지했다. 결국 그날은 거의 낚싯대를 휘두르지 못하고 하루가 끝나 버렸다.

다음날. 나무들에게 공기를 쐬게 해주면서 어두컴컴한 수로를 거슬러 올라 오후 3시가 지나서야 플라이강의 본류로 빠져나왔다. 강폭이 500m는 될까? 강변은 울창한 초목에 휩싸였고 곳곳에 야자나무가 수면 위로 그림자를 늘어뜨리고 있었다. 대물이 숨어있을 것 같은 분위기였지만 너무도 수면이 넓어 물고기가 있는 포인트를 좁혀보기가 어려웠다. 악어사냥꾼들이 말하기를, 플라이강에는 몇 개의 작은 하천이 흘러드는데 그 합류 지점에 물고기가 집중되어 있다고 한다. 30분 정도 더 카누를 상류로 몰아 넓은 습원에 작은 강이 흘러드는 포인트로 들어갔다. 플라이강 본류의 밀크커피색 물빛에 옅은 블랙커피색의 지류가 흘러드는데, 그 두 가지 색이 서로 섞여 소용돌이치고 있었다. 작은 강의 하구엔 수초가 빽빽이 군생하고 있는 여건. 이런 장소에서 물고기가 나오지 않는다면 나는 이 강을 포기하고 말리라는 생각이 들 정도로 완벽한 포인트였다.

　소형의 미노우를 수초 사이에 던져 넣은 후, 작은 강의 물 흐름에 격하게 액션을 가해 가로지르자니 돌연 '덜컹!' 하는 저항감이 전달되었다. 강한 충격에 깜짝 놀라는 순간, 물고기는 사정없이 강바닥으로 처박고 들었다. 플라이강에서의 첫 대결! 서둘러 수초에 감기지 않도록 낚싯대를 세워 응전했다. 1분 정도 싸웠을까. 수면 위로 모습을 드러낸 검은 그림자의 정체는 파푸안배스! 놈은 뉴기니섬에서 동남아시아 남부의 섬들에 걸쳐 열대우림을 흐르는 하천의 기수역에서부터 담수역에 걸쳐 서식하는 괴어다. 최대 30kg에 이르는 용맹한 육식어肉食魚로, 언젠가 이 물고기를 내 손에 넣고 싶다고 생각해 왔는데 드디어 그 동경의 대상을 대면한 것이다. 그 파푸안배스는 비록 57cm 길이에 불과한

파푸아뉴기니에서 드디어 처음 만난 파푸안배스.

소형이었지만, 담수어라고는 생각할 수 없는 강렬한 손맛이었다.

　계속해서 두 번째 작은 지류의 합수머리로 이동했을 때였다. 처음 지류에 비해 물 흐름이 꽤 세차고 기세 좋게 본류로 흘러나오고 있었다. 깊게 잠수해 확실하게 수류를 받아 움직이는 타입의 미노우 루어로 교체한 후 하구 기슭에 대고 아슬아슬하게 떨어뜨렸다. 물 흐름을 분단시키려는 의도로 강하게 감아들이자 '왈칵!' 하는 충격이 손에 전해졌다. 역시나 파푸안배스는 단번에 본류를 향해 질주해 카누에 걸터앉아 있던 나는 몸이 끌려 나갈 정도였다. 후다닥 자세를 바로잡고선 힘껏 버티는데 지류의 흐름을 탄 파푸안배스는 좀체로 멈출 기미를 보이지 않는다.

　한번 바늘에 걸리면 사정없이 바닥으로 질주하는 강인한 파워와

체고가 유난히 높은 파푸안배스는 중량감이 흘러 넘쳤다.

지칠 줄 모르는 스태미나는 여러 종류의 배스 중에서 가히 으뜸이라 할 만하다. 일본에도 '배스Bass'라고 이름 붙은 고기가 있다. 하지만 파푸안배스의 끌힘이 10이라면 일본 배스의 끌힘은 0에도 못 미칠 것이다. 게다가 담수어로는 내가 지금까지 싸워본 중에서 최강의 물고기임에 틀림없다.

  수면에 떴다고 생각하면 놈은 다시 강바닥으로 질주를 반복한다. 그러나 이놈도 지쳤는지 드디어 얌전해졌다. 무사히 보트에 올려진 놈은 딱 70cm 길이의 제법 큰 파푸안배스. '푸다닥! 푸다닥!' 뱃전을 깨뜨릴 듯 몸부림을 치는데, 보기만 해도 무섭기 짝이 없다. 야수와 같은 이빨, 근육으로 만들어진 강건한 몸체엔 예리한 칼과 같은 비늘이 뒤덮여 마치 감성돔이 요괴화한 것 같은 모습이랄까? 이 종의 최대 크기는 100cm를 넘는다고 한다. '앞으로 30cm만 더 성장하면 대체 얼마나 굉장할까?' 하는 생각이 들었지만 그만 무서워져서 상상을 중단하기로 했다.

예리한 송곳니가 돋은 파푸안배스가 마치 악마처럼 보인다.
위턱에 길게 돋은 2개의 송곳니가 루어에 구멍을 뚫었다.

    일몰이 드리울 즈음, 우리들은 작은 강을 조금 거슬러 올라 기슭에 배를 멈췄다. 야영 준비를 마치고 강에 뛰어들어 땀을 닦고 있는데 악어사냥꾼들이 "정신 차려!" 하며 소리쳤다. 주위에는 10m에 달하는 크로커다일이 서식하고 있다는 점, 그리고 잠자는 사이에 크로커다일에게 습격당해 목숨을 잃은 마을사람도 꽤 있다는 사실을 일러주었다. '10m라니? 과장도 심하다!'는 생각을 하면서도 섬뜩해서 서둘러 강에서 뛰쳐나왔다. 그날 밤, 나는 강물로부터 10m도 떨어지지 않은 야영지에서 불안 불안한 잠을 이루며 뒤척였다.

●● 정글 깊숙이에 잠자던 황금빛 바라만디를 홀리다

    다음날, 우리는 더욱더 지류권 상류로 거슬러 오르고 있었다. 악어사냥꾼에 의하면 자기 친척들만 아는 비밀의 장소가 있는데 그곳이 크로커다일의 보고이자, '사라토가'라는 물고기도 많이 서식한다고 했다. 도중 급류에 쓰러진 나무들이 겹쳐 있어 자꾸만 진로를 막았다. 카누를 밀고 또 밀어 한참을 거슬러 올랐을 무렵, 다소 개방된 장소가 나타나자 악어사냥꾼이 "드디어 도착했구나!"라고 외쳤다.

    도착한 곳은 여러 수생식물에 뒤덮인 드넓은 습지대. 풍부한 밀림이 토해낸 블랙워터에 푸른 하늘이 비치고 강변에 군생하는 수생식물의 선명한 녹색과 대조되어 가히 절경이라 표현할 만했다. 곧 악어사냥을 위한 오두막이 늘어선 강변에 올랐다. 나는 짐을 내리자마자 서둘러 낚시를 시작했다.

과감히 물가에 섰지만, 강변에 자란 식물이 밀생해 루어를 던질 만한 공간이 거의 없었다. 수초구멍을 발견해 어렵게 루어를 던져 넣어보지만 너무나 수초가 많아 이내 질리고 말았다. 역시 우기雨期의 한가운데인 3월은 수량이 많고 밀림이 수몰되어 낚시가 매우 어려울 수밖에 없었다.

우거진 수초에 악전고투하며 주위를 탐색하다 보니 버려진 카누가 반쯤 수몰되어 있는 모습이 눈에 띠었다. 어떻게든 카누를 건져 올려 수면 한 가운데로 나아가고 싶은데, 반쯤 물에 잠긴 카누를 끌어올리기는 너무도 무리였다.

옆에서 지켜보던 악어사냥꾼들이 보기에 딱했던지 우리가 타고 온 카누를 대신 저어 주었다. 한동안 입질을 받지 못한 채 수초 사이사이를 헤집고 나갔다. 역시나 우기인 지금은 '수몰된 초목 속에 고기들이 모두 숨어 지내는 건가?' 하고 기대를 접고 있는데, 갑자기 '첨벙!' 하는 소리가 수면을 갈랐다. '아? 크다!' 생각하는 순간, 그만 그것으로 끝이다. 바늘이 빠져버린 것이다. 그때부터 몇 번인가 정체 모를 녀석이 루어를 공격했지만 제대로 걸려들지를 않고 카누는 조금씩 조금씩 하류로 흘러갔다.

전략 수정-. 수면 바로 밑에서 헤엄치는 미노우로 바꾸고 갈대 사이사이를 집중 공략했다. 아니나 다를까, 갑자기 거대한 그림자가 수초에서 뛰쳐나와 측면의 루어를 덮쳤다. 낚싯대가 사정없이 옆으로 끌렸다. '우악!' 하고 나도 모르게 비명을 내질렀다. 물고기의 저항은 민첩하고도 둔중한 힘이 실려 있었다. '사라토가? 아니면 파푸안배스?' 파문을 일으킬 뿐, 정체를 드러내지 않는 놈의 그림자가 수초 속으로 돌진함으로써 또 한 번 간담을 서늘케 했다.

악어사냥꾼이 재치있게 카누를 중앙으로 몰았고, 나는 넓어진 수초 공간 안으로 놈을 강제로 끌어들였다. 그러자 '첨벙!' 하는 소리와

입술에서 꼬리까지 금분을 발라놓은 듯한 '골든 바라만디'의 아름다움.

함께 수면을 뚫고 공중에서 춤을 추는 물고기! 눈 깜박할 순간이었지만 분명 황금색의 어체였다. 사라토가일 거라고 생각했지만 실루엣에 빵빵함이 있었다.

'바라만디?!' 그것도 아주 굿 사이즈라고 생각되었다.

수초 군락으로부터 제법 떨어져 별다른 장애 요소가 없었다. 시간적 여유를 가지며 조심조심 싸웠다. 카누와의 거리를 5m 정도로 좁혔다 싶으면 다시 3m를 차고 나가는 공방이 계속되던 중, 드디어 무시무시한 그림자가 카누 옆으로 떠올랐다. 랜딩그립을 놈의 입 안에 집어넣고선 재빨리 들어올렸다.

꾸물럭 꾸물럭, 손 안에서 몸을 떠는 물고기를 보며 나는 경탄의 소리를 질렀다. "우~와!" 확실히 몸은 바라만디인데 체색이 완전히 달랐다. 전신이 매혹적인 황금색으로 빛나고 있는 것이다. 바라만디는 '은린銀鱗의 물고기'로 유명한데, 이 바라만디는 분명 황금 아닌가! 나는 아름답게 빛나는 비늘에 홀려 녀석의 이름을 '골든 바라만디'라고 명명했다.

그때부터 나는 이미 제정신이 아니었다. 바지를 벗어버리고 습지에 들어가 보다 공격적인 낚시로 돌입했다. 주변에 크로커다일이 서식하고 있다는 사실조차 까마득히 잊었다. 놀란 얼굴의 악어사냥꾼들의 충고도 귀에 들리지 않았다. 가슴까지 차는 물속으로 들어가 7m 정도 나아가니 수면이 열렸다. 전방 40m에 2개의 작은 지류가 합류하고 수중에는 조류가 군생하고 있는 상황. 최대한 멀리 던져 어떻게든 합류 지점에 루어를 떨어뜨린 후 물속에 가라앉은 수초 위를 통과시켰다. 그러지 수초 속에서 '왈칵' 하는 파문이 솟았다. 그 순간, 무아지경, 황홀경에 빠져 정신없이 놈을 강변으로 끌어내고 보니 또다시 황금빛 바라만디. 약 80cm 크기로, 앞서 낚은 것보다는 한참 작지만 그 대신 어체는 젊어서 태양광을 받은 비늘이 번쩍번쩍 눈부시게 빛났다. 회심의 미소와 함께 녀석을 물속으로 되돌려 보낸 뒤 기슭으로 나와 쓰러진 나무에 걸터앉아 담배를 꺼내 피웠다.

한동안 긴장했던 몸과 마음을 풀고서 깊숙이 빨아들인 담배 연기를 길게 내뿜던 나는 '으악!' 하고 소스라치게 놀랐다. 발 앞의 나무 위를 전갈이 기어가고 있는 게 아닌가? 악어사냥꾼에 의하면 주변에서는 그리 드물지도 않단다.

'그러고 보니 지금까지 나는 맨발로 돌아다니고 있었구나. 이렇게 무모하게 굴다간 목숨을 잃을지도 모른다….'

나는 그날 밤도 불안 불안한 마음에 깊이 잠들지 못했다.

다음날, 일찌감치 눈을 떴다. 오두막에서 기어 나오니 악어사냥꾼들이 밤새 크로커다일을 쫓아다닌 듯 졸린 얼굴로 수확물을 보여주었다. 60cm 정도의 귀여운 새끼 크로커다일이었는데 '오늘의 점심

얼핏 발밑을 보니 무서운 전갈이….

점심으로 크로커다일 새끼를 요리한다.

악어가 서식하는 강에 들어가 포획한 습지의 금룡, '사라토가'. 오세아니아 지역에 서식하는 아로와나의 일종이다.

용'이라고 했다.

섬뜩한 가슴을 쓸어내리며 묵묵히 강가로 내려가 낚시를 시작했다. 아직 태양으로 달궈지지 않은 물은 시원하게 피부에 스며들어 기분 상쾌한 아침이었다. 강물로 샤워를 하는데 강바닥에서 가끔씩 거품이 보글보글 솟아올랐다. 물은 맑지만 강바닥은 새카만 어두움이다. '혹시 크로커다일이…?' 기분이 야릇해져 장소를 옮겼지만 계속 신경이 쓰여 낚시에 집중할 수 없었다.

머릿속에 영화「죠스」의 테마곡이 흐르면서 겁에 질린 마음으로 루어를 계속 던지고 있는데 수초 옆에 떨어진 루어를 무엇인가가 물었다. 순간적으로 챔질을 하니 몇 번이고 놈이 수면을 가르며 도약했다. '오오! 사라토가다!' 흥분한 나머지 강변으로 다가가 단숨에 뭍으로 뽑아 올렸다. 펄떡펄떡, 지면을 두들기며 몸부림치는 놈은 70cm를 넘는 훌륭한 크기. 크게 찢어진 입에 둥글고 큰 눈, 옅게 검은 비늘이 오렌지색으로 둘러진 아주 아름다운 물고기였다. 나는 원시어原始魚 특유의 조형물과 같은 풍모에 취해버렸다.

이후부터 나는 주위의 상황에 아랑곳없이 오로지 낚시에 몰두했다. 크로커다일 같은 건 머릿속에서 까마득히 지워져 낚싯대를 휘두르는 어깨에 온통 신명이 올랐다.

그렇게 한 시간여 정신없이 휘둘렀을까? '투둑' 하는 감촉을 느끼는 순간, 낚싯대가 휘어지면서 나도 몰래 몸이 하류로 끌려 나갔다. '크, 크다!' 놈의 질주가 멈출 틈을 보이지 않았고 나는 물

싸움이 끝나고 조용히 옆으로 누운 파푸안배스.

고기를 따라 수면을 가르며 하류로 내려갔다. 15m 정도 끌려 내려가니 빽빽한 수생식물로 길이 막혀 더 이상 나아갈 수가 없게 되었다. 초조함에 가슴을 졸이던 그때, 운 좋게 고기가 반전을 했다. 그런데 궁지에 몰린 쥐처럼, 놈이 거꾸로 덤벼들 기세로 나를 향해 돌진해 왔다. 죽을 힘을 다해 미친 듯이 릴링을 하며 라인의 텐션을 계속 유지했다. 그런데 어느 순간 고기가 바로 앞의 수초더미 속으로 파고들고 말았다. '아뿔싸! 낚싯줄이 걸렸다…' 절망적인 초조함이 덮쳤다.

그러나 낚싯줄을 계속 당기자 고기가 돌연 수초 속에서 엄청난 기세로 뛰쳐나왔다. 이게 웬 떡이냐? 저절로 얕은 곳으로 다가온 놈을 살금살금 유도해 땅 위로 미끄럼을 태우니 녀석도 지쳤는지 가쁜 숨

시커멓게 박력 넘치는 어체. 이 한 마리로 파푸안배스의 포로가 되어 버렸다.

을 몰아쉰다. 드디어 어제보다 한층 더 큰 파푸안배스를 양손으로 감싸 안았다. 거대한 머리로부터 묵묵히 이어진 등짝에 불룩하게 솟은 근육 하며, 날카로운 칼날처럼 쭉쭉 뻗은 등지느러미가 용맹스럽기 짝이 없었다. '우우욱!' 두 팔에 전해지는 묵직한 중량감이 나를 흥분의 도가니로 몰아넣었다. 승자인 내가 오히려 이 괴어의 포로가 되어버렸다.

다시 강으로 들어가 루어를 계속 던졌다. 이전에 태국에서 바라만디를 낚은 적이 있지만, 바라만디는 역시 톱워터 루어로 낚는 것이 가장 좋았다. 고요한 시간, '파아악' 하는 소리와 함께 수면이 파열되고 은린이 날아오르는 순간을 보는 것은 전율과 쾌감이 교차하는 오르가슴 그 자체였다.

톱워터 루어를 수중에 가라앉아 있는 수초 위에 떨어뜨리고선 작은 파문이 없어질 때까지 잠시 방치했다. 살짝 살짝 머리를 흔들어주고선 스톱. 그리고 20cm 정도 천천히 릴링을 하다가 다시 멈추는 순간, 순식간에 수면이 작열했다. 3마리째의 바라만디는 76cm로 소형이었지만 역시 황금색 찬란한 멋진 몸매였다.

흥분을 가라앉힐 사이도 없이 점심시간이 되었다. 악어사냥꾼들이

톱워터 루어에 나온 3마리째 골든 바라만디.

전날 밤의 수확물을 자랑하듯 둘러맨 사냥꾼. 창을 맞은 악어의 목덜미가 벌어져 있다.

크로커다일을 건네받고 덜덜 떨며 기념촬영.

익숙한 솜씨로 크로커다일의 가죽을 벗겼다. 조리법은 숯불로 천천히 구울 뿐, 그냥 통구이였다. 완성된 크로커다일 통구이는 약간의 비린내가 났지만, 닭고기처럼 쫄깃한 육질이 생각보다 맛이 좋았다.

저녁 무렵, 카누를 타고 더욱 오지로 거슬러 올랐다. 황금빛 바라만디가 계속 수면 위로 치솟았다. 대습원, 최고 오지의 블랙워터에 잠자는 황금 물고기. 주변 수질의 영향으로 체색이 변화된 것이겠지만, 나는 마치 여기가 전설의 무릉도원과 같다는 생각에 달콤하고도 비릿한 하룻밤을 또 보냈다.

다음날, 피로했지만 7시가 되기도 전에 눈이 뜨였다. 잠이 덜 깬 상태로 몽롱한 의식이었지만 강변이 어떤지 도무지 신경이 쓰여 그냥 누워 있을 수가 없었다. 오두막에서 밖으로 나와 그 물체를 바라본 순간, 그만 졸음이 달아나 버렸다. 간밤에 악어사냥꾼들이 2m가 넘는 크로커다일에 작살을 꽂았던 것이다. "너도 들어봐!" 하며 그들이 크로커다일을 내게 건넸다. 아직 사람을 잡아먹을 만큼 크게 자라

47

악어에 대한 공포심과 낚시로 잡아보고 싶은 욕구를 저울질한다.

진 않았지만 육식동물 특유의 공포를 자아내는데, 단단한 가죽으로 몸을 감싸고 강인한 턱에는 날카로운 송곳니가 늘어서 있었다. 열대우림 생태계의 정점에 선 동물의 위세에 잠시 오싹 하고 있자니, 악어사냥꾼들이 "어제, 네가 낚시 하던 장소에도 이런 놈이 많이 있었는데?" 하며 깔깔 웃어댔다.

나는 등골이 서늘해지는 것을 느끼면서 습지대를 뒤로 했다.

플라이강으로 돌아 나오던 도중, 가솔린이 떨어질 것을 알고서 우리들은 급히 마을로 돌아가기로 했다. 정말 계획성 없는 여행이라 생각할 수도 있지만 이 나라에서는 그저 일상과 같은 일이었다. 설사 가솔린이 떨어지더라도 노를 저으면 어떻게든 된다는 것이다. 며칠 간의 야영생활에 지친 나는 내심 마을로 돌아가는 것이 기뻤다.

그러나 카누에 몸을 싣고만 있을 수 없었다. 포인트라고 생각되는 지점이 눈에 띨 때마다 루어를 날렸다. 그러던 도중, 마치 돌고래처럼 우아한 등지느러미를 수면에 드러내 보이는 물고기 무리와 만났

외모와는 달리 '광란의 파이터'로 손꼽히는 퍼시픽타폰.

다. 퍼시픽타폰! 미노우를 그들 무리 쪽으로 원투 하니 루어가 착수하자마자 재빨리 다가와 넙죽 물었다. 이어 엄청난 스피드로 수면 아래로 질주하는가 하면, 미친 듯 수면 위로 뛰쳐오르는 등 도약을 반복했다. 짧은 시간이었지만 그 과정은 '광란狂亂'의 연속이었다. 그런데 허무하게도 바늘이 빠져버렸다. 그런 상황이 여러 차례 반복되었다. 몇 번이나 걸었다가 놓치기를 거듭하던 끝에 드디어 광란의 퍼시픽타폰을 카누 위에 올렸다. 쿠당탕 푸다닥! 이리 뒹굴 저리 뒹굴, 온몸으로 낚싯줄을 휘감으며 카누 위에서 발광하는 고기로부터 바늘을 빼내기까지는 위험천만한 고비가 잇따랐다. 정녕 챔질에서 릴리즈를 할 때까지 한순간도 방심할 수 없을 만큼 아주 위험한 '크레이지 피시'였다.

플라이강의 첫 원정을 이렇게 마친 나는 아주 지쳐 있었다. 아직은 파푸아뉴기니 여행의 초기 단계인데, 첫 원정부터 이래서야 몸이 견딜 수 있을지….

투신鬪神과의 대결이 끝나고…
'죽어도 좋아!'

●● 더 크고 무서운 괴물을 찾아 재출격

2일 정도 마을에서 휴식을 취한 뒤 다시 악어사냥꾼들과 함께 플라이강의 오지로 나아갔다. 이번엔 안정감이 없는 카누 대신 모터엔진을 두 대 장치한 큰 보트로 바꿨다. 지난 번 연료 부족을 거울삼아 대량의 가솔린을 적재하는 등 만전을 기했다.

강 본류를 거슬러 오르는 도중, 악어사냥꾼들이 식량으로 사용할 바나나를 채취하러 가자며 강 가운데에 떠 있는 커다란 섬에 보트를 멈췄다. 산적나이프를 휘둘러 정글 속으로 돌입한 그들을 뒤쫓아 가

니 벌써 나무 위에 올라가 있었다. 열매가 40여개나 붙어있는 거대한 바나나를 잘라 떨어뜨리는데 혼자서 들기가 무거워 온 몸이 흔들릴 정도였다. "물고기가 낚이지 않아도 이제 식량 걱정은 없겠네" 하며 서로들 웃었다.

거대한 바나나를 앞에 두고 기념사진을 찍고 있는데 진흙에 녹아들 듯 눈에 잘 띄지 않는 색깔의 뱀이 기어가고 있었다. 얼른 카메라를 들이대자, 악어사냥꾼이 뛰어와 '에이!' 하는 고함 소리와 함께 나이프를 휘둘러 단번에 뱀을 죽여버렸다. '어!?' 하고 놀라 물어보니 무섭기 짝이 없는 독사란다. 등골이 오싹해졌으나 곧이어 장난기가 발동했다. '맛이 어떨까?' 궁금해 죽은 뱀을 들고 보트로 돌아왔다.

엔진을 두 대 장착한 보트는 생각보다 스피드가 나서 저녁에는 처음 파푸안배스

1_즉석 조달 식품인 야생 바나나. 2_지면과 똑 같은 보호색을 띤 뱀. 잘못 밟았더라면…?

첫 포인트에서 또 다시 올린 멋진 몸매의 파푸안배스.

를 낚은 플라이강 본류와 작은 지류의 합류점에 도착했다. 내 영혼을 사로잡을 괴물과 맞닥뜨리고 싶은 생각에 조금은 긴장하면서 물고기를 닮은 대형 루어를 손에 들었다. 며칠 전 원정에서 물고기가 집중된 포인트에 던져 넣으니 곧바로 8kg에 가까운 살찐 파푸안배스가 낚였다. 변함없는 뚝심을 발휘했으나 마음 속 깊이 기대한 놈은 아니었다. '아직은 아니야….' 정녕 상상 못할 괴물이 주변에 잠자고 있을 것만 같았다.

플라이강과 작은 지류의 합류 지점. 여러 개의 지류가 플라이강으로 흘러드는 정말 좁은 범위, 수초 사이 2m 범위에 물고기가 집중되어 있었다. 일본의 배스낚시도 마찬가지이지만 이와 같은 장소에서는 가장 큰 물고기가 항상 최초로 달려든다. 그것을 낚아내면 다음에 낚이는 것은 한 사이즈 작은 놈들이다. 그리고 사이즈가 갈수록 작아지면서 결국은 입질이 없어지고 만다. 그런 다음 일정 시간이 지나면 다시 입질이 들어온다. 따라서 이곳에서도 시간 차이를 두고 공략을 계속하다 보면 틀림없이 대물이 나올 것 같은 기분이 들었다.

하늘에 옅은 어둠이 깔리기 시작했다. 나는 머리칼을 뒤로 날리며 작은 지류를 거슬러 올랐다. 황금빛 바라만디가 사는 습원에 도착하는 것으로 그날은 끝났다.

다음날 아침, 서둘러 황금의 바라만디를 노려 습원에 섰다. 두 강의 합류점, 수초 사이에 초대형 루어를 던진 후 천천히 액션을 주고 멈출 때였다. 거대한 바라만디가 수면 아래에서 공중제비를 하듯 솟아올랐다. 충분히 1m는 넘을 것으로 생각되는 물고기. 그러나 루어를 허공으로 높이 날려버렸을 뿐 아쉽게도 바늘에 걸리지 않았다.

'이번 놈을 잡았다면 이 여행을 끝내도 좋았을 텐데….'

후회와 아쉬움을 삭일 수 없어 쉴 새 없이 루어를 날렸으나 그것으로 끝! 더 이상의 입질은 없었다.

허탈감과 오기가 뒤섞인 상태의 3일째를 맞았다. 물고기의 활성도가 낮은 습원을 뒤로 한 채 오후 시간에 맞춰 문제의 합류점 포인트로 들어섰다. 재빨리 보트를 수초에 묶고서 약 30m 전방의 하구 지점에 루어를 던져 넣었다. 착수와 동시에 릴링을 시작하는데 뭔가가 예신도 없이 수면에 드리워진 라인을 단번에 차고 나간다. 후다닥 낚싯대를 세워 강제로 수초로부터 떼어놓으니 그 반동으로 파푸안배스가 내 앞쪽을 향해 돌진해 온다. 그야말로 무서운 기세다. 보트 옆을 순식간에 통과하더니 이번엔 수초 속으로 돌진한다.

"앗, 그쪽으로 가면 안돼!"

드랙을 꽉 조여 둔 상태인데도 맹진을 계속하는 파푸안배스. 손가락으로 라인을 눌러 질주를 막으려 하지만 마찰열에 손가락이 너무 뜨거워 그만 놓아버리고 말았다. '아악!' 하고 외치는 순간, 모든 것이 끝나버렸다. 파푸안배스가 갈대숲 깊은 수심의 수초지대에 처박혀버린 것이다.

한 가닥 희망을 걸고 갈대숲에 엉망으로 감겨버린 라인을 손으로 풀어나갔다. 지켜보던 악어사냥꾼이 갈대숲 장애물을 하나씩 정성들여 나이프로 잘라나가는데 이게 웬 천우신조인가? 늘어진 라인에서 물고기의 감촉이 손가락에 전해지는 게 아닌가! '아직껏 붙어있

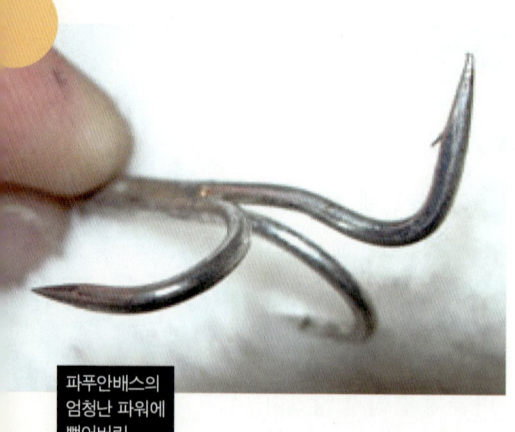

파푸안배스의 엄청난 파워에 뻗어버린 낚싯바늘.

구나….' 초조함과 흥분이 엇갈리고 머릿속이 온통 어지러운 상황에서도 놈은 지금까지의 파푸안배스 중에서 최대어일 것이라는 확신이 들었다. 그러나 낚싯대를 다시 손에 들고 천천히 힘을 가하는데 '쑥' 하는 느낌과 함께 낚싯줄에 탄력이 없어지고 말았다. 힘없이 딸려 나오는 루어를 회수해 보니 바다용 초강력 세발바늘 가운데 하나가 크게 뻗어 있지 않은가! '아무렴, 이렇게 강한 바늘이 뻗어버리다니…?' 사람의 손으로 아무리 힘을 가해도 조금도 펼 수 없을 정도로 강력한 바늘인데….

"도대체 어떻게 생긴 녀석일까? 얼마나 크길래…."

라인을 60파운드에서 80파운드로 바꿨다. 직강력으로 치자면 32kg, 즉 32kg의 물체를 들어 올려야 끊어질 정도의 강력한 라인이다. 놈과의 기술적인 대결은 무의미하다. 오로지 힘 대 힘의 승부. 더

필자의 바라만디 기록어를 낚게 해준 미국산 미노우 루어.

이상 놈에게 결단코 주도권을 주지 않겠다고 맹세했다.

그러나 더 이상의 기회는 오지 않고 어느덧 저녁이 되고 말았다. 보트를 흘리면서 하구의 갈대숲 사이를 정성껏 공격해 나가는데도 도무지 소식이 없다. 허탈한 마음에 강변 쪽으로 눈길을 돌리니, 강 기슭 가까운 지점에 독립한 몇 다발의 갈대가 눈길을 끈다. 미노우를 작은 갈대숲 옆으로 통과시키자 정체 모를 녀석이 루어를 낚아채듯 끌고서 단번에 갈대 속으로 돌진한다. 다시 한 번 무아지경에 빠져 그저 습관처럼 방어와 공격을 거듭한다. 놈의 질주를 릴링으로 억제하고 화려한 점프를 낚싯대로 제어하기를 여러 차례. 그리고선 강제집행! 무사히 보트에 올려진 놈은 92cm짜리 바라만디로, 내가 낚은 바라만디 중에선 최대어였다.

그 커다란 바라만디는 뜻밖에도 아름답지 않았다. 파푸안배스와 서식지가 겹쳐있어 생존투쟁이 격한 나머지 너덜너덜해진 것일까? 등지느러미가 너덜너덜하게 찢어지고 은린은 어두워져 연한 검은색으로 물들어 있었다. 은린이 빛나는 아름다운 바라만디도 좋지만 나

바라만디의 몸에 각인된 상처가 약육강식의 플라이강을 말해준다.

는 약육강식의 세계에서 살아남은 증거를 자신의 몸에 그대로 새긴 전사와도 같은 이 바라만디에게 깊은 애정을 느꼈다.

　3일째의 낚시는 결국 이 한 마리로 그치고 말았지만 나는 충분히 만족하고 낚시를 끝냈다. 그리고 다시 무엇인가 일어날 것 같은 예감에 가슴이 두근거렸다. 내일은 또 어떤 괴물이 나를 기다려주고 있을까?

●● 드디어 '습원의 투신'과 대결 벌이다

　4일째 아침, 역시 플라이강 본류와 작은 지류가 만나는 합류 지점. 심호흡을 하며 제1투를 날렸다. 그야말로 첫 번째 캐스팅. 작은 지류권 하구에 두텁게 밀생한 수초 사이로 떨어진 루어는 아무 일 없이 보트 앞까지 돌아왔다. 별다른 생각 없이 루어를 회수하려는데, 뭔가 검은 그림자가 돌진해 보트 옆을 스쳤다. 그러나 그것은 나중의 생각일 뿐, 사실은 '텀벙!' 하는 파열음과 함께 눈앞에 물기둥이 솟으면서 작은 무지개가 스쳤을 때야 비로소 사태를 파악했다. 이어 정신을 차릴 틈도 없이 팔에 강한 충격이 전해지고 낚싯대가 휘어들었다.

　"왔~다!!"

　절규에 가까운 비명을 지르는 동시에 낚싯대를 세워 연속적으로 챔질을 해댔다. 녀석도 깜짝 놀랐을까? 수면을 가르고 솟아오른 은린의 거대한 괴물이 공중제비를 연출했다. 어마어마한 크기에 놀라 보트 위의 일행 모두가 흥분에 휩싸였다. 한 바퀴 허공에서 몸을 뒤집은 놈은 수면으로 떨어지자마자 마치 탄환처럼 강바닥을 향해 질주했고, 이어 기세 좋게 강기슭 수초 속으로 파고들었다. 강가에는 수생식물이 밀생하고 있어 놈이 그곳으로 파고들면 그것으로 게임 끝이다. 나는 오직 라인의 강도를 믿고서 힘으로 밀어붙여 고기의 질주를 멈췄다. 릴의 핸들이 구부러질 정도의 힘으로 가까이 당겨 와 보트 위로 끌어올렸다. 진땀 나는 승부의 시간은 그저 90초 정도?

드디어 손에 넣은 '플라이강의 투신(鬪神)', 115.5cm 짜리 초대형 바라만디의 위용!

'털썩!' 하는 소리와 함께 뱃전에 옆으로 누운 놈의 정체는 지금까지 사진으로도 본 적이 없는 거대한 몸집의 바라만디였다.

"야호! 야호!!"

나는 절규했다. 소리소리 지르다가 어느덧 지쳐 조심조심 고기를 들어 보았다. 근육으로 다듬어진 중압감이 육중하게 느껴졌다. 너무나 무거워 제대로 들지를 못하고 그저 웃을 수밖에 없었다. 강렬한 태양광을 받아 빛나는 은린을 앞에 두고 한참 동안 말문을 닫았다.

애써 흥분을 가라앉히며 사진을 찍고 또 찍었다. 115.5cm 바라만디, 두 번 다시 이런 크기를 만날 수는 없을 것 같았다. 수영도 못하

또 한 마리 추가한 파푸안배스. 빵빵하게 살이 부푼 놈이었다.

는 나는 황홀경에 빠져 바라만디를 끌어안고 물속에 뛰어들었다. 나중에 악어사냥꾼에게 들은 이야기지만 그곳은 거대한 크로커다일의 소굴이어서 그들 모두가 식은땀을 흘렸다고 했다. 그러나 그 순간, 크로커다일에게 먹히더라도 나는 만족한 미소를 띠며 죽어갔음에 틀림없다.

　내 품에 안은, 투신鬪神이라 부를 만한 초대형급 바라만디! 이 한 마리를 낚기 위해 겪어 온 수많은 고통과 인내가 단번에 근사하게 날아가 버렸다.

거대한 악어 소굴인 줄도 모르고 대어를 낚은 흥분에 물속으로 뛰어들었는데….

물의 나라에서 진귀한 물고기를 잡아 행복해지는 일

●● 대습원에도 존재하는 외래종 문제

대습원의 작은 섬에 온지도 2주일이 흘렀다. 우리들은 해가 뜨면 카누를 저어 매일처럼 습원으로 나갔다. 수면을 뒤덮은 수생식물의 녹색의 융단, 가느다란 수로를 누비듯 빠져나와 주변 섬들을 건너 다녔다. 카누에서 상륙하기만 하면 어린이들에게 둘러싸였다. 어느 섬에는 200명 정도의 주민들이 거주하고 있었다. 외국인은 커녕 부족 외의 어느 사람도 방문하는 일이 드물 것이다. 아주 멀리 북쪽 나라에서 온 나는 마치 진귀한 동물 취급이었다. 살금살금 다가와 큰 눈을 더욱 크게 뜨고선 내 얼굴을 응시한다. 눈이 마주치면 미소를 띠고 부끄러운 듯 아래로 이내 눈길을 돌린다. 말은 통하지 않지만 그 귀여운 행동은 그들의 풍부하고 호의적인 호기심을 느끼기에 충분했다.

현지 어린이들. 카메라를 들면 환희의 탄성을 울린다.

섬은 20분이면 걸어서 일주가 가능할 정도의 크기. 주변엔 여러 가지 수생식물로 뒤덮여 수많은 물고기가 번식하고 있다. 섬 주변을 낚시를 하면서 걸어가노라면 어린이들이 뒤를 졸졸 따라 붙었다. 그 행렬은 어디선가 나타난 어린이들로 조금씩 조금씩 수를 불려갔다. 나는 그 섬에서 히어로이자 피에로였다.

물의 나라를
상징하는 고상식
(高床式) 가옥.

   그들의 시선을 의식하면서 강변에 무성한 수초 사이로 톱워터 루어를 던지면 넣는 족족 입질이 왔다. '철벅' 하는 포식음이 들릴 때마다 어린 아이들은 '와!' 하고 일제히 탄성을 질렀다. 짐짓 바늘을 제거한 루어를 후방으로 던지면 '꺄아!' 하고 비명을 지르며 야자나무 그늘로 도망쳤다. 순진한 아이들은 나의 일거수일투족에 놀라고 기뻐하고 그리고 즐거워해 주었다.

   섬에서 가장 많이 낚이는 물고기는 왠지 외래어종임에 틀림없는 스트라이프트 스네이크헤드였다. 이 물고기는 동남아시아에 서식하는 가물치의 일종으로, 태국에서는 담수어 중에서 최고로 치는 식용 물고기이다. 마을 주민들에 의하면 예전에는 이 물고기가 없었으며, 육지로 연결된 인도네시아령 '이리안자야Irian Jaya'에서 들어왔으리라고 했다. 그리고 자신들은 누구도 먹지 않아 주위에 그 고기가 우글우글하다고 덧붙였다.

외래어종 문제를 일으키고 있는 동남아시아산 가물치 '스트라이프트 스네이크헤드'.

만일 이 어종이 이리안자야의 재래종이라면 육지로 연결되어 있고 기후도 다르지 않은 이 섬에도 원래 존재했을 것이다. 그렇지 않다면 동남아시아에서 식용으로 인기가 있는 이 물고기가 이리안자야로 이식된 후, 일부 도망친 개체가 자연적 풍요로움을 바탕으로 순식간에 대번식을 하게 됨으로써 육지로 연결된 파푸아뉴기니로 흘러들어온 것이 아닐까? 실상은 알 수 없지만 이 같은 변경의 땅에도 외래어 문제가 존재한다는 사실에 새삼 놀라고 말았다.

그렇지만 낚시를 즐기는 입장에선 고기가 너무 잘 낚여 즐겁기만 했다. 그곳의 가물치 어영은 남획이 현저한 동남아시아를 훨씬 능가하고 있었다. 루어를 던질 때마다 입질이 온다고 해도 좋을 정도였다. 일본에서 가져온 가물치용 루어마다 고기들의 이빨자국으로 인해 거의 너덜너덜해져 버렸다. 나는 대습원의 풍요 덕택에 호사스런 낚시를 실컷 즐겼다.

●● 열대 강의 호랑이 '뉴기니 다토니오'를 만나다

너무 잘 낚이는 낚시에 어느덧 질려버린 나는 마을을 천천히 탐색해 보기로 했다. 부탁하지 않아도 아이들이 나서서 길안내를 맡아주었다. 야자나무가 서 있는 작은 길을 그들과 나란히 걸었다. 마을은 모두가 고상식高床式 가옥이었다. 우리들이 지나가면 창밖으로 얼굴을 내밀고 손을 흔들었다. 나도 손을 흔들어 미소로 답하면 어린 아이들은 물론 어른들까지 순진무구한 웃음으로 성원을 보내주었다. 나는 친절함이 충만한 마을에서 그간의 찌든 마음을 치유 받고 있었다.

애완동물로 키워지는 '왈라비' (캥거루 종류) 새끼.

한 명의 남자 아이가 신이 나서 자기 집으로 나를 데려갔다. 집안으로 이끌더니 자신의 애완동물을 보여주었다. 그것은 아직 비틀거리며 걷는 왈라비 새끼였다. 왈라비는 오세아니아 지역에 서식하는 캥거루과의 유대류有袋類인데, 이 땅에서는 귀중한 단백질 공급원이 되고 있었다. 아마도 사냥해온 왈라비 어미의 배주머니에서 꺼낸 것이리라. 만면에 미소를 띤 아이로부터 왈라비를 건네받던 중, 잠깐 우스운 생각이 들었다.

'이 녀석도 커지면 결국 잡아먹히려나?'

아이들의 애완동물이 차츰 다양하게 등장했다. 야생돼지의 새끼

사람 주먹만한 개구리.

시끄럽게 소리를 지르는 야생돼지 새끼.

는 들어 올리면 '꿰엑 꿰엑' 세상이 떠나갈 듯 심하게 울어댔다. 크로커다일을 애완동물로 기르는 집도 있었다. 70cm 정도의 새끼였지만 그 흉포함에 혀가 내둘러졌다. 급기야는 뱀까지 들고 나와 나를 접대해 주었다. 이에 나도 재미삼아 뱀을 얼굴 위로 기어가게 해 그들의

마을사람들을 웃겨 주려고 애써 태연한 척했지만….

웃음을 샀다. 여행자 입장에서 그들의 호의로 걱정 없이 즐겁게 지낼 수 있었기에 나 또한 외부인으로서 그들에게 웃음을 선물하고 싶다고 생각했다.

그러던 어느 날, 언제나처럼 옆 마을을 찾았다. 마침 마을대항 럭비대회가 있는 날로, 작은 마을은 일상의 2배 이상 사람들로 북적여 온통 축제분위기였다. 나는 럭비에 흥미가 없어 언제나처럼 아이들의 호위를 받으며 낚싯대를 휘두르고 있었다. 노리는 것은 수초지대의 가물치가 아니라 섬 바로 앞을 흐르는 플라이강 지류권의 파푸안배스였다. 강 중심부로 던져 넣은 14cm 길이의 대형 미노우가 유심에서 앞쪽 얕은 곳으로 빠져나올 무렵 '투둑!' 하는 날카로운 입질이 전해졌다. 초기에 기세 좋게 강바닥으로 처박는 느낌을 받고선 대물이란 예감이 들었다. 하지만 고기는 금방 힘이 빠져 수면 위로 떠올랐다.

작은 모습을 보는 순간, 두드러진 줄무늬가 확실한 파푸안배스라고 생각했다. 하지만 땅에 올려진 고기의 모습을 자세히 보고선 깜짝 놀라고 말았다. 얼핏 보면 파푸안배스와 닮았지만 체색이 너무도 아름다운, 황색과 흑색이 혼합된 호랑이 무늬였다. 무늬의 아름다움도

애완용 크로커다일. 작지만 엄청나게 흉포하다.

'뉴기니 다토니오'
를 손에 들고
어린이들과 함께.

그러려니와 이마로부터 등에 걸쳐 이상하리만큼 윤곽이 솟아오른 모습이 정녕 호랑이처럼 용맹스런 인상이었다. 얼핏 녀석의 정체가 떠올랐다.

'혹시 다토니오?'

그저 어류도감에서 밖에 본 적이 없을 정도의 희귀어종인 뉴기니 다토니오를 낚다니! 결코 대어는 아니지만 지금까지 그 어느 나라에서도 본 적이 없는 물고기-. 그 누구도 낚아본 적이 없는 물고기를 찾아 장기여행을 도모하는 나로서는 기쁘기 짝이 없는 선물이었다. 자연스레 나의 입 언저리가 구부려져 올랐다. 아이들도 주변을 에워싸고 축복해 주었다. 나를 바라보는 그들의 눈동자는 한 점의 그늘도 없이 초롱초롱 빛나고 있었다. 그들은 그 커다란 눈동자로 이 작은 섬에 비치는 아주 작은 사물 하나하나에 강렬한 색채를 찍어놓고 있었다. 그리고 그들의 반짝반짝 빛나는 눈동자엔 진심어린 나의 미소도 가득가득 찍히고 있었음에 틀림없다.

나는 말라리아 보균자?
- 말라리아 감염 일기

●● 무사히 귀국 후, 갑작스런 고열 현상

그것은 파푸아뉴기니로부터 무사 귀국 후 아키타秋田의 집으로 돌아온 지 10일 후의 일이었다. 가까운 회전초밥집에서 점심 식사를 하던 중 갑자기 오한이 들어 젓가락질을 멈췄다. 몸 속 깊은 곳에서 갑작스레 한기가 치솟고 온 몸이 부들부들 떨려 무엇 하나라도 입에 넣을 수가 없게 돼버린 것이다. 서둘러 귀가해 체온계를 대보고는 소스라치게 놀랐다. 38.4℃…?

'나도 모르게 심한 감기에 걸린 걸까?' 반신반의하며 땀을 흘려서라도 억지로 낫게 해 보려고 온천으로 차를 몰았다. 그러나 뜨거운 욕조를 선택해 몸을 담가도 춥기는 마찬가지다. 사우나에 들어가 몸을 담가도 결과는 마찬가지. '어~ 추, 춥다….' 사우나에서 부들부들 어깨를 떨며 추위에 고통스러워하는 모습을 누군가 곁에서 눈여겨 보았다면 아주 이상한 사람 취급했을 것이다.

집으로 돌아와 다시 체온을 재보니 39.3℃로 상승해 있었다. '이거 어떻게 된 걸까?' 갑자기 불안해졌다. 도무지 믿기지 않는 체온이라 체온계의 수치를 카메라에 담았다. 그런 다음 이불 속으로 들어갔다.

그날 밤, 더욱 열이 올라 40℃를 돌파했다. 온 몸에서 장작불이 타오르는 듯한 고열이 계속됨에도 불구하고 감각으로는 온 몸이 얼어붙는 듯한 오한 상태가 계속되었다. 심한 고통에 잠시도 잠을 이룰 수 없었다. 그런데 한밤중 엄청난 양의 땀으로 이부자리가 흠뻑 젖은 후, 갑자기 열이 내려갔다. 그 순간의 변화를 확실히 느낄 수 있을 정도여서 체온계를 대보았다. 36.8℃, 거의 평균체온으로 돌아와 있었다. '어떻게 이럴 수가?' 갑자기 머릿속에 번개가 스치는 듯했다.

'혹시 말, 라, 리, 아…?'

말라리아는 발병하면 40℃에 가까운 심한 고열이 나지만 비교적 단시간에 열이 내려간다는 것을 떠올렸다. 나는 이불 속에서 나와 정신없이 인터넷으로 '말라리아'를 검색하기 시작했다.

"…말라리아는 열대, 아열대 지역에 널리 분포하는 감염증으로 학질모기에게 흡혈되는 것으로 인해 말라리아원충이 체내에 침입하여 감염된다. 학질모기는 파푸아뉴기니에서는 표고 1800m 이하의 전 국토에 1년 내내 서식한다. 말라리아의 제1증상은 발열인데, 유행 지역을 떠나 약 4주 이내에 38℃ 이상의 열이 나면 그 가능성이 크다. 그 외의 초기증상은 두통, 설사, 권태감, 근육통 등 감기와 구분하기 어려운 증상도 있다. 말라리아는 열대열 · 삼일열 · 난형 · 사일열의 4가지가 있다. 파푸아뉴기니에서는 4분의 3이 열대열 말라리아로, 이것은 일반적으로 악성 말라리아라고 일컬어진다. 치료가 늦어 중증화한 경우 죽음에 이르는 일이 많다."

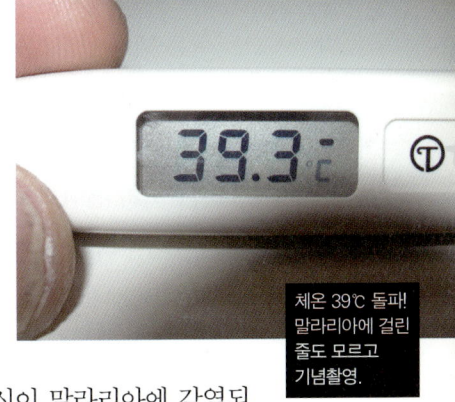

체온 39℃ 돌파! 말라리아에 걸린 줄도 모르고 기념촬영.

조사 내용이 이쯤에 이르렀을 때, 나는 자신이 말라리아에 감염되었음에 틀림없다고 확신했다. 내일, 일이 끝나면 병원에 가야겠다고 생각하면서 그대로 지쳐 침대에 쓰러졌다. 다음날 눈을 뜨니 웬걸? 거의 정상이라고 해도 좋을 정도로 몸과 마음이 거뜬했다. 체온을 재니 37℃에도 못 미칠 정도로 가라앉아 있었다.

나는 다른 날과 다름없이 이삿짐센터의 아르바이트를 하고 있었다. 오지에서의 생활은 강인한 체력이 기본이고, 또한 초대물과의 싸움에는 억센 팔 힘이 필요하다. 돈도 벌고 몸을 단련시킬 수 있는 트레이닝으로 이삿짐 작업만한 게 없는 것이다.

작업 개시 후, 나의 몸은 아무렇지도 않았다. 그러나 점심밥을 먹고 2칸째의 이삿짐 나르기를 시작하는데 갑자기 후끈거리기 시작했다. 단숨에 체온이 상승해 몸에 힘이 들어가질 않고 온 관절이 쑤셨다. 그뿐이랴? 점점 똑바로 걷기조차 곤란해졌다. 곁에서 보면 비틀비틀 흔들흔들, 정확히 말해 없는 편이 더 나았을 것이다. 집주인인 듯한 미모의 부인이 못미더운지 나를 보고 웃음을 참고 있었다. 나는 차츰 혼미해지는 의식에도 불구하고 엉뚱한 생각이 들었다.

'당신은 지금, 세상에서 보기 드문 말라리아환자 이삿짐센터 직원을 앞에 두고 있어요.'

그렇게 중얼거리다 보니, 나도 몰래 우스워져 힘없이, 정말 힘없이 웃었다. 아등바등 겨우겨우 그렇게 버티다 보니 그날의 작업이 무사히(?) 끝났다.

사무실로 돌아와 사장인 S씨에게 사정을 털어놓았다.

"실은 제가 말라리아에 걸렸는데요…."

"응? 말라리아? 그거 전염되는 거 아냐? 우리들은 괜찮을까?"

S씨는 자기 몸부터 걱정했다. 내 몸 상태는 물어보지도 않고….

"사람끼리 전염되지는 않으니 괜찮을 거예요. 걱정 마세요…. 그럼 저는 지금부터 병원으로 직행합니다. 틀림없이 입원하게 될 테니까 내일부터 일 나오지 못할 겁니다."

S씨는 그때서야 "아, 뭐…, 그럼, 힘내라구!" 하며, 어찌 대답하면 좋을지 모르겠다는 얼굴로 나를 바라봤다.

서둘러 집에 들려 어머니에게 "지금 저, 말라리아 검사 받으러 갑니다!"라는 말을 남기고선 가까운 대학병원 응급외래로 직행했다.

그러나 아키타현은 일본에선 시골에 속하는 지역으로, 연간 해외여행자 수가 전국에서 최하위 수준이다. 말라리아환자 같은 사람을 본 적이 없을 것이다. 여의사는 인플루엔자를 우선 의심했다. 해외에서 감염되어 일본에서 말라리아가 실제로 발병했을 때도 병원에서 말라리아라고 눈치 채지 못해 손을 쓰지 못한 사례도 있었다.

나는 화를 내며 단언했다.

"말라리아예요. 정말, 말라리아에 걸렸다니까요!"

내 말을 들은 여의사가 당황하더니 혈액검사를 시작했다.

채혈을 마친 여의사는 "30분 정도면 결과가 나올 겁니다!"라는 말을 남기고 진료실 안으로 사라졌다. 그러나 아무리 기다려도 무소식이었다. 나는 급속히 몸 상태가 나빠져 진료실 침대 위에 늘어져버렸다. 여의사가 돌아온 것은 2시간 후였다.

'왜 이제야 나타나는 거야? … 그런데 왜 의사가 3명이나 늘었지?'

고열로 멍해진 눈 위로 여의사의 얼굴이 보였고, 그녀가 이렇게 물었다.

"기분이 좀 어떠십니까?"

바보 같은 여의사의 질문에 화가 나서 쏘아붙였다.

"어떠시냐고요? 제 쪽에서 묻고 싶어요! 제 병은 어떤 겁니까?"

여의사가 당황하며 빠르게 설명했다.

"아~ 예, 현미경으로 보니 혈액 중에 원충이 발견되었습니다. 어떻든 말라리아가 맞아요. 지금부터 입원 수속을 밟아야겠습니다."

이렇게 해서 내 인생 최초의 입원생활이 시작되었다.

●● 말라리아 확정, 즉각 입원!

간호사의 안내로 병실로 들어서니 예상치 못한 독실이다. 웬 독실이냐고 묻자 간호사가 미안해하며 설명을 했다.

"다른 환자에게 영향을 주면 곤란해서요. 미안합니다."

'영향이라뇨? 말라리아는 전염병이 아닙니다!'라고 마음속으로만 불평을 하고서 그냥 병원 지시에 따랐다. 독실에 혼자 남아 병실을 둘러보니 화장실·욕조·싱크대·냉장고·응접실·TV가 완비된, 그야말로 완전한 격리병실이다. 어쨌거나 생각보다는 안락해 그냥 침대에 드러누웠다. 고열로 의식이 몽롱해져 가수면 상태로 있자니 부모님이 오셨다. 어머니는 안절부절 못하시고 아버지는 어이가

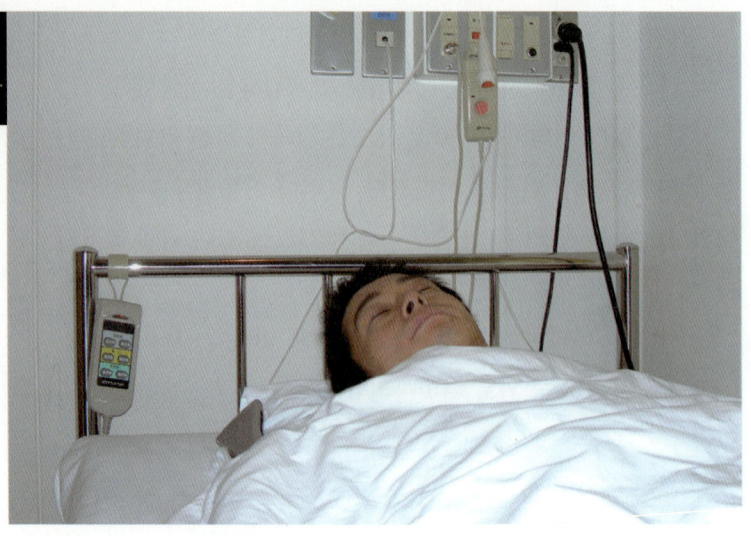

병상에 누운 필자. 병문안 온 여동생이 . 찰칵!

없으신지 쓴웃음을 띠고 계셨다.

담당 여의사가 또 한 사람의 의사를 데려와 '오늘밤부터 2인체제로 치료에 들어간다'고 인사를 했다. '네, 감사합니다'라고 대답은 했지만 솔직히 몸 상태가 너무 나빠 모든 게 귀찮았다. 그러나 여의사는 물러나질 않고 내 병의 증상에 대해 꼬치꼬치 물었다. 슬쩍 그녀의 손을 보니 30여장에 달할 정도의 수많은 서류를 쥐고 있었다. 아마도 여기저기서 찾은 자료를 급거 복사한 것으로 생각되었다. 치료에 대한 불안 속에 겨우 잠이 들었다.

말라리아 생활은 고통과 지루함의 연속이었다. 열이 날 때는 고통에 몸부림치며 침대에 붙어있지만 열이 내리면 일상생활이 가능해져 마치 꾀병환자가 되어 TV를 보며 낄낄대기도 했다. 그렇게 입원 2일째 되던 날, 곰곰 생각해 보았다. 왜 말라리아에 걸렸을까, 언제였을까…, 파푸아뉴기니에서의 생활이 주마등처럼 떠올랐다.

말라리아를 예방하는 일은 우선 모기에 물리지 말아야 할 것이 첫째다. 학질모기는 저녁부터 밤에 걸쳐 흡혈하는 습성이 있으므로 일몰 후부터는 긴 팔, 긴 바지 착용을 권한다. 그러나 나는 열대우림의 푹푹 찌는 끈적한 더위를 참지 못한 나머지 반바지 한 장에 상반신은 나체로 잠을 잤다. 물론 잠을 잘 때는 모기장을 치고 동남아시아에서 산 강력한 방충 크림을 발랐다. 그러나 정글에 어둠이 내리면 상상 못할 모기들이 떼거리를 이뤘다. 잡아 죽여도 계속해서, 계속해서 날아들었다. 딱히 할일도 없는 정글의 밤은 도무지 지루해서 모기를 죽이는 것이 즐거운 소일꺼리였다. 그런데 한 마리, 두 마리, 숫자를 헤아리다 보면 금방 백에 도달하고, 그 이상이 되면 숫자마저 잊어버릴 정도가 되어 버렸다. 도무지 막아낼 수 있는 양이 아니었다. 또한 현지에서 산 모기장은 품질이 조악해서 며칠 사용하다 보니 여기저기 구멍이 숭숭 뚫렸다. 비닐테이프로 보수를 해도 아침에 일어나면 꼭 몇 마리인가 모기장 안으로 진입해 있었고, 잡아 죽이면 뱃속에서 푹하고 시뻘건 피가 터져 나왔다. 그 피가 누구 피였겠는가.

나는 당시 학질모기에 물려도 말라리아가 발병하지 않도록 항말라리아약을 복용하고 있었다. 일본에서도 인가된 '메프로킨'을 파푸아뉴기니 입국 전주부터 먹기 시작했던 것이다. 그리고 말라리아 위험지대인 정글에 있을 때는 주 1정씩 정한 요일에 빠짐없이 꼬박꼬박 먹었다. 이 약은 위험지대를 지난 이후에도 4주간 더 계속 복용을 권하고 있는데, 문제는 이 약(메프로킨)을 예방약으로 사용할 경우는 의료보험이 되지 않아서 1알에 약 1천 5백엔(약 2만원)이나 하는 고가였다.

나는 4주간은 쭉 약을 먹었지만 생각해 보니 플라이강에서 마을로 돌아온 후로는 약을 먹지 않았다. 게다가 항말라리아약은 알코올과 함께 먹으면 독성이 강하다고 한다. 나는 말라리아의 위험성과 오랜만의 맥주를 저울질하면서 당연히 맥주 쪽을 선택해 버린 것이다. 그리고 한 번 약 먹는 것을 생략하고부턴 아예 약의 존재마저 까마득히 잊어버렸었다. 나는 뒤늦게야 모든 일이 자업자득이었다는 사실을 깨닫게 되었다.

본격적으로 치료가 시작되었다. 그러나 여의사는 나에게 말라리아 예방약인 메프로킨을 한 번에 3알을 먹게 했을 뿐, 그로부터 한 시간마다 체온을 재고 상태를 점검하는 것이 고작이었다. 가끔 채혈을 한다거나 내장 X레이를 촬영하는 등의 검사가 대부분이었다. 그렇게 수일이 지났다.

어느 날 TV를 보고 있는데 여의사가 젊은이들을 잔뜩 데리고 왔다. 여의사가 그들을 아키타대학 의학부 학생들이라고 소개하면서 "말라리아라고 하는 진귀한 질병의 환자를 생도에게 견학시키고 싶다"고 부탁해 나는 그러라고 허락을 했다. 침대에 누워 있는 나를 생도들이 죽 둘러싸고 여의사가 나의 상태에 관해서 질문을 계속했다. 나는 마치 철창 속의 판다와 같은 상황을 견뎌야 했다.

며칠이 지나자 단시간의 외출이 허가되었다. 참았던 담배 생각이 났다. 병원 전체가 금연 건물이라 할 수 없이 밖으로 나갔다. 한참 동안 담배를 피울 수 있는 장소를 찾아보니 주차장 구석에 담배를 피우고 있는 환자들이 눈에 띄었다. 가볍게 인사를 하고 주변을 둘러보니, 재떨이 대신 빈 깡통이 여기저기 널려 있는 게 마치 불량 입원환자의 집합소 같다. 나도 불량환자가 되어 오랜만에 담배 맛을 즐겼다. 2개비를 연거푸 피우고 나니 갑자기 컨디션이 이상해져 서둘러 병실로 돌아왔다. 도중에 비틀비틀하면서 똑바로 걷지 못할 지경이었고, 겨우 침대에 쓰러지듯 누웠다.

그때부터 다시 열이 나 의식이 몽롱해졌다. 체온이 40℃에 달하면서 흰색 일변도의 무기질 천정이 자꾸만 왜곡되어 보였다. 나는 고통을 잊기 위해 바로 3주일 전까지 지내던 정글의 하루하루를 떠올렸다. 열대우림을 온통 침식시킬 듯 드넓은 대습원…, 병실과는 너무도 동떨어진 그 세계는 병상에 엎드려 있어도 나의 마음을 흥분시켰다. 먼 옛일이 아닌 바로 어제 일처럼 느껴졌다. 물에 둘러싸인 그 섬에서 나의 마음은 너무도 윤택했다. 내 마음이 건조해지면 다시 그 물의 나라로 돌아가자. 고열로 전신이 흐느적거려지면서도 의식은 그렇게 또렷이 다짐을 하고 있었다.

입원한 지 3주일이 지났다. 최종 혈액검사 결과, 말라리아가 완전 박멸되었다는 진단이 나왔다. 담당 여의사는 "다음엔 말라리아에 걸리지 마세요!" 하며 친절하게 나를 배웅해 주었다. 나는 희죽 웃음을 띠고서 병원을 나왔다.

비록 말라리아에 걸려 모진 고생을 했지만 파푸아뉴기니의 생활이 너무도 즐거웠기에 그 말라리아마저 파푸아뉴기니의 또 다른 선물로 느껴졌다. 주변 지인들이 걱정을 많이 해 주어 너무도 죄송하게 생각하면서도 솔직히 나는 지루한 침대 위에서 '솔직히 말해 이것도 글 쓰는 데 좋은 자료가 되겠지' 하고 미소를 띠기까지 했다.
　그러나 아들 걱정에 매일매일 병원을 찾으신 어머니에게는 한 마디 사죄를 보태고 싶다.
　"어머니, 저 같은 자식이 태어나 정말 죄송합니다!"

여동생(나리코)도 필자처럼 낚시를 좋아한다.

필자 다케이시 가족. 부모님과 여동생 나리코.

Picture Gallery 파푸아뉴기니

대습원의 이동 수단인 카누.

Picture Gallery 파푸아뉴기니

작은 섬마을의 어린이들에게 나는 히어로이자 피에로였다.

파푸아뉴기니의 헤어스타일은 모두가 펑키.

2 아프리카
Aprica

사막의 거신병巨神兵 나일퍼치

- 오랜 꿈 키워 온 아프리카 대륙으로
- 에티오피아, 육로 2천km의 지옥 여행
- 사막의 거대 인공호수 '나세르호수'
- 작열하는 사막에서 거신병巨神兵의 그림자를 찾아가는 일
- 공포의 '목조르기 강도단' 출현하다
- 공포의 남아프리카 여행을 끝내다

이집트
오랜 꿈 키워 온 아프리카 대륙으로

●● 이집트의 수도 카이로에서 서다

2007년 봄, 나에겐 지금까지 가장 먼 대륙이던 아프리카로 떠나기로 했다. 여행의 시작은 유라시아 대륙과 아프리카 대륙을 묶는 나라, 고대 문명 발상지인 이집트. 이곳 이집트엔 세계문화유산인 피라미드를 시작으로 수많은 유적이 존재한다. 관광객의 대부분은 유적을 보러 이 나라를 방문하지만 낚시인인 나의 목표는 세계 최고의 대하大河인 나일강 유역에 서식하는 '나일퍼치'다.

이른 아침 카이로 시내, 갓 구운 빵 배달을 서두르는 남자.

나일퍼치는 흔히 환상의 물고기라고 불리는 '아카메'나 오스트레일리아에서 인기 높은 게임피시인 '바라만디'와 같은 라테스속屬의 물고기다. 라테스 종류 중에서는 가장 거대하게 성장하는데 세계기록이 230파운드(약 104kg)에 달한다. 민물에서 루어 캐스팅으로 노릴 수 있는 괴어 중에서 단연 세계 최대급에 속한다. 정녕 '꿈'이라는 수식어를 걸어 볼 만한 물고기가 아닌가?

이집트행을 결정한 후 나의 머릿속은 나일퍼치에 계속 지배되고 있

이국의 정서와 활기가 넘치는 시장.

었다. 이번 여행엔 과연 어떤 일들이 펼쳐질까?

　아키타秋田의 집을 떠난 지 약 41시간 만에 이집트의 수도 카이로에 닿았다. 공항에서 탄 택시는 다른 차와 경쟁하며 추월과 추월을 거듭, 맹렬한 스피드로 카이로 중심부로 향했다. 사람들이 가끔 도로를 횡단하며 가깝게 스치는 데도 운전기사는 속도를 전혀 줄이는 일이 없다. 어쩌면 이곳도 앞뒤 분간하지 못하는 사람들이 판을 치는 걸까? 얼마 전 내가 떠나온 일본과의 차이에 놀라 손에 땀을 쥐면서도 이국의 자유분방함에 마음 설레기 시작했다.

●● 65.5m 피라미드 등정 실패?

　다음날 아침, 카이로 교외 기자Giza의 3대 피라미드 앞에 섰다. 생각보다 감동은 덜했지만 사막에 홀연히 우뚝 솟은 거대한 건축물의 위세에 압도되었다. 그러나 세계에서 가장 유명한 유적지답게 관광

이집트 방문 최우선의 피라미드관광. 3대 피라미드를 배경으로 당나귀에 올랐다.

객으로 넘치고 있었고, 물건을 파는 상인과 돈을 뜯어내려는 사기꾼들이 끊임없이 말을 걸어와 여행을 차분히 음미할 틈이 없었다. 사람들을 피해 가장 안쪽에 서있는 제3피라미드로 발길을 옮겼다.

높이 약 140m나 되는 제1, 제2피라미드에 비해 제3피라미드는 65.5m로 꽤 작은 편에 속한다. 관광객들도 거의 눈에 띄지 않는다. 번잡함을 벗어난 안도감에 젖어 느긋하게 피라미드 하단에 걸터앉아 제1, 제2피라미드 쪽을 바라보았다. 추락사고가 많이 발생해 1983년부터 피라미드를 오르는 일이 금지되고 있는데도, 바보들의 행진이 계속 꼬리를 이어 사망자가 끊이질 않는다고 한다. 지상으로부터 약 140m, 정상은 저 멀리 머리 위에 있고 피라미드를 구성하는 한 개의 블록은 엄청난 크기다. 그런데도 누가 그런 무모한 짓을 하는 걸까. 분위기를 잘 읽지 못하는 아메리카 사람들 아닐까 나름대로 추측하고 있었는데, 한 사람의 경관이 다가와 내 곁에 걸터앉았다.

그가 내게 대충 인사를 던지더니 다짜고짜 "당신, 피라미드에 올라가지 않을래?" 하고 말했다.

"응? 올라가도 돼요?"

나는 놀라서 물었고, 그는 태연하게 대답했다.

"아아, 50달러만 지불하면 지금 바로 올라가도 좋아!"

뇌물을 달라는 얘기다. 그것도 정복 차림의 경관이…. '음~' 하고 망설이는 척하며 "15달러로 어떻게 해줘요!"라고 답했다. 경관도 '음~' 하고 생각하는 듯 하더니 "그럼, 30달러 어때?"라고 재차 흥정을 했다. 가격을 더 내릴 수 있다고 판단한 나는 "그럼 됐어요…" 하고 짐짓 일어나 가는 척을 했다. 경관이 서둘러 "OK, OK, 15달러 좋

경찰에게 사진을 찍어달라고 부탁했다. 정상까지 오르려 했지만….

아!"하며 팔을 잡아끌었다.

 이렇게 해서 난 이집트 공안인증을 근거로, 정말 엄격히 금지되어야 마땅한 피라미드 등정을 하기 시작했다.

 두 개의 거대한 피라미드에 비하면 아주 작은 규모이지만 그래도 저변은 108m. 경사가 매우 가파르고 곳곳에 파손 흔적이 있어서 주의를 요했지만 그다지 힘들진 않았다. 뒤에서 뇌물경관이 자꾸 따라오며 '조심해!'를 반복하는 것이 귀찮을 따름이었다.

 반쯤 올랐을 때였다. 뒤따르던 뇌물경관이 나직이 소리쳤다.

 "스톱, 스, 스톱! 상사에게 들켰어! 올라가면 안돼, 어서 내려와!"

 그러고 보니, 저 아래서 어떤 남자들 몇 명이 우리들을 향해 손짓을 보내고 있었다. 아쉽지만 피라미드 등정은 중도 포기할 수밖에 없었다. 그 와중에도 뇌물경관은 작은 소리로 "빨리 돈 줘!" 하며 내게서 15달러를 빼앗듯이 챙겨 재빨리 포켓에 감췄다. 우리들은 상사가 기다리고 있는 지상으로 내려가기 시작했다. 곧 심문이 이루어졌다.

 "당신, 피라미드에 올라가면 안 된다는 거 몰랐어? 왜 올라갔어?"

 상사인 경관이 악센트가 심한 영어로 물었다. '왜라뇨? 당신 부하가 올라가도 좋다고 해서 올랐죠!'라고 말하고 싶었지만, 상사 앞에서 묘한 표정을 짓고 있는 경관이 염려되어 오히려 재미있는 대답을 생각해 냈다.

 영국의 유명한 등산가 조지 맬러리가 '왜 산에 오르냐'는 질문에 '거기에 산이 있어서Because, it is there'라고 대답했다 하지 않았던가. 그래서 '왜 피라미드에 올라갔냐?'는 질문에 나는 조지 맬러리의 말을 그대로 흉내 내어 대답했다.

 "Because, it is there!"(거기에 피라미드가 있어서!)

 상사는 이 농담을 이해하지 못했는지 그저 멍한 표정이었다. 아니면 멍청한 일본인에게 신경 쓸 여유가 없다고 생각했는지 더 이상 닦달하지 않았다. 상사에게 꾸중을 듣기 시작한 경관을 남겨두고 나는 도망치듯 그 자리를 떴다.

 카이로의 중심부에 돌아와 밤거리를 돌아다녔다. 노상은 화려한 상점 불빛으로 물들고 수많은 사람들로 붐비는 가운데, 100m마다 경관이 눈에 띌 정도로 치안이 잘 유지되고 있는 것 같았다. 그러나 돌연 여성의 비명에 돌아보니 건장한 젊은 남자가 씩씩대고 있었다. 큰 소리를 지르며 그곳 물건을 발로 차는 등 심한 흥분 상태였다. 곧장 경관에게 제압되어 어딘가로 끌려갔지만 대체 무슨 일이었는지 알 수가 없었다.

거리에선 가끔 주민들이 말을 걸어 왔다. 밝고 사교적인 태도에 귀를 기울이다 보면 결국은 선물가게로 끌고 갔다. 그것도 아주 괴상망측한 가게인데다가 바가지를 씌우는 것은 말할 필요도 없다. 거절해도 끈질기게 뒤를 따라다녀 급기야는 질리고 만다.

그러나 아프리카대륙은 남쪽으로 내려갈수록 위험한 나라가 점점 많아진다. 거리를 걷는 사이, 갑자기 뒤에서 나타나 목을 졸라 기절시킨 후 전 재산을 털어가는 '목조르기 강도'가 출몰하는 지역도 있다고 한다. 그런 대담한 강도에 비하면 끈질기게 말을 걸어 귀찮게 하는 것쯤은 아무 일도 아닌 셈이다. 게다가 가진 자가 갖지 않은 자에게 주는 '희사喜捨'라는 이슬람의 가르침 때문일까? 그곳 사기꾼들은 너무도 당당하고 밝고 명랑하여 오히려 착한 사람으로 생각될 정도였다.

피라미드 등정은 금지되어 있다. 경사가 가파르고 한 개의 블록도 매우 크다.

에티오피아
에티오피아, 육로 2천km의 지옥 여행

●● 청나일강의 원류, 타나호수로

카이로에서 에티오피아의 수도 아디스아바바Addis Ababa로 날아갔다. 에티오피아라고 하면 떠오르는 것은 기아, 빈곤의 나라. 그 외에는 마라톤 선수인 아베베. 이 나라에 관한 나의 지식은 이것이 거의 전부라 해도 좋았다.

그러나 여행을 나서기 전, 아프리카의 지도를 펼쳐놓고 발견한 것이 있었다. 이 나라에는 나일강의 2대 지류 가운데 하나인 청나일강이 흐른다. 에티오피아 북부의 타나호수Lake Tana에서 흘러나온 청나일강은 서쪽의 수단으로 들어가 백나일강과 합류한다. 여기서부터 본격 나일강이 시작되어 이집트로 흘러 들어가는 것이다. 이번 나일퍼치 낚시 여행의 최종 목적지를 이집트로 결정했지만, 사실은 '나일강의 원류' 지대에 대한 울림이 더 컸다. 서식하는 물고기에 대한 정보는 전무했지만 무조건 이번 나일퍼치 탐색을 타나호수에서 시작하기로 정했다.

아디스아바바에 도착한 것은 새벽 2시 30분. 은행이 모두 닫혀 있어 환전이 불가능했다. 나를 태운 비행기가 최종편이어서 잠깐 사이에 인적마저 완전히 끊겼다. 처음 찾은 낯선 나라. 어찌해야 좋을지, 방향을 잃었다. 공항 안에 바가 하나 열려 있어서 에티오피아산 맥주 '세인트조지'를 마시며 밤을 밝히기로 했다. 졸음과 취기로 금세 알딸딸하게 되어 에티오피아 첫 새벽을 나는 그렇게 멍하게 맞고 있었다.

고물 버스가
산악지대 웅덩
이에서 타이어
펑크가 났다.

에티오피아 3일째 아침, 타나호수로 향해 아디스아바바를 떠나게 되었다. 에티오피아의 장거리버스는 왠지 이른 아침 출발이 대부분이어서 새벽 일찍 버스터미널로 향했다. 터미널이 위치하는 곳은 교외로, 치안 상태가 좋지 않는 지역이라고 했다. 아직 어둠에 싸여 있었지만 많은 사람들이 오가고 있었다.

그것은 실로 눈 깜빡한 순간이었다. 택시에서 배낭을 내려놓고 운전수에게 요금을 지불하는 바로 그때였다. 뭔가 이상한 느낌이 들어 뒤돌아보니 덩치 큰 한 남자가 어느새 내 배낭을 훔쳐 들고 뛰는 게 아닌가. "스톱!"하고 고함을 지르며 필사적으로 뒤쫓아 배낭을 쥐었다. 서로 잡아당기는 줄다리기가 잠시 계속되었다. 죽기살기로 체중을 실어 매달리자, 남자가 포기를 하고선 빠른 걸음으로 사람들 속으로 사라졌다. 택시 기사에게 팁을 주고 목적한 버스까지 안내를 받았지만, 좌석에 앉아서도 긴장감이 풀리지 않았다. 겨우 어둠이

계곡으로 처박힌 대형 트레일러.

가시고 날이 밝아졌을 무렵, 승객을 만석으로 태운 버스가 북쪽으로 달리기 시작했다.

버스는 생각보다 천천히 달렸다. 타나호수까지는 560km 정도 북상하게 되는데 다음날 오전에 도착한다고 한다. 도중에 커다란 트럭이 계곡 아래로 추락한 광경과 옆으로 넘어진 버스 옆에서 승객들이 바닥에 주저앉아 울고 있는 모습을 목격했다. 교통량은 극히 적지만 엉망진창으로 운전하는 사람이 많아 사고가 다발하는 것 같았다.

오후 들어서 큰 산맥을 넘었다. 깊은 계곡에 가드레일도 없고 포장도 안 된 좁은 도로가 뱀이 기어가듯 끝없이 사행蛇行하고 있었다. 아니나 다를까, 내리막길에서는 타이어가 펑크나 1시간 이상을 허비했다. 펑크 난 타이어를 보니 홈이 하나도 없을 정도로 닳아 있었다.

●● 타나호수Lake Tana엔 나일퍼치가 없다네

먹을 게 떨어질까봐 어부의 배 주위로 펠리컨이 모였다.

다음날 아침 타나호수 도착. 숙소에 짐을 내리자마자 마음이 들떠 낚시를 하러 나갔다. 호반을 걷던 중 운 좋게 작은 배를 얻어 타고선 반대편이 보이지 않을 정도로 거대한 호수로 나가게 되었다. 호수에는 날개 길이가 2m를 넘는 화이트 펠리컨이 무리지어 헤엄치고, 파피루스로 만들어진 어선이 떠 있었다. 수확한 물고기를 보여 달라고 했더니 바구니 가득 '나일틸라피아'가 쌓여 있어서 풍요로운 호수에 대한 기대가 더욱 커 갔다.

선장에게 몸짓으로 "나일퍼치라는 큰 물고기가 있느냐?"라고 물어보니 두 팔을 벌리는 간격이 분명 1m를 넘는 것 같다. 영어를 거의

타나호수로부터 흘러나오는 청나일강.

못하는 선장으로부터 정확한 대답을 들을 순 없었지만, 나일강 지류에서 1m가 넘는 고기라면 나일퍼치 이외에는 생각할 수가 없었다.

기대감에 부풀어 여기저기 배를 멈춰 가며 거대한 나일퍼치에 적합할 거대한 루어를 열심히 던졌다. 좀체 입질이 없어 10km 정도 북동쪽으로 나아갔다. 호수로부터 청나일강이 흘러나가고 있었다. 여기서부터 수천 km를 흘러 이윽고 이집트의 카이로에 도착하는구나 생각하니 감개무량했다.

그때 돌연 선장이 소리를 높이며 연안의 수초 쪽을 손으로 가리켰다. 돌아서 50여m 전방을 보니 거대한 검은 그림자가 수중으로 가라앉는 모습이 한순간 목격되었다. "뭐지 저건?" 하고 선장에게 물어보니 "히포, 히포"라고 어렵게 답했다.

수면에 얼굴을 살짝 내밀고 주변을 염탐하는 하마.

아프리카대륙의 첫 번째 선물이 붕어라니….

'히포? 히포포타무스? 혹시 하마?'

혼자 추측을 하는데 다시 검은 물체가 수면을 갈랐다. 거대한 하마였다. 왠건 자동차 크기를 능가하는 거대함에 놀라 나는 카메라를 찾아 들었다. 그러나 우리 배에 놀란 하마는 수중으로 들어가 숨바꼭질을 했고, 느닷없이 전방 가까운 곳에서 튀어올라 '텀벙!' 하고 수면을 가를 때면 배가 심하게 흔들려 그만 간담이 서늘해졌다. 결국 보트를 이용한 낚시는 무서운 하마 공포에 가슴을 졸이는 것으로 끝났다.

배에서 내려 작전을 바꿨다. 태클을 소형용으로 교체한 후 어떤 물고기가 서식하는지부터 탐색하기로 했다. 계류용 스피너를 어지러이 던지는 동안 뒤쪽으로 구경꾼들이 따라붙어 캐스팅에 불편이 따랐다. 작은 콧부리 끝에서 던졌을 때 미묘한 감촉이 전해졌다. 챔질을 해보니 30cm 정도의 붕어. 아프리카까지 와서 붕어라니? 게다가 아프리카대륙에서 만난 첫 물고기가 이놈이라니? 쓴웃음이 떠올랐다.

구경꾼들 중에서 얼굴 새카만 한 아저씨가 말을 걸어왔다. 양손을 벌려 "이 녀석은 1m 정도로 성장한다구!"라고 자랑하듯 설명했다. '설마, 아까 그 선장이 말한 1m 물고기라는 것이 붕어를 지칭한 걸까…?' 불안해졌지만 설불리 기대를 접고 싶지 않아 그 이상은 주의 깊게 듣지 않았다.

이때부터 얼굴 새까만 아저씨의 안내로 호숫가를 걸어 다니며 낚시를 하는데 어찌 된 셈인지 계속 붕어만 낚였다. 그의 말에 의하면 이곳 타나호수에는 20종류 이상의 붕어가 서식한다는데, 실제로 입술 두툼한 귀여운 붕어도 낚였다. 아저씨는 신이 나 "오늘 저녁 반찬이 푸짐하겠어!"라며 차례로 낚인 붕어를 마대자루에 담았다. 게다가 그 중 한 마리를 나이프로 다듬더니 레몬즙을 푹푹 뿌려 생으로 먹기 시작했다. "너는 어때?" 하고 권했지만 당연히 사양했다.

안내에 대한 사례로 그날 밤, 아저씨에게 맥주를 샀다. 그리고 그에게 나일퍼치의 사진을 보여주었다. 그랬더니 그의 입에서 충격적인 얘기가 터져 나왔다.

"너, 이 호수엔 나일퍼치가 없어! 누가 있다고 그랬어…. 와하하!"

아디스아바바에서 1박 2일, 그간의 고생은 대체 무엇이었나? 그 실망감을 어떻게 표현하랴…. 그러나 "나일퍼치를 낚고 싶으면 남부로 가야지!"라는 아저씨의 말이 당초의 계획에 더욱 불을 지폈다. 나는 타나호수를 뒤로 하고 단숨에 1천km이상을 남하했다. 지도상에서 눈에 띠는 호수를 하나씩하나씩 조사해가겠다고 생각한 것이다.

에티오피아 남부 지역 호수에는 하마가 생각보다 많이 서식했다. 숙소에서 1km만 걸어가면 호숫가 수초 속에 거대한 그림자가 몇 개씩이나 어슬렁거렸다. 게다가 아주 흉포해서 아프리카에서 사람의 생명을 가장 많이 빼앗는 동물로 일컬어진다. 밤이 되면 풀을 먹으려 연안에 상륙하는데, 자신과 물 사이에 있는 모든 것은 적으로 간주하고 공격할 정도로 무섭다는, 이곳 하마에 대한 이야기를 많이 들었기에 낚시할 때의 한 걸음마다가

요상한 색깔로 시선을 끄는 원숭이 사타구니 부분.

타나호수에서는 기대 이하의 작은 나일 틸라피아만 낚여 올라왔다.

너무도 조심스러웠다.

호반에는 하마 이외에도 여러 가지 야생동물이 서식하고 있었다. 등 뒤에서 뭔가가 부스럭 다가오는 소리에 놀라 돌아보면 원숭이. 시험 삼아 빵을 조금 뜯어 던지면 경계하면서도 다가온다. 처음 이 원숭이를 만났을 때, 사타구니를 보고 깜짝 놀랐다. 불알이 스카이블루로 빛나고 있었기 때문이다. 매우 아름다운 색깔이었는데 그것이 무얼 상징하는지 알 길이 없었다. 돌아갈 때 아름답게 빛나는 구슬(?)을 자랑스레 보여주는 녀석의 모습이 아주 얄미웠다.

낚시는 계속 기대 이하. 손바닥에 올려놓을 크기의 작은 나일틸라피아만 낚일 뿐 나일퍼치의 존재는 얘기조차 들을 수가 없었다.

에티오피아의 시골 밤 또한 참을 수 없을 정도로 지루했다. 어스름한 방에서 맥주를 마시며 헤드랜턴에 의존해 일본에서 가져온 책을 읽었다. 이마저 금세 지루해지면 실내에 무수히 날아다니는 모기를 때려잡는 것이 소일거리였다. 이어지는 순서는 잡아 죽인 모기를 헤아리는 일인데, 이 역시 훌륭한 시간 때우기였다. 게다가 20여 마리

중 한 마리는 말라리아를 매개하는 학질모기여서 파푸아뉴기니에서 받은 말라리아의 원한을 차곡차곡 짓이기는 일에 심취했다. 그러나 끝없이 날아드는 모기떼에 질리면서 '인생은 헛수고로구나…' 하는 생각이 들어 갑자기 슬퍼지고 말았다.

●● 고빈다 대장과 함께 떠난 무모한 낚시여행

어느 날, 숙소 가까이에 있는 찻집에서 '고빈다'라는 아저씨를 만났다. 그의 말에 의하면 마을에서 30km 떨어진 산 속에 크로커다일이 사는 호수가 있고, 그곳에 나일퍼치가 틀림없이 서식한다고 했다. "필요하면 안내해 줄까?"라는 제안에 당연히 감지덕지, 다음날 서둘러 호수로 향했다.

주민들의 발이 되는, 마을과 인접 마을을 잇는 승합트럭은 몸을 움직일 수 없을 정도의 사람들을 가득 태우고 작은 산길을 천천히 달렸다. 1시간 후 작은 마을에 도착하자 고빈다씨가 말했다. 지난해, 백인 카메라맨이 이 호수에서 크로커다일에게 공격을 당해 사망했다고…. 따라서 무장한 레인저를 대동하지 않으면 위험하다고 했다.

레인저의 집결지로 향하며 가격을 물어보았다.
"고빈다씨, 레인저를 부르는 데 얼마나 들죠?"
"응~, 아마 20비르(약 3천 500원) 정도면 될 걸!"
예상보다 너무 싸다고 생각하며 레인저에게 20비르를 건넸다. 아니나 다를까, 그 가격이 너무 싸다고 레인저가 화를 내기 시작했고 고빈다씨와 한참 실랑이를 했다. 결국 52비르(약 9천 500원)로 합의를 봤다.

일당 9500원을 요구한 레인저.

우리들은 레인저의 안내로 바나나 운송 트럭을 히치하이킹해 호수로 향했다. 레인저가 선두에서 길을 뚫어 울창한 정글에 싸인 호수에 도착했다. 서둘러 채비를 하고 있는데 레인저가 작은 돌을 집어들어 호수로 던지기 시작했다. "고빈다씨, 저 사람 뭐하는 거죠?" 하고 물어보니 "크로커다일을 쫓는 거 같다"며 자신도 따라서 작은 돌을 던지기 시작했다.

작은 돌멩이로 크로커다일을 쫓는다? 그렇다면 총Rifle은 왜 가져왔을까. 탁도가 높은 호수 어디쯤에 크로커다일이 있는지 알 수 없어 "탄알 값을 치를 테니 호수 안쪽으로 총을 좀 쏴!"라고 말지만, 탄환이 얼마 남지 않았다는 이유로 무시되어 버렸다. 돌을 던질 정도라면 굳이 52비르짜리 레인저가 왜 따라온 것일까….

돌을 마구 던져서 소란스러워진 호수를 앞에 두고 낚시할 기분이 나지 않았다. 루어를 계속 던져보지만 당연히 고기가 낚일 것 같은 기적은 전혀 없었다. 그런데 손낚시를 하던 고빈다씨가 연필 크기의 '타이거피시'를 낚았다. 비록 치어稚魚이긴 해도 처음 보는 타이거피시라 흥분에 휩싸였다. 그의 권유로 그 치어를 미끼로 더욱 큰 타이거피시를 노리기로 했다. 한참 입질을 기다리고 있는데 낚싯대 끝이 천천히 호수로 끌려들어가기 시작했다. 순간을 노려 힘껏 챔질을 했지만 바늘이 걸리지 않았다. 회수해 보니 미끼로 사용한 치어가 너덜

머리가 돌같이 단단한 메기. 처음 낚은 물고기였다.

이동 중의 트럭에서 촬영한 작은 촌락.

 너덜하게 찢겨나가 있었다. 고빈다씨는 '커다란 타이거피시임에 틀림없다'고 했다.
 다시 미끼를 갈아 호수 안으로 흘렸다. 이번엔 낚싯대 끝이 '쿡' 하고 빨려들더니 30cm 정도의 메기가 올라왔다. 머리뼈가 도드라져 있고 헬멧처럼 딱딱한 모양인 데다가 예리한 등지느러미가 인상적인데, 고빈다씨가 '찔리지 않도록 조심해'라고 주의를 주었다. 결국 그날은 메기를 한 마리 낚은 것으로 끝났다.
 다음날 고빈다씨가 명예회복을 위해 새로운 호수에 데려가 주겠다고 했다. 케냐와의 국경 가까이에 거대한 호수가 있는데, 나일퍼치와 메기의 보고일 뿐만 아니라 '폴리프테로스'라고 하는 진귀한 물고기도 서식한다고 했다. 나는 어제 일로 반신반의하면서도 또다시 승합트럭에 몸을 실었다.
 2시간 후, 이름 모를 작은 마을에 내렸다.
 "호수는 이제 금방이다. 저 정글을 지나가면 호수가 있어!"

물을 찾아 민가에 들렀다. 5인 가족의 터전이다.

원주민이 빈 깡통에 따라준 우유.

그러나 그가 가리키는 곳은 울창한 정글지대, 지평선 저 너머까지 밀림이 퍼져 있을 뿐 얼마를 가야할 지 끝이 보이지 않았다.

"여기서부턴 걷는다!"라는 그의 말에 따라 묵묵히 걷고 또 걸어 정글을 빠져나오고, 또다시 평지를 한참 걸어도 호수는 나타나지 않았다. 겨우 마을이 하나 나타나 휴식을 취했다. 나뭇가지를 적당히 조합해 만든 원주민 집주인에게 목마름을 호소했더니 빈 깡통에 따른 우유가 나왔다. 단숨에 마시고는 한 잔 더 부탁하자 이번엔 다색의 흐린 빗물이 나왔다. '출발 전, A형간염 예방접종을 받고 오길 잘했다'고 생각하며 다시 걷기를 시작했다.

그로부터 2시간여, 드디어 호수에 다다랐다. 마침 어민들이 현장에서 잡은 물고기를 다듬어 점심식사를 하는 중이어서 자연스레 합류를 하게 되었다. 철판에 구운 틸라피아를 빵과 함께 먹는데 그 맛이 제법 그럴듯했다. 그 다음으로 나온 일품요리는 틸라피아 회.

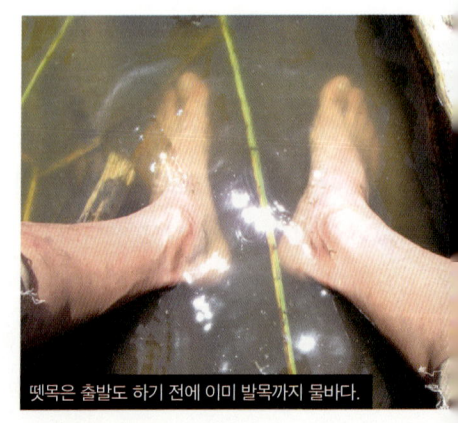

뗏목은 출발도 하기 전에 이미 발목까지 물바다.

해맑은 현지 어부들과 '아프리칸 캣피시'

  몇 조각을 입에 넣었지만 기생충이 걱정되어 더 이상은 사양을 했다.
    점심 후, 호수 한가운데로 들어갈 배까지 얻어 타게 되었다. 그런데 그들이 끌고 온 배를 보고는 아연실색하고 말았다. 나무토막 6개를 묶은 단순한 뗏목으로, 우리들이 올라타는 순간 선체(?) 절반 가량이 물에 잠겼다. 더구나 노도 없이 그냥 긴 막대로 호수 바닥을 밀어 전진하는 형태였다. 훌러덩 옷을 벗은 어부가 호수로 뛰어들어 배를 끌어당겼다. 수초의 정글을 지나 호수 안쪽으로 겨우 20m 정도 나갔지만 배의 기동력은 전무에 가까웠다. 나일퍼치를 노려 루어를 10여 차례 던진 결과 아무래도 안 되겠다는 생각이 들었다. 게다가 어부들이 나의 루어를 보고선 코웃음을 쳤다. 루어로는 고기를 잡을 수 없다, 틸라피아를 미끼로 사용해야 한다고 아우성을 쳤다. 그러면서 그들이 그물로 잡았다는 메기를 보여 주었다.
    "와!" 하고 나도 몰래 탄성을 질렀다. 70cm 정도의 새카만 메기가

긴 여행 끝에
드디어 손에
넣은 대형 메기.

배 위에 10마리나 뒹굴고 있지 않은가. 아프리카에 광범위하게 서식하는 큰 메기, '아프리칸 캣피시'였다.

어부들에게 틸라피아를 얻어 그 살 조각을 바늘에 달고서 수초 속에 던져 두었다. 한참을 기다리자 낚싯줄이 아주 조금씩 끌려 나간다 싶더니 갑자기 바로 기세 좋게 차고 나갔다. 몇 분의 공방 끝에 올린 놈은 90cm에 달하는 대형 메기. "얏호!" 하는 나의 일성에 이어 주변 일대가 환호성에 휩싸였다. 어부들마저 자기들이 그물로 잡은 메기를 꺼내 손에 들고선 "아~우!" "까~우!" 하며 서로 뒤엉키는 등, 주변이 마치 촬영대회장처럼 돼 버렸다.

흥분해 있던 그때였다. 뭔가 호수 가운데로 검은 그림자가 '스윽' 하고 지나갔다. 크로커다일이 틀림없었다. 수면에 뜬 머리의 크기만 1m 정도. 몸은 물속에 잠겨 잘 보이지 않지만 머리가 저 정도라면 최소 5m는 넘을 것이다. 게다가 우리와의 거리는 30m 안팎….

"고빈다 대장, 크로커다일입니다!"
어딜 가도 저 녀석 때문에 고민이었다.

사하라 이남의 아프리카에 서식하는 '나일크로커다일'은 최대 6m에 달하고 사람을 잡아먹는다는 사실은 잘 알려진 이야기이다. 어린이를 삼킨 크로커다일의 배를 가른 사진을 본 적이 있는데, 어린이의 시체는 별다른 피부 상처도 없이 사지가 완전 분해된 상태였다. 그런 모습을 부모가 본다면? 그때부터 난 어떤 오지 여행을 하든 크로커다일에게 먹히는 일은 절대 피하겠다고 굳게 맹세했다. 우리는 서둘러 육지로 후퇴했다. 고빈다 대장과의 낚시는 정말로 즐거웠지만 더 이상 그와 함께 하는 무모한 낚시는 '결단코 사양'이었다.

이집트
사막의 거대 인공호수 '나세르호수'

●● 나일강 유역의 거리 아스완, 아부심벨

에티오피아에서 카이로로 돌아온 나는 며칠간 쉰 후, 이집트 남부 최대 도시인 아스완을 찾았다. 여기까지 남하하는 동안 세계에서 가장 일조량이 많다는 사막기후로 바뀌었고, 사람들도 아랍계 민족에서 피부가 검은 누비아인으로 바뀌었다. 아스완 거리 남쪽에는 아스완하이댐 조성으로 나일강이 막혀 생겨난 세계굴지의 거대 인공호수인 나세르호수Lake Nasser가 있다. 이집트와 수단에 걸쳐 남북으로 약 500km에 달하는 넓이. 주변에는 사막과 물의 정막감만 떠돌 뿐 생명감이라곤 느껴지지 않는다. 그러나 이 호수야말로 나일퍼치의 최대 서식지로서 지구촌 대물 낚시꾼들의 선망을 모으는 장소다. 나는 꿈에 그리던 물고기에 한 걸음 다가갔다는 사실에 흥분해 싸구려 숙소에 짐을 풀기가 무섭게 낚싯대를 챙겨들고 나일강으로 나섰다.

누비아인 여자 어린이.

나일강은 숙소에서 5분도 걸리지 않는 교외를 흐르고 있었다. 아스완의 거리는 나일강의 동쪽 기슭을 따라 펼쳐져 있는데, 강기슭엔 레스토랑과 크고 작은 배들로 뒤덮여 낚시가 될 분위기가 아니었다. 그러나 아주 맑은 강물 위로 펠루카Felucca라고 불리는 돛단배가 여기저기 떠 있는데, 창공을 향해 솟아오른 예리한 나이

머리에 짐을 이고 편안히 주스를 마시는 이슬람 여성.

프와 같은 돛이 참으로 아름다웠다. 나는 낚시를 그만두고 아름다운 강변의 풍경을 즐기는 것으로 첫날을 마감했다.

다음날 택시를 타고 도시 남쪽 10km 거리의 아스완댐을 찾았다. 그러나 댐 주변엔 경찰의 경비가 삼엄했다. 낚싯대를 펴는 순간 구속될 것 같은 엄중한 분위기였다. 천천히 주변을 거닐면서 낚시할 만한 장소를 탐색했다. 한참을 걸으니 작은 배가 여러 척 정박해 있는 작은 포구가 나타났다. '배를 띄워 낚시를 할 수 있을까?' 생각하며 선장처럼 보이는 이집트인에게 물어보았다. 호수에 떠 있는 배들은 모두 '이시스신전Isis temple'이라는 유적이 있는 섬을 오가는 도선導船이라고 했다. 나는 고대 이집트에서 성스런 장소로 지목된 그 섬에 대한 흥미가 용솟음쳐 배를 타고 건너가기로 했다.

세계유산으로 등록된 이시스신전은 참으로 멋있었지만, 아무래도 나는 물가가 신경이 쓰여 참을 수가 없었다. 관광객으로 북적대는 신전에서 떨어져 나와 수초를 헤치고 강변으로 다가서니, 투명도가 높은 물속에서 노니는 20cm 정도의 작은 물고기 그림자들이 눈에 띄었다. 서둘러 소형급 낚싯대와 릴을 꺼내 계류낚시에 사용하는 스피너를 달았다.

수중 바위 틈새로 루어를 통과시키니 작은 그림자가 천천히 따라오면서도 덜컥 물지는 않는다. 게다가

나일강에 떠 있는 펠루카(Felucca).

나일강 본류에서 낚은 유일한 수확물, 나일틸라피아.

무리들 중에서도 루어에 반응하는 놈은 극히 일부. 활성도가 높은 물고기를 찾아 주변을 이동했다. 겨우 한 마리를 올려놓고 보니, 검은 그림자의 정체는 나일틸라피아로 드러났다.

나는 지금까지 중국의 황하와 양자강, 라오스의 메콩강, 인도의 갠지스강, 브라질의 아마존강 등 세계의 유명 대하에서 낚싯대를 휘두른 적이 많지만 항상 결과가 좋은 건 아니었다. 강변이 수상가옥으로 덮여 낚시를 할 수 없거나, 강이 너무 넓어 포인트를 찾을 수 없는 때도 많았다. 그리고 어디든 대하의 본류에서는 물고기가 낚이지 않는다는 것이 상식이다. 그런데도 비록 20cm에 불과하지만 나일강 본류에서 첫 수확을 얻었다는 사실이 무척 자랑스러웠다. 그러나 그 기쁨도 잠시, "여기서 낚시를 하면 안 된다"는 경찰의 적발에 따라 금방 쫓겨나고 말았지만….

다음날은 행동 범위를 넓히기로 했다. 호반에서 낮잠을 자는 등, 의욕 없는 표정으로 기대선 선장과 거래를 한 결과, 3시간에 300이집트파운드(약 8만원)로 호수 가운데에 배를 띄우기로 했다. 현지 물가에 비해 너무 비싼 느낌이 들어 끈질기게 흥정을 했지만 그는 굽히지 않았다. 오히려 내가 먼저 몸이 달아 그 가격에 승복을 하고서 서둘러 나세르호수로 노를 저어 나갔다.

결과를 미리 말하자면 한 마디로 최악! 어부가 아닌 선장은 물고기가 있는 장소를 전혀 몰랐다. 그뿐인가, 도무지 의욕조차 보이질 않았다. 400m 정도 나아가 작은 섬에 배를 대더니 '그 다음은 네 알아서 해라'는 식으로 누워 잠들어 버렸다. 호수의 댐 사이드에는 남획으로 인해 나일퍼치의 개체수가 적다고 들었다. '좀 더 호수 가운데로 나아가 주었으면 좋겠는데…'. 할 수 없이 섬 주위를 열심히 탐색해 봤지만 결과는 역시나!

2시간 정도를 허비한 끝에 선장에게 이동을 재촉했다. 하지만 아라비아어로 '신의 뜻으로'라는 의미인 "인샬라!"를 지루하게 중얼거릴 뿐 꿈쩍할 생각을 않았다. 나는 이곳에서 더 이상 나일퍼치를 기대하기는 불가능한 일이라고 결론 내렸다.

다음 날, 일찌감치 짐을 싸들고 아스완을 뒤로 했다. 다시 남쪽을 향해 280km. 버스로 4시간을 달려 수단과의 국경 지대에 속하며 이집트 최남단 도시인 아부심벨Abu Simbel에 도착했다. 나세르호수 주변에 있는 인구 5만 정도의 작은 도시로, 외곽에 위치한 세계유산 아부심벨 대신전大神殿으로 유명한 곳이다. 그러나 관광객은 이 유적을 보기 위해 아스완에서 곧장 비행기로 왕복하는 경우가 많아 이 도시는 거의 한산한 편이다. 도시로부터 격리된 듯한 위치에 고급 호텔이 몇 채 있는데, 유독 1박에 70이집트파운드(약 2만원)에 불과한 가격의 낡은 숙소가 있었다. 저렴한 가격뿐만 아니라 나세르호수 호반의 작고 높은 언덕에 위치한 입지조건이 마음에 들어 얼른 방을 잡았다.

서둘러 나세르호수로 나갔다. 호수는 황량한 대지에 홀연히 나타난 듯 부자연스러운 가운데, 시퍼런 호면과 누우런 대지가 대조적으로 어울려 장쾌한 스케일을 연출하고 있었다. 작열하는 태양에 숨을 헐떡이며 호숫가를 계속 걸었다. 아스완에 비해 기온이 상당히 높아 35℃를 상회했다. 땀이 비 오듯 쏟아지는 가운데 1.5리터 페트병 식수가 금방 바닥나 버렸다.

숙소에서 약 1km 정도 걸었을까, 강기슭에 수초가 보였다. 습관처럼 루어를 통과시키니 수초 속에서 가늘고 긴 그림자가 나타나 루어를 쫓았다. 그 그림자의 속도가 너무 빨라 '와, 빠르다!' 하고 속으로 경악했다. 도저히 담수어라고 생각할 수 없는 속도였다. S자를 그리며 유도미사일 같이 루어를 쫓는 모습 하며, '덜컥!' 루어에 이빨 닿는 감촉이 그대로 느껴지는 게, 그야말로 정신이 번쩍 들었다.

낚싯대를 세워 단숨에 끌어올려 버렸다. 발밑에 내동댕이쳐진 것

새끼이지만 흉악한 인상의 '타이거피시'.

은 타이거피시였다. 아프리카에 널리 서식하는 이 물고기는 예리한 송곳니가 돋은 흉악한 얼굴로, 정녕 '괴어'라는 단어가 가장 잘 어울리는 놈이다. 40cm 정도에 불과한 소형급이었지만 나의 기쁨은 이루 말할 수 없었다.

다시 1km 정도의 사막을 걸으니 큰 바위가 물속에 가라앉은 복잡한 지형의 콧부리가 나타났다. 소형 미노우를 깊은 수심에 던져 기슭을 향해 끌어왔을 때였다. 천천히 20cm만 더 감고 픽업을 하려는 참인데, 바위 그늘에서 작은 물고기가 뛰쳐나와 '덥석' 루어를 물었다. 엉겁결에 낚싯대를 획 당기자 땅바닥에 고기가 떨어졌다.

'이게 뭐야? 기대하고 기대하던 나일퍼치 아닌가!'

아프리카에 온 지 24일째, 육로 이동거리 3천km를 넘어서야 나는 처음으로 나일퍼치를 잡았다. 100kg을 넘는 나일퍼치들이 낚이는 이

호수에서 겨우 30cm짜리를 잡아놓고 기뻐하는 모습을 결코 다른 사람에게 보여주고 싶지 않았지만, 최초의 한 마리는 누구에게든 반가운 것이다.

그날 밤, 나일퍼치와의 첫 만남을 기념하기 위해 술집을 찾았다. 그러나 이 도시에는 술집이 없단다. 이슬람 세계에서는 술이 금기인 것은 상식이지만, 이집트는 이슬람 국가 중에선 계율이 느슨한 나라다. 실제로 카이로나 아스완에서는 어려운 중에서도 술집을 찾을 수 있었는데, 남하할수록 엄격한 이슬람교도가 많아진 것이다.

할 수 없이 여인금지, 남자만의 다방인 '마크하Maqha'를 찾았다. 이집트에는 마크하라는 찻집이 도시 곳곳에 있는데 여성은 전혀 찾아볼 수가 없고 수염 난 얼굴의 남자 손님들뿐인, 다소 지저분한 분위기이다. 메뉴는 홍차와 커피 그리고 물담배 뿐. 한 곳의 마크하를 찾아 들어가니 TV에서 축구중계를 하고 있었고, 홍차를 한 손에 든 손님들 모두가 TV에 시선을 집중시키고 있었다. 나는 홍차를 마시면서 물담배인 '시샤'를 피웠다. 한 번 피우는 데 1이집트파운드(약 270원). 달콤한 향기를 빨아들이다 보면 마음이 차분히 가라앉는다. '여기에 맥주를 곁들인다면 최고의 밤이 될 텐데…' 생각하며 그만 숙소로 향했다.

이집트의 물담배 장치. 달콤한 향기의 묘한 맛이 자꾸만 당기게 한다.

다음날도 아침부터 나일퍼치를 찾아나섰다. 너무 서두른 나머지 식수를 지참하는 것조차 잊고 말았다. 모래 더미와 절벽을 오르내리며 낚시를 계속하는데, 35℃를 넘는 사막에서 물 한 모금 못 마시고 갈증에 허덕인다는 것은 상상 그 이상의 고통이다.

거의 정신이 몽롱한 채로 절벽 위에서 호면을 바라보고 있자니, 얼핏 호수 바닥에 검은 그림자가 지나가는 것 같은 기분이 들었다. 정신이 번쩍 들어 절벽 위에서 루어를 힘껏 던져 바닥까지 가라앉혔다가 천천히 끌었다. 돌연 둔중한 중량감이 느껴졌다. 어깨를 뒤로 젖히며 힘껏 챔질을 하자 사정없이 바닥으로 처박는다. 스피드는 별거 아닌데 파고드는 중량감이 대단해 함부로 다룰 수가 없다. 조심스레 절벽 가까이로 유도하니 희게 빛나는 어체가 나타났다. 80cm 길이에 조금은 모자랐지만 어제 낚은 소형급에 비할 바 없을 정도로 용감무쌍한 모습의 나일퍼치!

무리를 지어 회유를 하고 있었을까. 한 마리를 올리고 나니 친구들인지, 나일퍼치가 계속해서 입질을 해댔다. 여운에 잠길 틈도 없이 연속으로 네 마리의 나일퍼치가 낚였다. 아프리카에 도착한 이후 처음 맛보는 행복한 시간들이었다.

게다가 그것으로 끝난 것이 아니었다. 도저히 더 이상 참을 수 없

소형이지만 드디어 손에 넣은 나일퍼치.

을 정도의 갈증이 느껴져 시내로 돌아오던 중이었다. 절벽을 기어오르다가 슬쩍 연안을 내려보던 중 그만 깜짝 놀랐다. 바위 위에 1m가 넘는 나일왕도마뱀이 누워 있는 게 아닌가. 지금까지 몇 번인가 이 종류의 도마뱀을 만났지만 경계심이 강해 내가 캐스팅 자세를 취할 때면 이내 도망쳐 버리곤 했다. 그런데 이 녀석은 아직 나의 존재를 알아채지 못했는지 꿈쩍을 않는다. 인기척을 죽이고서 살금살금 거리를 좁힌 뒤 소프트 루어를 원투했다.

루어는 왕도마뱀의 옆구리 쪽에 떨어졌다. 한동안 기다리다가 루어에 작은 동물 움직임을 연출했다. 슬쩍, 슬쩍, 루어가 지면에서 들썩이게…. 그러자 왕도마뱀이 슬쩍 돌아보는가 싶더니 순식간에 루어를 덥석 물었다. 완전히 루어를 삼킨 것을 확인하고서 헷가닥 챔질을 했다. 깜짝 놀란 왕도마뱀이 요동을 쳤다. 바위 위를 뛰어 괴성을 지르며 호수로 뛰어들었다. 호수 바닥으로 잠수하려고 기를 쓰지만 물고기와는 달리 움직임이 둔하다.

얼른 바위에서 뛰어내려 물 가장자리로 다가가 강제집행을 했다. 뭍으로 끌려나온 왕도마뱀은 '쉐~에액!' 하는 소리를 내며 위협을 했다. 하지만 있는 힘을 다해 놈의 뒷덜미를 잡아 누르자 고양이처럼 이내 얌전해졌다. 나 또한 흥분에서 벗어나 정신을 차리고 보니 쓴웃음이 새어 나왔다.

'오늘 또 괴상한 놈을 낚았네. 나의 낚시 외도는 끝이 어딜까….'

지금까지 악어·갈매기·거북이 등 물고기 이외의 괴상한 녀석들을 낚아 봤지만 이 왕도마뱀 또한 나의 낚시 외도사에 길이 남을 한

또 이상한 녀석을 낚아버렸다. '나일왕도마뱀'이다.

사막의 더위에
지치고 지쳐….

마리라고 생각되었다.

약 10km 범위의 사막에서 낚시를 끝내고 거의 초죽음 상태가 되어서야 시내로 돌아왔다. 심한 갈증에 시달린 목은 말라비틀어진 사막과도 같았다. 상점 안으로 쳐들어가듯 들어가 콜라 한 병을 단숨에 마셔버렸고 계속해서 1.5리터짜리 생수를 입 한 번 떼지 않고 벌컥벌컥 들이켰다.

"휴~, 술이 아니라 물로도 취할 것 같네!"

사막에서는 물이 생명의 근원이란 사실을 실감한 하루였다. 그날, 숙소로 돌아와 소변을 보니 홍차색으로 탁해 있었다. '이거 혹시 혈뇨아닌가…?'

●● 아부심벨신전 근처에서 거대한 나일퍼치 둥지 발견

다음날은 늦잠을 푹 자고 10시가 지나서야 침대에서 빠져나와 교외에 위치한 아부심벨신전을 관광했다. 신전은 호반의 조금 높은 언덕에 위치하고 있는데 이전에는 60m 아래쪽, 지금은 물에 잠긴 대지에 있었다고 한다. 아스완하이댐의 건설 계획에 따라 수몰 위기에 처했었는데, 유네스코 활동에 의해 블록 모양으로 잘라내어 거의 원형 그대로 현재의 위치로 이동시킨 것이다. 높이 20m에 달하는 4개의 거대 석상을 올려보며, 엄청난 규모의 유적을 원형 그대로 옮긴 대역사에 대해 새삼 감탄하지 않을 수 없었다.

그러나 나는 이런 훌륭한 유적을 목전에 두고도 물고기가 신경이 쓰여 참을 수가 없었다. 유적지를 벗어나 절벽 위에서 호수를 내려다보던 중 '앗!' 하고 나도 몰래 비명을 지르고 말았다. 1m를 넘는 나일퍼치 10여 마리가 수면 바로 아래에 떠 있는 게 아닌가! '놈들이

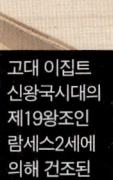

고대 이집트 신왕국시대의 제19왕조인 람세스2세에 의해 건조된 아부심벨신전.

　'어째서 여기에 모여 있는 걸까?' 나일퍼치를 바라보며 곰곰 생각해 보았다. 루어를 던지기만 하면 입질을 받을 것이 분명하다. 그러나 단애 절벽의 위에서 어떻게 끌어올릴 것인가? 울타리를 넘어간다면 절벽의 중간 정도까지는 내려갈 수 있을 것 같긴 한데…. 그렇지만 이곳에서 감히 낚시를 해도 괜찮을까? 경찰에게 발각되면 적당히 뇌물을 건넨다…? 여러 가지 술책을 강구하던 중 나도 몰래 낚싯대에 손을 뻗치던 순간이었다. 한 명의 경찰관이 내가 서 있는 곳으로 다가왔다.

　"당신, 지금 뭐하고 있는 거야?"

　"아~, 예. 나일퍼치가 많네요. 혹시 괜찮다면, 루어를 한 번 던져 봐도 될까요?"

　농담 삼아 부탁을 해봤더니 '이곳은 낚시금지구역이지만 시험 삼아 한 번쯤은 허락해 주겠다'는 대답이었다. '한 번이라? 실패하면 안 되겠군!' 생각하며 비장의 1투를 날렸다.

　루어는 나일퍼치 무리로부터 10m 앞 연안 아슬아슬한 곳에 '퐁당'

하고 착수했다. 수면 바로 아래로 천천히 끌어들이자 무리 중에서 가장 큰 개체가 천천히 몸을 흔들며 루어를 주시했다.

"무~, 물어라 제발!"

극한의 긴장감에 싸여 루어를 작동시키는데 생각처럼 액션이 연출되지 않는다. 수면으로부터 발판의 높이가 15m에 달하다 보니 루어가 뜻대로 조종되지 않는 것이다. 그리고 아무 일 없이 루어는 수면 위로 모습을 내밀고 말았다. 경찰관이 '하하하!' 웃으며 아쉬운 표정을 지어보였고, 나는 안타까움에 젖어 머리를 쥐어뜯고 싶었다. 그러나 나는 결심을 했다.

저녁 무렵, 인기척이 없어지기를 기다려 아부심벨신전에서 500m 정도 앞의 절벽을 내려갔다. 바위를 타고 신전 바로 아래까지 가서 확실하게 나일퍼치를 노려보자고 생각한 것이다. 300m 정도 연안을 걸어가니 길이 갑자기 험해졌고, 거대한 돌까지 길을 막고 있어 기어오르다시피 해서 겨우 콧부리 지점에 닿았다.

그다지 적합한 포인트는 아니지만 일단 시험 삼아 수중 바위 주변을 겨냥해 루어를 날렸다. 아니나 다를까. 바위 그늘 주변으로 루어가 지날 무렵, 나일퍼치가 '휘익!' 하고 돌진했다. 50cm 정도의 나일퍼치를 연거푸 올리며 나는 확신했다. '이곳 콧부리의 어영은 짙다. 100m 거리만 더 이동하면 파라다이스가 기다리고 있음에 틀림없다!'

그래서 발길을 옮기는 순간이었다. '부르르릉' 하는 엔진 소리에 놀라 쳐다보니 눈앞에 보트가 나타났다. 경비정이었다. 절벽 위에 감시 카메라가 설치돼 있다는 걸 알았지만 설마 감시하고 있을 줄은 몰랐다.

3명의 경관에게 붙들려 보트에 실린 채 어디론가 끌려가고 있었다. 경관이 강한 어조로 무어라고 소리쳤지만 아라비아 말을 제대로 알아들을 수 없었다. 그러나 대단히 화가 나 있음에는 틀림없었.

'설마 체포당하는 건 아니겠지? 내가 서 있던 장소는 신전을 둘러싼 울타리 바깥으로, 어쩌면 낚시금지구역이 아닐 수도 있는데….'

이런 경우의 대처법을 지난 경험을 통해 나름대로 터득해 둔 게

세계문화유산인 아부심벨신전 앞에서. 손에 든 낚싯대가 가끔 무기로 오해 받기도 했다.

 있었다. 예전 중국에서 허가를 받지 않고 티베트로 밀입국했던 때의 일이다. 버스의 좌석을 떼어내고 그곳에 숨어 검문소를 통과하려다 공안에게 들켜 구속이 되었다. 무조건 싹싹 빈다고 해서 될 일이 아니다. 애써 태연한 척하며 서툰 영어로 쉬지 않고 떠들었더니 귀찮다는 듯 적당한 해결책이 제시되었다. 200위안(약 4만원)의 뇌물로 무사 입국한 것이다.

 외국에서 트러블이 생겼을 때, 상대가 영어를 못하는 경우는 마치 아메리카 사람인 양 순진하고 밝은 표정으로 영어로 떠드는 것이 좋다. 그리고 영어를 할 줄 아는 사람의 경우라면 반대로 일본어밖에 할 줄 모르는 척하며 주렁주렁 일본어를 늘어놓으면 상대는 곤란해져 결국은 유야무야 되어 버리는 것이다.

 보트에 실려 가는 동안 나는 가능한 한 밝게, 그저 바보처럼 죄책감마저 못 느끼는 어조로 영어를 계속 떠들어댔다. 드디어 경관의 얼굴에 귀찮아 죽겠다는 듯한 표정이 떠올랐다. 어떻든 경관 3명이 서로 이야기를 나누더니 선착장에 도착해 나를 무사 방면해 주었다. 헤어질 때 경관의 얼굴에는 이미 엄숙함은 사리지고 없었다. '휴우!' 하고 귀로에 오르는 동안 '거대한 나일퍼치를 꿈으로 끝나는 건가?' 생각되어 어깨가 쳐졌다.

이집트
작열하는 사막에서
거신병巨神兵의 그림자를 찾아가는 일

● ● **가끔은 편해보자! 사파리를 조직해 대물 노리기**

아프리카에 온 지도 1개월이 지나갔다. 나는 다시 이집트 남부 도시 아스완에서 불완전연소인 체 지내고 있었다. 지금까지 3천km 이상의 길을 거치며 낚은 나일퍼치는 단 9마리. 그것도 최대 80cm에도 못 미치는 기대 이하의 크기에 멈추고 있었다. 마지막 이번 여행을 마무리할 거대 나일퍼치 사냥을 계획했다. 그러나 사막에 떠 있는 거대한 나세르호수를 혼자 개척하기는 무모하다는 사실을 깨달았다. 남북 5천km의 호수에서는 엔진이 장착된 보트의 기동력을 이용, 광범위한 지역을 탐색해 갈 필요가 있다. 나는 아스완 시내의 낚시여행사에 도움을 요청했다.

수일간에 걸쳐 아스완으로부터 아부심벨까지 가는 사파리 보트가 있다고 했다. 레스토랑과 화장실이 있는 중형급 모선 한 척에 소형 낚시보트 두 척이 연대하는데, 6일간 일정의 가격이 무려 1천 400달러. 하지만 주방장까지 동행하는 호화판 여행으로 조과 또한 확실히 보장한다는 것이었다.

한참을 망설이지 않을 수 없었다. 가격도 가격이지만 지금까지의 나홀로 여행과는 달리 고액 상품의 여행회사에 의지한다는 사실 자체에 스스로 위화감을 느낀 때문이다. 그러나 고민 끝에 거대 나일퍼치의 유혹에 넘어가고 말았다. 게다가 이 시기의 일본은 골든위크(4월 말~5월 초 휴일이 이어지는 시기) 아닌가. 나의 단독여행에도 한 번쯤

어둠이 내리는 나세르 호숫가에서 새로운 대상어를 찾아….

골든위크가 있어도 좋겠지…. 그래, 때로는 호화스럽게 편히 한 번 가보자고 생각했다.

출발 당일, 나세르호수의 작은 어촌에서 이번 여행의 승무원들과 합승할 백인 승객들을 만났다. 주방장이 웃는 얼굴로 웰컴 드링크라며 샴페인을 건넸다. 나는 글라스를 한 손에 들고 '그간 한 달을 가난하게 보냈으니 마지막 호화스런 여정도 나쁘지 않겠지?' 생각하며 가슴을 크게 젖혔다.

모선에서의 인사가 끝난 후 작은 낚시보트로 옮겨 탔다. 보트 앞쪽 절반은 간단한 지붕으로 덮여 있고 침대가 좌우 2개 늘어서 있는데, 낮에는 낚시 의자로 사용하고 밤에는 침상으로 사용할 것이다.

옆 침대에 털썩 앉은 사람은 덩치가 큰 초로의 백인. 자신의 이름을 '조지'라고 소개한 영국인은 매우 온화한 느낌을 풍기는 사람으로, 앞으로 6일간 이 보트에서 자고 일어나기를 함께 하게 될 것이다. 그리고 새카만 얼굴을 한 누비아인의 젊은이. '요세프'라고 하는 가이드 청년이다.

하늘이 그대로 내려앉은 푸르른 수면에 하얀 거품의 항적을 남기며 우리들은 남쪽으로 진로를 잡았다. 나도 조지도 채비 준비에 여념이 없었다. 한 시간 정도 달렸을까, 가이드인 요세프가 바위뿐인 커다란 섬에 보트를 세웠다. 이곳으로부터 걸어서 50m 정도 지점에 굿 포인트가 있다고 한다. 그 말이 떨어지기 무섭게 두 사람을 남겨둔 채 빠른 걸음으로 포인트로 향했다. 즉시 30cm 정도의 나일퍼치 새끼 한 마리를 낚아 올리는데 두 사람이 도착했다. 요세프가 나의 고기를 보고서 "오! 빅피시!" 하고 웃었고, 조지는 "헤이, 타케! 그렇게 서둘지 않아도 물고기는 도망가지 않아!"라며 조급한 나를 흘겨보며 천천히 다가왔다.

요세프에 의하면 연안의 얕은 곳에는 작은 놈이 많고 대물은 깊은 곳에 잠긴 큰 바위의 그늘에 몸을 숨긴다고 한다. 로마에선 로마 법을 따르라고 했지…. 그의 조언대로 바이브레이션 플러그를 호수 바

은린에 노란 색을 살짝 띤 나일퍼치.

닥까지 가라앉힌 후 천천히 바닥을 더듬듯 끌기 시작했다. 연안에서부터 급경사를 이루는지 수심이 상당히 깊은 느낌. 때로는 30초 이상을 기다려야 루어가 바닥에 닿을 정도다. 템포가 느린 인내의 낚시. 어떻게 해서 76cm짜리 나일퍼치 한 마리를 낚았지만 더 이상의 입질은 없었고, 우리들은 다시 보트를 타고 남쪽으로 향했다.

배로 달리는 동안 트롤링을 시도했지만 대물의 기척은 없고 나에게 50cm 정도의 나일퍼치 2마리가 걸렸을 뿐, 서쪽 하늘로 태양이 기울기 시작했다.

모선의 2층은 탁 트인 레스토랑이어서 사이좋게 둘러앉아 맥주를 땄다. 이날 조지는 한 마리의 나일퍼치도 낚지 못했지만 기분 좋은 표정으로 맥주 캔을 하나 둘 비어갔다. 나머지 한 척의 낚시보트가 도착해 두 사람의 이탈리아 낚시인들이 합석했다. 조과를 물어보니 '카로'라는 분이 "트롤링으로 80cm짜리 한 마리를 올렸는데 친구는 노 피시!"라며 어깨를 으쓱하고는 쓴웃음을 지었다. 주방장이 차례로 내어오는 풀코스 요리를 앞에 두고 한동안 가라앉았던 무드가 일순간 사라졌다. 우리들은 다음날의 본격적인 낚시에 리벤지를 약속하고 힘차게 건배를 했다.

이틀째는 요세프의 권유대로 아침부터 트롤링을 했다. 광활한 호수에서 포인트를 제대로 찾기는 여간 어려운 일이 아니다. 트롤링으로 포인트를 찾기도 마찬가지다. 그렇지만 이 사파리에서 100파운드(약 45kg)를 넘는 대물은 대부분 트롤링에 의한 것으로, 세계 기록인 230파운드가 낚였다. 하지만 나는 평소 트롤링을 지루한 낚시로 생각할 뿐만 아니라 선장에게 일임하는 낚시여서 달갑잖게 여겨 왔다.

'아, 대물을 낚고 싶다. 하지만 트롤링은 싫다.'

복잡한 생각에 싸여 그저 낚싯대를 붙잡고 입질을 기다렸다. 한편 조지는 이 낚시방법에 편견이 없는 것 같았다. 힘든 암반 지대를 걷기보다는 편안하게 대물을 노릴 수 있는 트롤링이 좋다고 했다. 그런 그를 곁눈질하며 맥주로 지루함을 달래고 있었다.

동기부여의 차이로 나타난 결과일까? 이날, 조지는 88cm를 필두

카로 씨가 낚아 올린 150cm, 104 파운드급 나일퍼치.

로 5마리의 나일퍼치를 낚았고 이탈리아인 카로가 중형급 2마리를 낚은 데 비해, 나와 또 한 명의 이탈리아인은 노피시였다. 결국 4명이 7마리, 2명은 노 피시! 값비싼 낚시경비 치고는 너무도 참담한 결과에 대해 그날 저녁 내내 허탈한 기분이었는데, 다음날 아침 나는 충격적인 한 마리에 눈이 휘둥그레진다.

3일째도 아침부터 트롤링이었다. 나는 어느덧 질린 느낌으로 푸른 수면을 멍하니 바라보고 있었다. 돌연 요세프가 "빅 피시!"하고 소리쳤다. 놀라서 그가 가리키는 방향으로 눈길을 옮기니 40m 전방의 호면에 이탈리아 팀의 보트가 떠 있는데, 카로 씨가 열심히 낚싯대를 붙잡고 있고 가이드가 허둥대며 선상을 우왕좌왕하는 모습이었다. 한참 후에 은린의 거체가 도약했다. 1m 정도 수면을 가르고 부상하더니 그 모습을 다 보여주지 않고 이내 수면 아래로 잠수해 버렸다. "우아~ 크다!" 나도 모르게 소리를 질렀다. 15분 정도 손에 땀을 쥐면서 파이팅 장면을 지켜보고 있자니 어느덧 승부가 끝나는 듯했다. 얼른 그들 쪽으로 보트를 달렸다.

카로 씨와 가이드가 수중으로 뛰어들어 그 거체를 끌어안았다. 어른 두 사람이 제대로 들어올리지 못하는 크기. 카로 씨가 "104파운드 오버!" 하고 소리를 질렀다. 나는 선망과 질투가 교차되는 복잡한 심정으로 그를 칭찬했다.

낚시를 하는 내내 100파운드가 넘는 거대어가 뇌리에 박혀 떠나질 않았다. 열심히 트롤링에 집중했지만 겨우 걸려든 것이라곤 1m 미만짜리. 그런데 저녁 무렵, 마지막 루어를 끄는데 '덜컹' 하고 입질이 왔다. 낚싯줄이 사정없이 끌려 나가고 릴에선 비명이 울려 퍼졌다. "빅 피시!" 하고 소리치자 요세프가 서둘러 보트를 멈췄다. 그러나 아뿔싸, 이미 늦었다. 나일퍼치는 호수 바닥으로 돌진한 후 미동도 하지 않는다. 약간의 꿈틀거림은 전해지는데 낚싯줄이 무언가에 걸린 느낌이다. 이럴 수가? 지금까지 없었던 큰 입질이었는데….

요세프가 긴 로프에 매단 닻을 내려 호수 바닥을 더듬기 시작했다. 이내 무엇인가 걸어 올리는 것을 보니 그물 잔해다. 얼굴 표정이 일그러진 요세프가 "어부놈들, 이런 장소에 그물을 버리다니?" 하며 중얼거렸다. 이어 '대물이 걸려도 어부들이 방치한 그물에 나일퍼치가 감겨 도망치는 경우가 많다'면서 그는 끈기 있게 몇 번이고 닻을 바닥에 가라앉혀 그물을 제거하려 애썼다. 나는 이미 포기한 상태인데도 요세프의 그물 제거 작업은 20여 분이나 계속되었는데, 그러던 도중 갑자기 나일퍼치가 움직이는 느낌이 감지됐다. 화들짝 놀라 낚싯대를 세우며 주도권 싸움에 돌입했다. 낑낑대며 한참을 릴링하자 이윽고 나일퍼치가 떠오르는 느낌인데, 아침나절 카로 씨가 올린 '100파운드 오버'의 장면이 생각나 나도 몰래 숨이 가빠졌다.

강렬한 손맛에 취해 크기를 예측하지 못했다. 1m가 넘긴 했지만….

그런데 이게 뭐야? 수면을 가르고 모습을 내민 나일퍼치를 보는 순간 그만 맥이 팍 빠져 버렸다. 기대에 한참 못 미치는 1m가 조금 넘는 크기. 조지 씨가 "굿 피시!"라며 추켜세워 주었지만 나는 "잇츠 스몰!" 하고선 입을 다물 수밖에 없었다.

나세르호수엔 실로 여러 생물이 서식하고 있었다. 호반에는 전갈과 독사와 자칼, 그리고 가끔 4m를 넘는 크로커다일이 모래사장에서 일광욕을 즐기는 모습이 보였다. 호수엔 나일퍼치 이외에도 매력적인 물고기가 많이 서식하고 있었다. 수심 얕은 지역에 소형 루어를 던지면 뒤쪽으로부터 타이거피시 떼가 잇따라 공격했는데, 예리한 송곳니로 루어에 흠집을 가득 남길 정도로 그 입질이 강렬했다. 그렇지만 입 밖으로 불쑥 튀어나온 송곳니 탓인지 입질을 해도 쉽게 바늘에 걸리지 않아 애를 먹였다. 재수 좋게 걸었다 하더라도 놈이 미친 듯이 몸부림치면 그만 바늘이 빠져버리기 일쑤였다. 그렇듯 입질이 잦고 강렬한 데도 쉽게 올릴 수 없는 초조함, 그것이 타이거피시 낚시의 묘미였다.

어느 날, 경사가 심한 돌밭에서 타이거피시를 노리고 있을 때였다. 깊은 수심에서 급부상해 엄청난 기세로 달려와 미노우를 확실히 덮쳤다. 한눈에 보아도 60cm를 넘는 듬직한 크기. 늘씬한 몸매가 뿜어내는 스피드를 제압하고선 단숨에 뽑아올려 버렸다. 파이팅 도중 조

성장할수록 무서워지는 타이거피시. '아프리카의 송곳니'라는 별명을 자랑한다.

벼랑에서 함께 떨어져 다리를 다치게 한 타이거피시.

금만 여유를 주면 백발백중 바늘에서 빠져나가버리기 때문이다. 랜딩 전후도 마찬가지다. 역시나 이놈도 지면에 올려지자마자 심한 발버둥으로 금방 바늘에서 이탈해버렸다. 그런데 '앗!' 하는 순간, 타이거피시가 데굴데굴 절벽을 굴러 떨어지기 시작했고, 나도 몰래 그를 쫓아 3m 정도의 벼랑을 미끄러져 내렸다. 물속으로 떨어지기 직전에 겨우 타이거피시를 붙잡긴 했지만 가속도에 떼밀려 호수로 풍덩 빠지고 말았다. 그 와중에도 고기를 붙든 채 필사적으로 바위를 붙잡고 있자니 멀리서 바라보던 요세프가 보트를 몰고 달려왔다. 아차 하면 골로 갈 뻔한 나의 목숨과 타이거피시는 무사히 구원을 받았고, 보트에 기어올라 왼쪽 다리를 보니 종아리가 쩍 갈라져 피가 엄청나게 흐르고 있었다. 상처를 돌봐주던 요세프가 "너, 바보지?" 하고 화를 냈지만 곁에 놓인 타이거피시의 그로테스크한 모습이 너무도 자랑스러웠다.

그리고 또 한 마리, 나를 무아경에 빠뜨린 진귀한 물고기가 있었다. 현지어로 '호마르엘바하르'라고 하는 민물복어였다. 나일강 유역

핸드볼 공 크기로 부풀어 오른 희귀한 민물복어.

에 광범위하게 서식하는 이 복어는 연안 바위 그늘 등에 몸을 숨기고 루어가 지나가면 넙죽 물지를 않고 찬찬히 관찰하면서 어디까지든 따라온다. 발밑까지 따라와서야 사람을 알아보고는 놀라 달아나는 등 좀처럼 바늘에 걸리지 않는다. 어쩌다 낚이면 '흡흡' 하고 공기를 빨아들여 몸을 부풀리는데 그 모습이 귀엽기 짝이 없다. 그 애교 만점의 호마르엘바하르가 두고두고 잊혀지지 않는다.

●● 길고 긴 여행, 드디어 대미를 장식하다

　　대물 나일퍼치는 항구를 출발할 때의 기대와는 달리 시원찮은 조과의 연속으로 나날이 어깨가 처져가고 있었다. 나세르호수는 너무나 넓고 깊어서 나일퍼치의 밀도가 높다고 할 수는 없다. 포인트 예측 또한 어려워 일출부터 일몰까지 계속 노려봐도 1m 안팎의 중형 사이즈가 고작. 작열하는 태양에 심신이 시드는 과정에서도 거대어의 환영만은 부풀어갔다.

　　드디어 5일째 아침, 커다란 바위로 구성된 콧부리의 끝에 상륙했다. 수중에 거대한 바위가 가라앉아 있는 것이 예사롭지 않아 보였다. 14cm짜리 미노우를 던져 감아 들이는데, 문제의 바위 옆을 루어가 통과하는 순간 '퉁!' 하는 충격과 함께 낚싯대가 극한 상황까지 휘어들었다. 어떻게 대처도 못하는 사이에 낚싯줄이 호수 바닥으로 풀려나갔다. 단번에 100파운드를 넘는 대물이라는 생각이 들었다. 그런데 주변 호수 바닥은 돌밭. 낚싯줄이 스친다면 일순간에 끊어져 버릴 것이다. 놈의 질주를 막기 위해선 낚싯줄을 엄지손가락으로 눌러야 한다. 손가락이 따갑도록 써밍을 하는데도 놈은 도무지 멈출 기색이 아니다. 급기야 낚싯줄이 바위에 쓸리는 감촉이 손가락에 전해지는 순간, 돌연 낚싯대가 위로 튕겨 올랐다. 60파운드급 낚싯줄이 깨끗하게 잘려나간 것이다. 나는 그 자리에서 털썩 주저앉아 하늘을 향해 욕을 퍼부었다. "에이, 씨~XX!" 하루도 쉬지 않고 나일퍼치를 쫓았고 엄청난 무더위와 싸우며 기를 쓰고 낚싯대를 휘둘렀는데…. '놓친 물고기는 크다'라는 말이 있지만 60파운드급 낚싯줄을 사정없이 자르고 도망친 거대 나일퍼치를 생각하면 정녕 미쳐버릴 것만 같았다.

사막에 어둠이 내리는 시각, 나는 생각을 고쳐먹었다. 거대 나일퍼치와는 인연이 닿지 않는가보다 생각하고 새로운 대상어를 찾기로 한 것이다.

나세르호수에는 '아프리칸 캣피시'라는 사람 크기의 메기가 서식한다. 이놈을 노리기 위해 낮에 낚아둔 소형 타이거피시를 미끼로 흘림낚시를 시작했다. 기분 좋은 산들바람이 불어 흔들리는 보트 위에서 마시는 맥주 맛이 꿀맛이다. 한 손에 맥주를 든 채 침대에 누워서 입질을 기다린다. 시계바늘은 어느덧 심야를 가리킨다. 낚싯대 끝에 붙여둔 방울이 '딸랑!' 하고 살짝 울렸다. 피로가 쌓여 무거운 몸을 겨우 일으켜 낚싯대를 보니 초릿대가 가볍게 빨려드는 상황. 후다닥 달려가 베이트릴의 클러치를 끊었다. 천천히 낚싯줄이 풀려나가면서 슬슬 속도가 붙는다. 5m정도 풀려나갔을 때를 기다려 혼신의 힘을 다해 챔질을 했다. '후욱' 하는 감촉과 함께 고기가 달리기 시작한다.

침대 쪽을 완전히 벗어나 뱃전에 서서 호수를 바라보는데, 암흑으로 드리워진 수면엔 물고기의 모습은커녕 생명의 숨소리조차 들리지 않는다. 팽팽한 긴장감만 흐르는 상황이 3분여 지났을까, 수면에서 물보라가 튀었다. 모습을 완전히 드러낸 놈은 역시나 아프리칸 캣피시. 가장자리 수심의 배에서 뛰어내려 겨우겨우 모래밭으로 끌어올려 놓고서 안도의 숨을 쉬었다. 너무 시끄러웠던지 조지 씨가 깨어나 무슨 일이냐며 다가왔다. 모래밭에 나뒹구는 대형 메기를 보고는 놀란 듯, 한심하다는 듯, 애매한 말을 던졌다.

"야~ 타케, 정말 대단하군! 그런데 너, 이 밤중에 아직도 낚시하고

옆구리 늑골을 부러뜨리면서 겨우 잡은 '아프리칸 캣피시'. 필자의 얼굴이 딴 사람처럼 심하게 일그러졌다.

있었던 거야?"

모두들 한바탕 크게 웃었다. 그날 밤, 오랜만에 단잠에 빠질 수 있었다.

다음날 아침, 심한 통증을 느끼며 눈을 떴다. 몸을 일으키려 조금만 움직여도 오른쪽 옆구리가 쑤셨다. 전날 밤 대물 메기의 입질을 받고서 갑자기 부자연스런 자세로 챔질을 한 탓인 것 같았다. 시간이 충분히 흐른 뒤에도 몸을 크게 움직이기만 하면 강한 통증이 느껴졌다. '옆구리 갈비뼈가 부러졌을지도 모른다'는 불안감이 들었다.

여행은 종반에 다다르고 있었다. 옆구리 통증이 수일간 이어졌다. 침대에서 일어나기가 힘들었다. 그러나 나는 거대 나일퍼치를 포기하지 못했다. 낚시를 하는 동안만큼은 희한하게도 통증이 완화되는 것이었다.

그런 어느 날, 호수 한가운데에 폭 솟아있는 작은 섬에 상륙했다. 몇 번째쯤 날렸을까…. 연안 호수 바닥에 거대한 돌이 2개 잠겨 있고 그 중간은 깊은 어둠에 싸여 있었다. 싱킹미노우를 멀리 캐스팅하여 20초 정도 바닥까지 가라앉혔다. 조금 빠른 속도로 루어를 움직여 그늘 지대를 통과시킨 뒤 발밑 얕은 지점에서 부상시키려 할 때였다. 돌연 커다란 바위 그늘에서 뛰쳐나온 물체가 사정없이 루어를 덮치고는 깊고 깊은 호수 바닥으로 끌고 들어갔다. 몇 번인가의 경험에서 뼈저리게 느꼈듯, 나일퍼치를 그냥 달려 나가게 내버려 두면 낚싯줄이 바위에 마찰되어 순식간에 끊어져 버린다. 정신을 바짝 차리고 릴 드랙을 꽉 조였다. 강제로 파이팅을 해 바닥으로 처박는 놈의 질주를 막았다.

요세프가 뛰어 와 "오~ 타케! 빅 피시?" 하고 물었다. 여유가 조금 생긴 나는 "아마도~!" 하고 간단히 대답했다. 그런데 싸움이 오래 지속되자 아무래도 이상한 느낌이 들었다. 움직임은 둔한데 중량감은 더욱 늘어나는가 하면, 가끔 수면 가까이로 떠오른다 싶으면 또다시 바닥으로 처박아버려 크기를 도통 가늠할 수가 없었다.

드디어 100파운드가 넘는 나세르호수의 '거신병(巨神兵)' 나일퍼치를 안았다.

　　10여분이 충분히 흘렀을 때다. 놈도 지칠 대로 지쳤는지 서서히 수면 위로 떠올랐다. 그 형태가 눈에 비친 순간, 시간이 정지했다. 확실히 100파운드를 넘었다. 상상을 초월한 크기에 놀라 일순간 현기증이 오고 머릿속이 새하얘졌다. 정신을 차릴 틈도 없이 요세프를 향해 소리쳤다.
　　"보트를 가져와! 호수 가운데로 가서 끌어올려야겠어!"
　　요세프는 서둘러 보트가 정박한 섬 그늘로 뛰었다.
　　그 사이 다시 물속으로 잠수해버린 나일퍼치. 가슴이 철렁 내려앉았다. 나는 마음속으로 외쳤다.
　　"요세프, 제발 빨리 와줘!"
　　드디어 요세프가 조종하는 보트가 도착해 얼른 보트에 올랐다. 10

여m 수심의 깊은 곳으로 보트가 이동되었을 때 요세프에게 단단히 주문을 했다.

"이번에 떠오를 때 단번에 끌어올려! 알았지?"

요세프가 가프를 꽉 움켜쥐고선 나의 다음 동작에 대비했다. 그리고 다시 한 번 시퍼런 수면 위로 거대한 그림자가 떠올랐다. 끓어오르는 흥분을 억제할 수 없었다.

"지금이야 지금! 빨리, 빨리 해!"

그가 신속하게 괴물의 입에 가프를 걸었고, 둘이서 한데 뒤엉켜 거체를 보트 위로 끌어올렸다. '쿠탕탕!' 하고 뱃전에 쓰러진 거대한 나일퍼치를 내려 보며 두 사람은 부둥켜안고 절규했다. 드디어 내 품에 안긴 거신병巨神兵-. 기나긴 나일 여행이 끝나는 순간이었다.

케냐, 탄자니아
공포의 '목조르기 강도단' 출현

●● 아프리카 재방문, 대륙종단 여행을 시작하다

사막의 열기마저 더해진 아침햇살에 뺨을 그을리며 부스스 눈을 떴다. 밤새 대물 메기의 입질을 기다리다가 어느 순간 그대로 잠이 들었나보다. 며칠 동안 낮에는 나일퍼치를 찾아 사막을 쉬지 않고 달렸고 밤에는 대물 메기를 노려 새벽까지 깨어있는 날이 대부분이었다. 피로에 젖은 몸을 억지로 일으켜 강한 햇살에 번쩍이는 호수 수면으로부터 채비를 거둬들였다. 미끼는 던져 둔 그대로, 무언가 입질한 흔적이라곤 보이지 않는다. 낙담의 한숨이 터져 나온다.

처음 아프리카 대륙을 방문한 지 꼭 1년 후인 2008년 봄, 나는 다시 이집트의 나세르호수로 돌아왔다. 현지 낚시여행회사의 배를 이용해 1년 전에 잡은 106파운드가 넘는 나일퍼치를 쫓았지만 그때와 마찬가지로 어려운 낚시상황이 계속되고 있었다. 그동안 잡은 나일퍼치가 84마리에 달했지만 최대어라곤 96cm짜리가 고작이었다. 나는 메기 채비를 한손에 들고서 '오늘도 사막의 열기와 싸우는 인내의 낚시가 시작되나?' 하고 한숨을 쉬었다.

바로 그때, 보트로부터 20여m 떨어진 호수 표면에서 '첨벙' 하는 소리가 울렸다. '대형 메기인가?' 하고 재빨리 미끼를 새로 달아 파문이 남은 수면으로 채비를 투입했다. 5분도 채 안 됐을 때다. 천천히 낚싯줄이 끌려 나가기 시작했고 갑자기 속도가 가해지더니 릴 드랙이 비명을 질렀다. 순간 낚싯대를 잡고 일어서면서 힘껏 두 차례의 챔질을 했다. 대물 메기도 깜짝 놀랐는지 바닥을 휘젓기 시작했다. 엄청난 중량감에 가슴이 쿵탕쿵탕 뛰었다. 몇 번인가 중층으로까지 부상했지만 그때마다 대물 메기는 머리를 좌우로 크게 흔들며 호수 바닥으로 잠수해 나갔다.

이윽고 5분 정도 시간이 흐르자 피로에 지친 녀석이 연안으로 끌려나왔다. 랜딩 그립을 강제로 입 안에 쑤셔넣고 힘을 다해 끌어올렸다. 발밑에 위풍당당하게 드러누운 거대한 메기를 내려다보면서 이번 여행 첫 번째 대물에 환희의 외침을 울렸다. '오늘밤에는 푹 자야지…. 그리고 이젠 목적한 나일퍼치 사냥에 전념해야지….'

그러나 거신병巨神兵 나일퍼치는 끝내 나타나지 않았다. 마지막 날에 60파운드(약 26kg)짜리 한 마리가 낚였지만 1년 전 106파운드짜리의 모습을 떠올리면 너무도 빈약한 놈이었다.

사파리를 끝내고 수일 후, 어둠에 싸인 카이로 국제공항을 날아올랐다. 오렌지색의 점과 선으로 물든 화려한 거리를 내려다보며 피로에 젖어 나도 몰래 한숨을 쉬었다. 어느덧 창밖 풍경은 영원히 계속될 것 같은 암

암흑가의 건달 '아프리칸 캣피시'와 잠옷 대신 이슬람 의상을 입은 필자.

나세르호수 두 번째 방문의 나일퍼치는 60파운드짜리에 그치고 말았다.

잘못 건드리면 감전되는 '전기메기'.

가련함이 흐르는 뒷모습. 아르바이트 중인 마사이족.

흑의 세계로 변했다. 날이 밝아질 즈음에는 케냐의 수도 나이로비에 도착해 있겠지.

다음날, 동아프리카 제1의 위험도시로 일컬어지는 나이로비에 내려섰다. 가이드북에는 '호텔에서의 이동은 전부 택시를 사용할 것. 혼자서 걷는 것은 금물…' 등등의 경고 일색이었지만, 짐짓 거리를 어슬렁거려 보니 정돈된 분위기에 위험한 기운은 그다지 느껴지지 않았다. 이 나라는 2007년 12월에 실시된 대통령 선거 이후, 나이로비로부터 시작해 각지에서 대혼란이 일어났다. 보도에 의하면 1천 명 이상이 사망했다고 하는데 그 영향은 여행자인 나로서는 알 수가 없었다.

대도시 나이로비는 그다지 구경할 것이 없어 케냐 남쪽 '마사이마라 국립공원'을 찾았다. 나이로비로부터 버스로 2시간 남짓한 거리. 전투민족인 마사이족의 모습을 몇 차례 볼 수 있었다. 창은 들고 다니지 않았지만 늘씬한 몸에 붉은 천을 두른 그들이 도로를 일상적으로 걷고 있는 모습이 놀라웠다. 휴식을 위해 들른 레스토랑에서는 민속의상을 입은 채 주방 아르바이트를 하는 마사이족도 있어서 야릇한 느낌을 주었다.

마사이마라 국립공원에는 코끼리와 얼룩말 등의 초식동물이 군생하고 이를 노리는 사자 등 육식동물들이 서식하고 있었다.

마사이마라 국립공원에 서식하는 사자.

전통 의상을 차려 입은 마사이족 전사.

운 좋게 사자가 얼룩말을 잡아먹는 광경을 목격했지만 생각보다 감동은 적었다. 광활한 사바나에 서 보니 약육강식의 세계가 당연한 듯 생각되었다. 그러나 사자가 버스 옆으로 다가와 창문 아래까지 왔을 때는 조금 초조해지기도 했다.

사바나에는 마사이족 마을이 곳곳에 위치해 있어, 나는 100명 정도가 사는 작은 마을을 방문했다. 사자 침입을 방지하기 위한 가시 아카시아 울타리를 넘으니 부족의 젊은이가 공중을 향해 뛰어오르며 전통무용으로 환영해 주었다. 소똥과 흙으로 굳혀 만든 그들의 집 안쪽은 캄캄해서 아무것도 보이지 않는 대신 아주 심한 냄새가 코를 질렀다. 불을 켜보니 집 중앙에 아궁이가 보였다. 굴뚝이 없어 연기가 방 안 가득한데, 말라리아를 옮기는 학질모기를 쫓기 위한 것이라고 했다. 거실 한쪽에는 뜻밖의 송아지까지 기거하고 있었다. 고약한 냄새의 진원지였다. 무심코 천정을 올려다보니 작은 박쥐가 우글우글 매달려 있었다.

기겁을 하고 마을을 떠나려는데 어느 사이에 마사이족 아줌마들

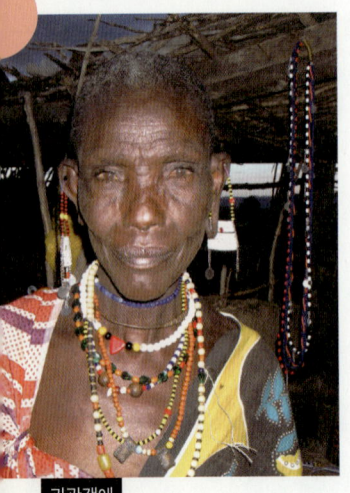

관광객에 익숙한 마사이족 아줌마.

에게 둘러싸였다. 양손에 넘치도록 민족전통 액세서리를 들고서 "사세요~ 사세요~"하며 끈질기게 들러붙기에 나도 모르게 거대한 송곳니 하나를 잡았다. 아줌마가 말하길 1년 전에 이 마을을 습격한 사자의 것이란다.

"남편이 잡았어요!"

자랑스럽게 말하며 그녀가 내민 사자 이빨을 들고서 '과연 일본에 가져갈 수 있을까?' 잠시 망설이다가 성큼 1천 200실링(약 2만 3천원)을 지불했다.

●● 목조르기 강도, 위험한 시선… 재난은 계속되다

1주일 정도 케냐에 머물고선 버스를 타고 남쪽으로 향했다. 인구 10만 남짓한 탄자니아의 작은 도시 모시Moshi는 아프리카 최고봉인 킬리만자로 산으로 유명한 곳이다. 특별한 방문 목적이 있었던 건 아니다. 이 도시는 킬리만자로 커피의 산지로도 잘 알려져 있어 '킬리만자로 산을 바라보며 킬리만자로 커피를 마시면 어떨까?' 하는 정도였다. 그런데 우기가 겨우 끝날 즈음의 시기여서 하늘에 매일 두꺼운 구름이 덮여 킬리만자로의 정상은 고사하고 그 편린마저 볼 수가 없었다.

작은 기대마저 잃은 나는 대낮부터 그 이름도 거룩한 '킬리만자로'라고 하는 맥주를 마시며 무료함을 달래고 있었다. 동아프리카 사람들은 '차가운 맥주는 몸에 나쁘다'고 믿는 탓인지 내어오는 맥주마다 모두 미적지근해 맛이 없었다.

처음 찾은 도시에서 혼자 쓸쓸히 취해가며 다음 행선지를 생각했다. 그래, 아프리카 대륙 최남서단, 남아프리카공화국의 희망봉까지 육로를 이용해 보자. 천천히 대륙을 종단하면서 미지의 세계, 미지의 물고기를 만나 보자…. 앞으로의 장정을 생각하며 나는 조금씩 우울해지고 있었다.

　탄자니아는 케냐에 비해 가난하고 치안도 나빴다. 사람들의 표정은 어딘가 험하고 거리를 걷노라면 불쾌한 일이 많이 생겼다. 모시를 떠나 인근의 다른 큰 도시에 도착한 아침이었다. 버스에서 내려 배낭을 화물칸에서 내리던 중 몇 명의 남자에게 둘러싸였다. '앗!' 하는 순간, 뭔가 뒤에서 호주머니 안으로 손이 들어오고 있었다. 미리 주의해 지갑을 목에 걸고 있어 무사했지만, 정녕 이 나라에서 방심은 금물이라는 사실을 절실히 깨달았다.

　그런 어느 날, 최대의 위기가 찾아왔다. 탄자니아 북부에 위치한 빅토리아 호반의 도시, 므완자Mwanza를 방문했을 때다. 낚싯대를 한 손에 들고 낯선 거리를 조심조심 걷고 있었다. 지나는 사람들 표정 대부분이 침침하고 어딘가 어두운 그림자가 드리워져 경계심을 늦출 수가 없는데, 가끔 지나치는 사람들이 "차이나!" 하고 내뱉듯이 불렀다. 아마도 탄자니아에 이주해 온 중국인의 경제적 약진을 시기하는 데서 비롯된 감정 표출이겠거니 생각하면서도 그 표정에 증오하는 비웃음이 지나치게 묻어있어 점차 화가 나기 시작했다.

　'너희들, 중국에 가본 적 있냐? 저 훌륭한 중화요리를 너희들은 만들 수 있냐?'

　속으로 울화를 쏟으며 묵묵히 걸었다.

　한참 후 도시를 벗어나 빅토리아호수에 섰다. 이 호수는 케냐, 탄자니아, 우간다 3개국 국경에 걸쳐 있는 아프리카 최대의 호수로, 담수호로서는 세계 2위에 달하는데, 일본 비와호수琵琶湖와 비교하면 100배의 넓이이다. 반세기 전에 나일퍼치가 방류되어 지금은 나세르호수와 함께 세계 최고의 나일퍼치 낚시터로도 유명하다. 바로 그 나일퍼치를 찾아 호반의 작은 어항으로 흘러들었는데, 아이들이 연안 모래사장에 앉아 손낚시로 작은 물고기를 노리고 있었다. 뭘 낚나 하고 물어보니 질문에는 답하지 않고 "마리화나 사지 않을래?" 하며 덤벼들었다. 10살 정도라고 생각되는 아이들의 돌발적인 상혼에 그만 아연실색하고 그곳을 떠났다.

목조르기 강도 행각 장면. 강도도, 주변 사람들도 너무도 태연하다.

　화려한 의복을 몸에 두른 여성들이 물고기를 손질하는 모습이 눈에 들어와 걸음을 멈췄다. 아쉽게도 나일퍼치는 보이지 않고 틸라피아 일색이었다. 무심코 카메라를 거내 셔터를 누르는데, 뜻밖의 장면이 카메라에 잡혔다.

　'어라? 무슨 프로레슬링 놀이인가?'

　일순간, 그런 일이 왜 일어났는지 몰랐다. 여성들 뒤쪽 15m 지점, 어떤 남자가 뒤에서 목 조르는 '슬리퍼홀드Sleeper hold'에 걸려 몸부림치고 있었다. 그리고 고통에 몸부림치는 그 남자 앞으로 또 한 사람이 휙 다가가더니 남자의 이쪽저쪽 호주머니에 손을 쑤셔 넣었다. 순식간에 지갑 같은 게 손에 들려지는 장면을 보고서 사태를 알아차릴 수 있었다. 소문으로만 듣던 목조르기 강도!

　세계 여러 나라를 여행한 사람이라면 한 번쯤 그 소문을 들었을 것이다. 인적 드문 거리에서 돌연 괴한으로부터 목이 졸린 피해자가 기절한 사이, 송두리째 돈을 털리는 사건이다. 스페인이나 남미, 아프리카 등 세계 각지에서 심심찮게 발생하는데, 어느 여행자로부터 남아프리카 수도 요하네스버그에서의 체험을 직접 들은 적이 있다. 그가 거리에서 돌연 목이 졸려 정신을 잃었는데, 정신을 차리고 보니 소지품이 하나도 없더라는 것이다. 그런데 이야기는 거기서 끝나지 않았다. 넋 나간 상태로 호텔로 돌아오던 도중 또다시 강도를 만나 거푸 두 번이나 정신을 잃고 말았다고 했다. 이렇듯 마치 지어낸 이야기 같은 사건을 실제로 목격을 하게 될 줄이야!

즉석에서 확인할 겨를이 없었지만 틀림없이 결정적인 그 순간이 카메라에 담겼을 것으로 생각되었다. 그런데 쓰러진 피해자를 두고 두 명의 강도가 그곳을 떠나려던 순간, 나는 범인과 눈을 마주치고 말았다. 온몸의 털이 곤두서는 공포를 느끼며 뒤도 돌아보지 않고 뛰었다. 그야말로 전력질주였다. 무아지경으로 호텔방에 뛰어들어 문을 잠갔다. 한참 숨을 고른 뒤 디지털카메라의 화상을 확인했다. 뒤탈이 없어 다행이었지만 위험한 상황에서 여행자가 취한 어리석은 행동이었음에 틀림없었다.

다음날 주저함 없이 빅토리아호수로 다시 나갔다. 낯선 도시가 혐오스러워 이미 다음날의 버스 티켓을 확보하고 있었지만 어떻게든 빅토리아호수의 물고기를 잡아보고 싶었기 때문이다. 호반에 있는 주민들을 피해 인적 드문 한적한 곳을 찾아 한참을 걸었다. 야트막한 산길을 걷다 보니 호수로 길게 뻗어나 있는 콧부리가 나타났다. 드넓은 빅토리아호수가 한눈에 보였다.

연안에 몇 개의 큰 바위가 형성되어 있고 돌무더기가 호수 바닥으로 계속 이어지면서 수몰되어 있었다. 수초 또한 풍부하게 형성돼 있어 한눈에 보아도 훌륭한 나일퍼치 서식처로 생각되었다. 하지만 아무리 루어를 던져도 반응이 없었다. 바위 사이를 유영하는 작은 물고기 떼가 보여 작전을 바꿔 보기로 했다. 돌밭에 붙어있는 조개를 미끼로 소형급을 겨냥한 것이다.

한참 있으니 찌가 '깜빡' 하고 움직여 단숨에 챔질을 했다. 전신에 광채가 발하는 칠흑의 소형 '시크리드'였다. 영국의 탐험가에 의해 발견된 이 호수는 당시 영국 여왕의 이름을 붙여 빅토리아라 명명됐

광채 나는 검은 몸체에 꼬리지느러미 끝단이 새빨간 '시크리드' 종류.

다고 한다. 나는 이 물고기를 '빅토리아여왕의 흑진주'라고 이름 붙이고 호수로 돌려보내 주었다.

　빅토리아호수는 정녕 시크리드의 보고였고 '다윈의 정원'이라 불릴 정도로 생물의 다양성을 자랑하고 있었다. 그러나 나일퍼치가 방류된 후 많은 시크리드 종류가 잡아먹혀 차츰 절멸돼 가고 있다고 했다. 호수의 생태계가 붕괴 직전이라는 지적이었다. 날로 거대화하는 나일퍼치 숫자가 늘어나는 것은 우리 낚시인에게는 기쁘기 짝이 없는 일이지만, 바위 그늘에 몸을 숨긴 나일퍼치의 그림자에 겁먹은 아름다운 작은 물고기를 생각하면 복잡한 기분이 되었다.

　소형 물고기 낚시에 빠져 있는 동안에도 계속 신경 쓰이는 일이 있었다. 한참 전부터 40m 전방에 한 척의 소형 목선이 떠 있는데, 배에 탄 남자 3명이 계속 이쪽을 힐끔거렸다. 불편한 장소에서 낚시를 하고 있는 외국인에게 흥미를 보이는 건가 생각하면서도 아무래도 그 동태가 이상했다. 조금씩 가까이 다가오다가 눈이 마주치면 곧바로 시선을 피하기도 하고…. 표정에 호의적인 느낌이라곤 찾아볼 수가 없었다. 거리가 20m로 가까워졌을 때 시험 삼아 손을 흔들어 봤다. 그런데 반응이 뜻밖이었다. 배에 속도를 올리더니 달려들 듯 이쪽을 향했다.

'우와~ 위험할지도 모르겠다.'

짐을 재빨리 정리해 도망갈 태세에 들어갔다. 그러나 커다란 바위에 퇴로가 막혀 생각만큼 발길이 옮겨지질 않는다. 초조해서 뒤를 돌아보니 그들의 배가 육지에 당도하기 직전이다. 3명중 1명의 남자와 눈이 마주쳤다. 얼어붙을 것 같은 차가운 눈빛을 보는 순간, 긴장이 극에 달했다.

그들은 조금 떨어진 장소에 배를 정박해 두고 아무 일 없다는 듯 태연히 앉아 있었다. 그 사이에 나는 큰 바위 위로 기어올라 여차하면 뛰어내려 도망갈 수 있는 태세를 취했다. 그리고 그들을 위협하기 위해 섀도우복싱을 개시했다.

동아프리카에서 중국제 쿵푸영화의 보급률은 거의 절대적이다. 그런 영향으로 나와 만난 현지민 일부는 "너, 쿵푸할 줄 아냐? 한 번 보여줘!"라는 부탁을 여러 번 거듭했다. 이곳에서 쿵푸는 굉장한 격투기라고 생각되고 있음이 분명했다. 나는 학생시절 4년간 복싱을 한 적이 있고 운이 좋아 대표선수로 출전까지 한 적도 있기 때문에 세월이 흘러 스피드는 떨어졌지만, 최소한 초보자를 속일 정도의 쿵푸 연기는 할 수 있다.

나의 펀치가 계속 공중을 갈랐다. 옆에서 본다면 참 바보스런 장면이었을 것이다. 하지만 나는 진지했다. 쿵푸 달인이 바위 위에서 특훈을 하고 있는 중이라고 그들이 생각하길 바랐다. 그것이 효과가 있었는지 그들은 서둘러 배를 끌어당겨 호수 한가운데로 돌아갔다. 혹시 그들이 강도가 아니었다고 한다면 실로 미안한 일이라고 생각했다. 그리고 배 위에서 "저녀석, 돈 거 아냐?" 하고 번갈아 비웃고 있을 것 같아 부끄럽기도 했다. 그러나 나를 바라보던 그들의 차가운 눈동자는 언제까지나 뇌리에 남아 잊히지 않는다.

다음날 아침, 더 이상 미련 없이 판자를 뒤로 하고 탄자니아 중앙부의 큰 도시 타보라Tabora로 향했다. 다름없이 버스여행은 고행이었다. 차체의 심한 요동으로 옆 통로에 선 청년이 멀미를 해 몇 번이고 토하기를 반복했다. 통로에 둔 배낭에 토사물이 흘러들기 직전이

탄자니아의 초원 풍경. 악마가 뿌리째 뽑아 거꾸로 꽂았다는 바오밥나무가 눈길을 끈다.

었다. 배낭을 슬쩍 뒤로 밀치자 뒷좌석에 앉은 승객들이 자기들에게 토사물이 흘러오지 않도록 발로 밀어 돌려보냈다. 내 배낭은 토사물 파도의 방파제가 되어 무참하게 더러워져 갔다.

타보라에 도착해 기차로 갈아탔다. 목적지는 탄자니아 서단에 위치한 탕가니카호수Lake Tanganyika. 도중에 최악의 일이 벌어졌다.

3등석밖에 자리가 없어 어떻게 앉을 수는 있었지만 마치 지옥과 같았다. 3등 객실은 4인용 의자가 통로를 두고 좌우로 나뉘어 있었는데 좌석에 앉지 못한 사람들이 통로에 넘쳐나 좌석까지 흘러들었다. 도쿄의 아침 출근 러시 이상의 혼잡이었다. 앉아 있다고는 하지만 옴짝달싹도 못하고 양다리가 압박되어 고통을 참기 어려웠다. 너무 괴로워 좌석에서 일어나니 차라리 편했다. '앉아 있는 것보다 서 있는 편이 편한 기차'는

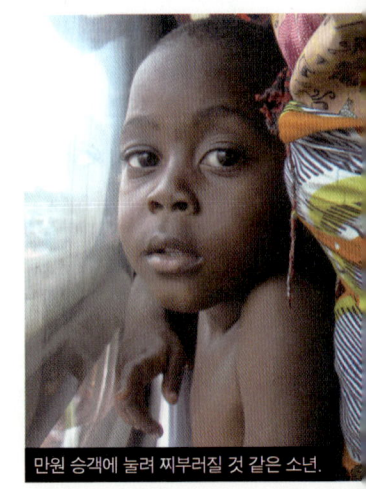

만원 승객에 눌려 찌부러질 것 같은 소년.

광활한 탕가니카호수. 바람이 강하고 파도가 높게 일어 낚시를 못 할 때가 많다.

세계적으로 이곳뿐일 것이라 생각하며 그저 도착하기만을 기다렸다. 결국 기차는 예정 시간보다 8시간이나 늦게 탕가니카 호반의 키고마 Kigoma라는 마을에 도착했다.

키고마는 주변에서 가장 큰 마을이지만 호숫가에 중심 도로가 하나 뻗어있을 뿐 생각 밖의 한촌이었다. 그러나 대도시 콴자에 비해 사람들의 표정은 온화하고 생활도 편해 보였다. 나는 이 마을에서 '탕가니카퍼치'를 잡고 싶었다. 이 물고기는 나일퍼치와 마찬가지로 페르카 종류에 속한다. 외모도 나일퍼치와 쌍둥이인 데다가 역시 1m 이상으로 자란다. 그런데 호숫가를 걸으며 어부들에게 물어보니 요즘은 잡기가 아주 힘들다는 달갑잖은 소식이다.

폭이 약 50km, 길이가 남북으로 약 650km에 달하는 거대한 탕가니카호수. 깊이 또한 바이칼호수 다음 가는 세계 2위로, 최심부의 수심이 무려 1,471m에 이른다. 호숫가에 서니 반대편이 보이지 않아 마치 바다를 앞에 두고 있는 것 같았다. 탕가니카퍼치를 노려 루어를 던지기 시작했지만 그것은 마치 모래사장에서 모래알 하나 주워 올

'안젤리나 졸리 입술'을 닮은 귀여운 시크리드 종류. 이 사진을 찍은 직후 군인에게 구속되었다.

리는 격의 공허한 행위라고 생각되었다. 결국 유일하게 탕가니카퍼치의 모습을 볼 수 있었던 것은 식당에서 튀김으로 조리된 한 토막뿐이었다.

이곳에서도 할 수 없이 소형 물고기 낚시로 변경했다. 흥미를 가지고 다가온 아이들의 안내를 받아 연안의 얕은 장소를 루어로 탐색하니 역시나 소형 시크리드 종류가 낚이기 시작했다. 어느 날, 아이들에게 이끌려 큰 콧부리 끝에서 낚시를 할 때다. 큰 바위가 수중에 박혀 있는 복잡한 지형을 띈 장소에서 스피너를 바닥까지 가라앉힌 후 천천히 감아들이는데 20cm 정도의 작은 물고기가 낚였다. 자세히 들여다보니 입술이 이상하리만큼 두꺼운 '안젤리나 졸리 입술'의 애교 있는 물고기였다.

허리를 구부려 사진을 찍고 있을 때였다. 뒤에서 한 남자가 다가왔다. 상반신이 나체인 건장한 체격이었다. 눈초리가 예리하고 어깨에 총을 메고 있었다. 아뿔싸, 이곳이 군인들에 의한 출입금지 구역이었을 줄이야! 남자는 씨익 웃으면서 끈질기게 시비를 걸어왔다. 나는 낚시도구를 몰수당할까봐 안절부절 못했다. 뜻밖에도 팔굽혀펴기를 해보라고 해서 그대로 따랐다. 이번에는 호수에서 헤엄쳐보라고 했다. "나는 수영을 못해요. 그것만은 안 돼요!" 했더니, "그럼, 4500실링(약 5800원)!" 하며 눈을 흘겨 떴다. 마음속으로 '싸다!' 생각하며 주저없이 뇌물을 건넸다. 무사 석방되긴 했지만 나는 이미 탄자니아가 싫어졌다. 슬슬 새로운 나라를 향할 때라고 생각했다.

말라위 ~ 남아프리카

공포의 남아프리카 여행을 끝내다

● ● **말라위에서의 꿀맛 같은 휴식과 엉뚱한 가라테 시범**

국경을 넘어가자 사람들의 인상이 밝게 변했다. 탄자니아에서 육로로 아프리카 대륙 종단 다섯 번째가 되는 '말라위'에 입국했을 때이다.

아프리카 남동부에 위치한 말라위는 세계최빈국의 하나로 일컬어지는 작은 나라다. 탄자니아 사람에게 "나 이제 말라위로 간다"라고 말하면 대부분 이상한 눈으로 쳐다본다. 가난한 나라인 데다가 아무런 재미도, 볼 것도 없다는 것이다. 그러나 탄자니아에 비해 말라위 사람들의 표정에는 밝은 미소가 넘쳤고 매우 사교적인 분위기였다. 거리에는 쾌적한 공기가 흘러 탄자니아에서 어지러워진 마음이 간단히 치유되었다.

조용하고 평화스런 공기가 흐르는 말라위 거리 풍경.

국경의 도시에서 버스를 세 번 갈아타고 말라위호수Lake Malawi에 도착했다. 이 호수는 아프리카 대륙을 남북으로 종단하는 거대한 계곡, 아프리카 대지구대(그레이트 리프트 벨리)의 남단에 위치한다. 남북으로 펼쳐진 580km의 가늘고 긴 호수로 아프리카에서는 3번째 크기이다. 500 종류 이상의 물고기가 서식하는데 그 대부분이 이 호수의 고유종이다. 생태계의 보고, 세상

언제나 푸르고
맑은 말라위호수.

어느 곳에서도 본 적이 없는 물고기를 찾아 이곳 말라위호수를 찾아온 것이다.

호반에 숙소를 잡았다. 방은 독립된 고상식高床式으로, 파도가 닿는 곳이다. 뒷문을 여니 곧장 푸른 호수가 펼쳐져 방에 앉아 낚시를 할 수 있을 정도다. 샤워 룸은 별도의 방에 설치되어 공동으로 사용하게 돼 있는데, 굳이 그걸 사용할 필요없이 그냥 나체가 되어 뒷문에서 호수로 이어진 계단에 앉아 밀려오는 파도를 샤워 삼아 몸을 씻으니 그야말로 날아갈 것 같은 기분. 갈대를 짜서 만든 소박한 방은 파도 소리를 들으며 편안히 잠 들 수 있는 멋진 숙소였다.

탄자니아의 호수와는 달리 루어에 반응하는 시크리드가 극히 적었다. 수중을 관찰해 보니 대부분 물고기들이 돌에 붙은 이끼류를 먹고 있을 뿐, 스피너를 하

호수의 파도에 당장 휩쓸릴 것 같은 위험한 옆 방.

큰 머리와 날카로운 이빨의 버터피시. '타이거피시'라고도 부른다.

루 종일 던져도 겨우 몇 마리 정도인 빈약한 조과가 이어졌다. 어부에게 부탁해 카누를 저어 깊은 곳으로 나가 미끼낚시를 시도해도 버터피시Butter fish라는 50cm 정도의 물고기가 전부였다.

이 호수에는 뜨겁게 몸을 달아오르게 해줄 물고기는 서식하지 않는 것으로 판단했다. 하지만 아름다운 호반의 느긋한 시간 흐름에 취해 나도 몰래 장기 체류를 해 버렸다.

어느 날, 술집에서 맥주를 마시던 중 한 남자를 알게 되었다. 내가 일본인이라고 알려주자 "당신, 가라테 할 줄 아십니까?" 하고 흥분된 표정으로 바짝 당겨 앉았다. 아프리카에서는 왠지 '일본인=가라테 전문가'라는 도식이 성립되어 있어서 나는 그럴 때마다 무조건 "예스!"라고 답하곤 했다. 아프리카 사람들 가운데 정말로 가라테를 아는 사람은 없고, 가라테 전문가라고 답하면 공격받을 확률이 줄어들 것이라고 생각했기 때문이다. 그러자 남자가 돌연 일어서더니 가라테의 품세를 보여주기 시작했다. 이전에 가라테를 배운 적이 있다면서 나더러 고급 기술을 가르쳐달라고 떼를 썼다.

무책임한 답변의 대가로 나는 엉터리 가라테 고수가 되고 말았다.

다음날부터 훈련이 개시되었다. 나는 가라테의 품세를 하나도 몰라 실전 중심의 눈속임과 급소 공격을 중점적으로 가르쳤다.

"어이, 화려한 발차기는 의미가 없어! 인간의 급소가 어딘지 알고 있나? 눈과 낭심만 노리면 돼!"

되지도 않는 설교를 하며 근거도 없는 지도를 계속했다. 곁들여 섀도우복싱을 보여주었더니 그는 완전 존경의 눈길로 나를 바라보는 것이었다. 거짓말을 하고 있는 것에 조금 마음이 걸렸지만 그의 성실한 모습은 너무도 인상적이었다. 185cm나 되는 장신에 근육질의 잘 빠진 몸매를 지닌 남자는 엉터리 가라테 수행을 수일간 계속하더니 순식간에 고수가 되고 있었다. 그러나 나는 어쩌면 눈과 낭심만을 집요하게 노리는 살인머신을 만들어낸 것인지도 몰랐다….

그렇고 그런 날들을 보내고 다시 남쪽으로 향했다. 약 300km 거리의 말라위호수 남쪽 연안의 작은 마을을 찾아드니 표고가 꽤 낮아 기후가 다소 온난하게 바뀌었다. 북부에 비해 확실히 어영도 짙었다. 카누를 저어 호수 가운데에 떠 있는 섬들로 나아가면 지금까지 본 적이 없는 아름다운 시크리드 종류가 미끼를 넣기만 하면 줄줄이 나왔다. 수일간에 걸쳐 48종의 시크리드를 구경할 수 있었다. 500종 이상의 물고기가 서식한다는 호수에서 10분의 1에 불과한 숫자이지만 처음 만나는 아름다운 보석과도 같은 어종들에 크게 만족하며 말라위호수를 뒤로 했다.

●● 경제붕괴 짐바브웨와 공포의 요하네스버그

슬슬 일본으로 귀국하는 날짜가 다가와 말라위 제2의 도시인 브란타이어Blantyre에서 남아프리카의 요하네스버그Johannesburg까지 단번에 가기로 했다. 브란타이어를 아침 9시에 떠나는 버스는 모잠비크를 넘어 심야 시각에 짐바브웨의 수도 하라레Harare에 도착했다. 경제가 붕괴해 극심한 인플레가 지속되고 있는 이 나라의 정세는 이웃 말라위에도 널리 알려져 있어서 위험하다는 얘기를 수없이 들었다.

버스에서 밤거리로 내린 순간, 장사치와 거지들에게 둘러싸였다. 주스를 파는 소년에게서 콜라를 샀더니 가격이 '200억' 짐바브웨달러라고 하는데에 그만 깜짝 놀라고 말았다. 1년 전에는 1US달러가 약 20만 짐바브웨달러였는데, 나의 방문 시점에 이르러 100억 짐바브웨달러까지 급락한 것이다. 미리 국경의 암달러상에게서 1억 짐바브웨달러 지폐를 몇 장 입수했지만 거의 종이쓰레기에 지나지 않았다.

0이 8개나 붙은 1억 짐바브웨달러 지폐. 아무것도 살수 없지만 기분은 억만장자.

브란타이어를 떠난 2일째 오후, 남아프리카 최대 도시인 요하네스버그에 도착했다. 28시간, 3개소의 국경을 넘는 대이동이었음에도 피로하지는 않았다. 아니, 극도의 긴장감으로 피로 같은 걸 느낄 여유가 없었다고 말하는 것이 좋을 것 같다.

'아파르트헤이트Apartheid' 폐지 이후, 요하네스버그에는 주변 국가로부터의 불법이민 유입이 급속히 증가해 치안이 악화되었다고 일컬어진다. 이를 싫어한 백인들은 중심부를 떠나 교외로 이동해 갔고 도시는 차츰 고스트타운화되었다. 불법이민자들이 중심부를 점령함으로써 주야를 가리지 않고 살인·강도가 발생하는데, 아마도 전쟁 중인 나라를 빼면 '세계제일의 위험 도시'일지도 모른다.

나를 태운 버스는 때마침 요하네스버그에서도 가장 위험하다는 지역, 다운타운의 버스터미널에 도착하고 있었다.

터미널로 향하는 도중, 버스에서 바라본 다운타운의 모습은 두 얼굴이었다. 근대적인 고층빌딩이 늘어섰지만 다니는 사람이 거의 없었다. 가끔 보이는 모습이라곤 남루한 옷차림의 흑인뿐, 거리는 옅은 어둠에 싸여 마치 세기말의 황폐한 도시를 보는 것 같았다.

남은 돈을 5개 장소로 분산시켰다. 복대, 목걸이식 귀중품 주머니, 바지 양쪽 안쪽에 만든 비밀주머니, 그리고 가장 간단하게 노리기 쉬

세계의 최고위험 도시 중 하나로 손꼽히는 요하네스버그의 버스 터미널 유리문. 발포로 인한 구멍이 뚫려 있다.

운 뒷주머니 지갑에는 딱 200달러를 넣었다. 강도가 납득(?)할만하고 빼앗겨도 어떻든 마음이 아프지 않을 정도의 미묘한 금액인데, 액수가 너무 적으면 강도의 화를 돋우게 된다.

버스에서 내려 터미널로 들어가려니 유리문에 발포 흔적이 보였다. 터미널 안은 경비가 엄중해 안전하다고는 하지만 아무래도 마음이 놓이지 않았다. 택시를 타고 호텔로 가려 했지만 주변에 택시정류장 같은 게 없었다. 결국 호텔로 전화를 해 마중을 나오게 했다.

호텔은 교외 고급주택가의 한 모퉁이에 있었고 장기여행자에게 적합한 요금이었다. 비교적 안전한 지역이라지만 집집마다 방범창살을 두른 채 높은 벽에 둘러싸여 있었고, 간혹 고압전선을 두른 집도 있었다. 다행히 호텔에는 세계 각국에서 온 여행객들 속에 일본인 숙박객도 많았다.

주인장으로부터 일본인 여행자를 위한 여행정보 노트를 받아봤다. 지나는 여행객들이 호텔이나 교통에 관한 정보와 체험담 등을 상세히 적어 둔 것으로, 실질적인 정보 수집은 물론 시간 때우기에도 아주 유용한 것이다. 한 장 두 장…, 어느 페이지를 넘기다가 눈이 딱 멈췄다. 요하네스버그 최악의 위험지대인 다운타운을 대담하게 방문했다가 목조르기 강도를 만난 일본인 관광객의 체험담이었다.

'경계하고 있었음에도 불구하고 뒤와 옆에서 4명이 달려들어 백주 대로에서 당했습니다. 헤드록입니다. …목이 졸려 기절한 척하는 것이 상책. 쓸데없이 저항했다가는 피해가 더 클 것으로 생각함. 주변 사람들은 반쯤 웃으며 보고 있을 뿐…. 나는 가지 말라는 만류에 더 호기심이 발동해 그곳으로 갔습니다. 그리고 다시 한 번 말합니다.

요하네스버그 교외에 위치한 고급주택 가운데는 고압전선을 두른 곳도 있다.

가지마! …공기가 달라요. 리얼 「북두의 권」(잔인한 폭력 묘사로 유명한 만화)…. 우리들은 그에 상응한 준비를 하고 있었습니다. 그래서 살아 있는지도 모릅니다!'

아무렇게 휘갈겨 쓴 글씨지만 그 공포의 체험만큼은 리얼하게 전해져 왔다. 나는 탄자니아에서 목격한 목조르기 강도 장면을 떠올리며 다시 한 번 몸서리를 쳤다.

일본을 떠난 지도 어언 76일째. 나는 드디어 아프리카 대륙의 최남서단에 위치한 희망봉에 닿았다. 대서양으로 뻗은 황량한 반도에서 아프리카 대륙 종단 여행을 끝내기로 했다. 단애에 서서 강풍에 거칠어진 대서양을 오래오래 바라보았다. 지나온 여로를 짚어보니 육로 이동의 총 거리가 1만 3천 320km! 여러 가지 희열과 사건으로 점철된 아프리카 대장정이었다.

'자, 다음엔 어디로 떠날까?'

Picture Gallery — 에티오피아

청나일강 여행 중에 만난 어린이들.

에티오피아의 농촌에서 물 긷기는 여성과 어린이의 몫.

대략 1천만 년 전의 지구 지각변동 때 생겨난 탕가니카호수에는 300종 이상의 어류가 서식한다. 필자가 낚은 것은 겨우 23종이었다.

Picture Gallery 에디오피아

Picture Gallery — 이집트

한 마리가 낚이자 주변 나일퍼치의 활성에 스위치가 들어갔다. 대형급이 연속 히트되었다.

'잡아먹히겠다!'라고 생각될 정도로 나일퍼치의 입이 너무 커 머리를 쑥 넣어보았다.

나세르 호숫가에는 전갈이 서식한다. 예리한 일격에 가이드가 당하기도 했다.

Picture Gallery
말라위 ~ 남아프리카

말라위호수의 빛나는 보석 같은 '시크리드' 종류들. 이곳에 서식하는 500여종의 시크리드 가운데 대부분이 말라위 고유종이다.

말라위호수는 일부가 세계자연유산으로 등록되어 있고 아름다운 시크리드를 감상하는 다이빙 포인트로도 인기가 높다.

Picture Gallery — 말라위 ~ 남아프리카

아프리카 대륙 최남서단의 희망봉에서 아프리카 여행이 끝났다. 케이프반도 국립공원은 아프리칸펭귄·고슴도치·타조 등 여러 가지 생물들이 서식하는 황량한 반도(半島)이다.

3 동남아시아
southeast Asia

혼탁한 강의 대마신大魔神 프라 크라벤

괴물 담수어의 천국 태국을 가다
유적지 이상의 그 무엇, 앙코르와트
정글 속 거대 인공호수 테멩고르 Lake Temengor
세계 최강의 담수어가 사는 보르네오섬
세계 괴어 집합소 '몬스터레이크'

태국

괴물 담수어의 천국 태국을 가다

●●● 반파콩강의 두 평짜리 가오리를 찾아서

2005년 11월, 나는 태국의 수도 방콕에서 버스로 두 시간 거리인 챠춘사오Chachoengsao라는 도시에 체류 중이었다. 이 작은 시골 도시에는 타이만灣으로 향하는 챠오프라야강과 반파콩강이 나란히 흘러들어 이 강물을 이용한 새우, 바라만디 양식이 성행했다. 3년 전부터 알고 지낸 '쟈크리트'라는 낚시 친구가 살고 있어 태국을 방문할 때마다 항상 그의 집에 머물며 낚시 삼매경에 빠진 나날을 보내곤 했다.

그날도 끈적거리며 들러붙는 습한 더위를 참지 못해 쟈크리트는 작은 레스토랑에서 맥주를 찔끔찔끔 마시고 있었다. 쟈크리트의 친구이자 낚시광인 '오므'라는 청년이 가족과 함께 경영하는 레스토랑인데, 그가 내 온 태국 맥주인 '비어챵'의 병이 차례로 비어갔고, 주변을 둘러싼 태국어의 달콤한 울림이 녹을 듯 귓속으로 들어와 나의 시선은 기분 좋게 흔들리고 있었다.

태국어를 전혀 몰라 무슨 말을 하는지 확실히 알 수는 없었지만 어느덧 두 낚시광의 화제는 내가 목표로 하는 괴어에 대한 이야기로 이미 번진 듯했다. 무엇인가 오므를 설득하려는 쟈크리트. 곁눈질로 훔쳐 본 오므의 표정이 조금씩 어두워져가는 것을 느낄 수 있었다. 달짝지근한 태국 요리를 입에 넣으면서도 나의 촉수는 불길한 예감에 쭈뼛 서 있었다. '베스트 시즌은 이미 지났다는 뜻인가?'

이곳 괴물의 존재를 처음 알게 된 것은 당시로부터 약 2년 전인 2003년. 쟈크리크가 불현듯 보내준 한 통의 이메일을 통해서였다. 태국 어류도감에 의하면 꼬리 길이를 포함한 최대 전장이 5m, 중량이 500kg에 다다르는 거대 가오리! 현지에선 프라 크라벤 *Himantura Chaophraya*이라 불렸다. 당시 이메일의 내용은 '열 사람이 교대로 잠을 자면서 19시간이나 싸웠지만 낚싯대를 부러뜨리고 도망갔다'라든가, '바늘을 빼려던 친구가 놈에게 물려 손가락이 잘렸다' '독침에 찔려 한 달을 입원했다'는 등등, 낚시꾼의 허풍이라고 하기엔 다소간 섬뜩한 내용 일색이었다. 처음 글만 봤을 때는 '태국 낚시꾼 허풍도 보통은 아니구만!' 하며 내심 비웃었지만 첨부된 사진을 열어보고는 입을 다물 수가 없었다. 사진 속 오므가 족히 2평 넓이는 될 것 같은 말도 안 되는 거대 가오리를 끌어안은 채 잔뜩 미소를 짓고 있었던 것이다. 하지만 감탄도 잠시, 그 압도적인 존재감에 홀려 '언젠가 이 괴물을 직접 낚아봐야지!' 하며 나도 모르게 다짐의 주먹을 쥐고 있었다.

　그로부터 2년. 챠춘사오에 도착하자마자 쟈크리트에게 그 거대 가오리에 대해 물었다. 그런데 자신은 최근 경험이 없어 잘 모르겠다며 가오리낚시의 1인자라 소개해 준 것이 바로 오므였다. 그리고 바로

돌처럼 단단한 '프라 크라벤'의 턱뼈와 독침처럼 무서운 꼬리뼈.

지금, 오므의 냉철한 분석이 나와 쟈크리트의 설득에 맞서고 있는 것이다.

"쟈크리트, 너도 알다시피 거대 가오리의 시즌은 수위가 낮아지는 12월부터 4월까지야. 건기가 시작되는 지금 11월은 아직 수위가 완전히 낮아지지 않아서…. 솔직히 말해 지금은 어려울 것 같은데…."

나는 쟈크리트의 영어 통역 설명을 들으며 다소간 실망하면서도 태국어로 들릴 듯 말 듯 중얼거렸다. "마이펜라이(괜찮아, 문제없어)!" 그 작은 목소리에 머나먼 이국땅에서 온 낚시꾼의 마음이 전해진 것일까. 나의 어설픈 태국 말에 오므는 순간 표정을 밝게 지으며 단숨에 맥주를 들이켰다. '그래, 여기는 미소의 나라 타일랜드 아닌가. 해보지 않으면 모른다. 혹시 실패라 해도 마이펜라이다!' 어느새 우리들은 거대 가오리 프라 크라벤을 찾기 위한 내일의 계획을 짜고 있었다.

다음날 아침, 쟈크리트의 자동차로 반파콩강에 도착하니 오므가 '고프'라는 남자와 함께 이미 강변에 앉아 우리를 기다리고 있었다. 준비된 장비를 보는 순간, 평소 낚시에 대한 내 신념(?)에 잠시 파문이 일었다. 물고기와의 지략 대결이야말로 낚시가 주는 즐거움의 백미라 여겼건만, 이곳 거대 가오리를 낚기 위해 필요한 것은 오로지 강인한 도구와 체력, 그저 그것뿐이라는 생각이 들었다.

담수어라고는 하지만 중량이 100kg을 훨씬 넘다보니 거대 가오리용 태클은 마린 낚시용 트롤링 낚싯대와 릴, 어린 아이 하나쯤은 거뜬히 매달 수 있을 것 같은 두꺼운 나일론 낚싯줄, 그 끝에 견고함을 더하기 위해 약 1m 길이의 와이어 목줄을 묶었다. 그리고 아주 굵은 바늘을 두 개 달았다. 미끼는 호쾌하게도 25cm 크기의 살아있는 가물치! 첫 번째 바늘은 입에, 또 하나의 바늘은 복부에 꿰는 것이지만 미끈한 가물치가 심하게 버둥거려 바늘 꿰기가 만만치 않았다. 오므가 도와주려고 했지만 나는 의도적으로 그 호의를 거절했다. 이유인즉, 손님 접대가 극심한(?) 이 나라에서는 채비 준비에서 미끼 달기, 캐스팅은 물론 심지어 챔질까지 모든 것을 대신해 주고 외국인은 오로지 물고기의 당길 힘만 즐기는 것이 일반적이기 때문이다. 처음부터 의사를 또렷이 밝히지 않으면 온전한 결투의 참맛을 느낄 수 없게 되는 것이다. 물론 그런 결연한 의지가 오래 가지는 못했지만 말이다….

아무튼 미끼는 어떻게 겨우 달았는데 채비를 강물에 투입하는 단계에서 도저히 혼자서는 할 수 없는 상황이 발생했다. 다소 황당하게 들리겠지만 너무도 큼직한 채비라 그냥 던져 넣을 수가 없어 작은 배에 싣고 강 가운데로까지 옮겨야 했다. 한 손엔 릴을 들고 다른 한 손으로 낚싯줄을 내보내고, 배를 젓고, 배에서 미끼를 수중에 가라앉히고… 이렇게 채비를 투입하는 단계에만 이미 3명의 협동이 필요했다. 온전히 혼자서 괴물의 진수를 느껴보려던 나의 야심차고 순진했던 목표는 어느새 산산조각이 나고 있었다.

릴을 들고 조금씩 낚싯줄을 풀어주자 오므와 그의 일을 돕는 꼬마가 플라스틱 보트를 50m 정도 저어 미끼를 강심으로 운반했다. 거대 가오리의 사냥감이 될 가물치가 반파콩강의 바닥으로 서서히 가라앉았다. 낚싯대를 콘크리트 사이에 끼워 세우고 드랙 조절에 들어갔다. 다시 육지로 돌아온 오므가 강바닥으로 이어진 낚싯줄 중간에 물을 넣은 풍선을 고무줄로 묶어 달았다. 거대 가오리가 미끼를 공격하면 '흔들흔들' 풍선이 상하로 흔들려 전투 개시의 신호가 되는 것이다.

이후로는 그저 가만히 '때'를 기다리는 것뿐이다. 연이어 내리쬐는 살인적인 태양에 피부를 익혀가며 거대 가오리를 기다린다. 주변 풍경은 평화롭기만 하다. 폭 200m 정도의 강변

거대 가오리를 낚기 위한 낚싯대와 풍선 채비.

남색의 집게발이 유난히 긴 반파콩강의 징거미. 낚시에도 잡힌다.

에는 고상식高床式 가옥이 늘어서 동남아시아 특유의 느긋한 여유가 흐른다. 어디를 봐도 수심 깊숙한 곳에 괴물이 도사리고 있을 것 같지가 않다. 두 시간 정도 흘렀을까. 인내심의 한계에 도달한다. 작은 물고기라도 낚아 기분을 풀어볼까….

시장에서 산 작은 새우를 미끼로 '프라마'라 불리는 놈을 노리기로 한다. 역시나 재미가 쏠쏠하다. 낚이는 고기 종류도 많다. 특히 이곳 징거미는 집게발이 어색할 정도로 거대하게 발달한 것이 눈길을 끈다. 개중에는 집게발 크기를 합쳐 60cm가 넘는 대물도 있다고 한다. 게다가 녀석의 집게발은 광택이 도는 남색으로 매우 아름다워 그 색깔과 크기만으로도 낚시꾼의 환심을 사기에 충분하다.

낚싯대 초리에 나타나는 큰 입질은 징거미가 거대한 집게발로 미끼를 잡았다는 신호! 이어 낚싯줄이 천천히 당겨지는 것은 미끼를 붙들고 서식처로 이동하려 할 때이다. 이후 징거미가 미끼를 입에 물면 낚싯줄의 움직임이 멈추고 잠시 침묵의 시간이 흐른다. 보통은 이때가 챔질 타이밍이지만 매우 미묘하고도 변화무쌍한 입질 양상이 많아 정확한 타이밍을 포착하기가 쉽지 않다.

반나절이 지나자 징거미낚시도 슬슬 싫증이 났다. 거대 가오리를 기대하고 모여 있던 구경꾼들도 서서히 흩어졌다. 고프는 나무 그늘에서 낮잠을 잤다. 쟈크리트와 오므는 그저 잡담을 나누고 있었다. 나까지 더위에 지쳐 맥주를 마시며 널브러졌을 무렵, 그 누구도 '대마신大魔神' 프라 크라벤 따위엔 관심도 없는 분위기가 되어버렸다. 하지만 꾼이란 무릇 무욕無慾을 가장하며 대욕大慾을 키우는 법! 맥주에 취해 시야가 흔들리는 동안에도 곁눈질로는 물풍선에서 한시도 시선을 떼지 않았다. 어느덧 그러한 긴장감마저도 느긋한 시간의 흐름에 서서히 녹아들고 말았다. 결국 첫날은 아무 일 없이 그렇게 지나갔다. 반파콩강에 해가 저물고 다시 오므의 레스토랑에 돌아온 나는 더위와 맥주에 취한 채 가게 2층에 올라가 쓰러져 잠이 들었다.

다음날도 낚시는 계속 됐다. 아침부터 느슨해진 시간의 흐름은 혹시 이 분위기가 영원토록 계속되지 않나 걱정이 될 정도였다. 그 누구도 낚시를 하고 있다는 사실을 잊어버린 것처럼 긴장감이라곤 찾을 수 없었다. 그런데 웅?! 무심결에 돌아보니 물풍선이 아래위로 흔들리고 있었다. '흔들흔들' 상하로 움직이는 단조로운 모습과는 달리 단숨에 주의는 긴장감에 휩싸였다. '지금일까?' 잽싸게 낚싯대에 손을 올리는데, 오므가 나를 제지하고는 낚싯줄을 손으로 조금씩 당겨가며 상황을 예의 주시한다. 잠시 후 오므의 표정에서 긴장감이 사라지고 고개를 가로저으며 중얼거린다.

"이미 갔어."

엄청나게 무거운 릴을 들어 올려 채비를 거둬들였다. 수압의 저항을 받는 커다란 채비로 인해 릴을 감는 것조차 노동이었다. 땀이 얼굴을 타고 뚝뚝 땅 위로 떨어졌다. 그리고 드디어 수면에 나타난 채비를 본 순간, 나는 그만 얼어붙고 말았다.

"아, 두 동강이 났네…."

미끼로 사용한 메기의 머리 부분부터 그 아래가 싹둑 잘려나간 것이 아닌가! 전날 미끼로 사용했던 가물치보다 가격이 싼 메기를 사용한 탓이었을까. 25cm 메기의 단단한 머리 부분이 단칼에 베인 듯

괴물의 입질에 생미끼로 사용한 메기의 몸통이 잘려 나갔다.

사라지고 없었다. 오므는 "프라크라벤이 먹었군…." 하며 아쉬운 한숨을 토했다. '녀석은 대체 어떤 괴물이란 말인가?' 보지도 못한 놈의 위용에 압도되는 순간이었다.

그로부터 2시간 후에 두 번째 입질이 왔다. 언제나 그렇듯이 대어는 마치 기다리기라도 한 것처럼 상대가 방심하고 있을 때 나타난다. 나는 아주 잠시 자리를 떠나 점심을 먹고 있었다. 식당은 강에서 50m 밖에 떨어져 있지 않았고, 쟈크리트와 고프의 입질 감시 약속만 믿고 오므와 함께 편안히 식사 중이었다. 입안 가득히 튀김빵을 우물대고 있는데 돌연 오므의

휴대전화가 울렸다.

어딘가 가볍고 어설픈 듯 타이 팝송의 착신음과는 대조적으로 한두 마디 대화가 수화기를 통해 오가던 중 오므의 얼굴이 갑자기 찡그려졌다.

"타케, 가자!"

이유도 모른 채 오토바이 뒷좌석에 오르자 오므가 외쳤다.

"프라 크라벤!"

●● 대마신大魔神 프라 크라벤과의 전투 개시

민가에 뚫린 좁은 길을 날 듯이 달려 50m를 단번에 완주했다. '끼이익!' 하며 강변에 오토바이 브레이크의 파열음이 울렸다. 낑낑대며 낚싯대를 붙잡고 있는 고프의 모습이 먼저 눈에 들어온다.

"타케, 빨리해!"

오토바이에서 뛰어내려 곧바로 낚싯대를 넘겨받았다. 이미 낚싯줄이 엄청난 기세로 릴에서 풀려 나가는 중이다. 거대한 놈이라는 걸 직감하고 드랙을 힘껏 조인다. 순간 나도 몰래 비명이 새어 나왔다. "으아아앗!" 거대한 가오리에게 끌려 샌들의 바닥에서도 '지이익!' 하는 비명이 동시에 울렸다. 신발 밑창이 미끄러운 탓에 자꾸만 강으로 빨려 들어갈 것만 같은데, 일행들이 내 몸을 붙잡아 겨우 지탱하며 릴 드랙을 조절한다.

잠시 후 가오리의 돌진 속도가 조금 수그러들었다. 하지만 녀석은 마치 바이스Vice를 조이 듯 낚싯줄을 끌어가고 있었다. 도무지 지칠 것 같지 않은 녀석의 저항에 공포감이 엄습했지만 그것은 이번 싸움의 서막에 지나지 않았다.

무리할 거 없이 낚싯줄을 어느 정도 끌고 가게 여유를 주자, 놈은 끝없이 차고 나갔다. 50m… 70m… 100m까지. 그리고선 강바닥에 철썩 붙어 앉았는지 꿈쩍을 하지 않았다. 우리는 함께 하류로 따라

드디어 괴물과의 전투가 벌어졌다. 낚싯대를 사타구니에 끼우고….

내려가면서 가능한 한 녀석과 가까운 육지에 진을 치기로 했다. 그 자리야 말로 진정한 전쟁터가 될 '터'였다. 납작한 몸으로 바닥에 붙어 전혀 움직이지 않는 거대 가오리. 반파콩강의 수심은 20m를 넘기 때문에 녀석이 받는 수압만으로도 대단한 무게였다. '도대체 어떻게 해야 이 괴물을 띄울 수 있을까?' 초조함 속에서 머릿속은 더욱 더 복잡해졌다.

결론은 혼신의 힘을 다해 낚싯줄을 그저 계속 감는 것뿐! 이런 낚시는 난생 처음이다. 내 생에 가장 기억에 남는 조행은 아마존의 거대 식인 메기인 '쟈우'와의 한판 승부. 하지만 그때에는 상대가 물고기라는 최소한의 감촉은 있었다. 그런데 이번 싸움은 차원이 다르다. 마치 큰 바위를 강바닥에서 끌어올리는 느낌이랄까.

온 체중을 실어 낚싯대를 당기고 순간적으로 낚싯줄을 감아 올린다. 온몸의 근육이 팽팽히 부풀고 뼈에서는 삐걱 소리가, 모든 모공에서는 땀이 분출되는 듯한 고통이 계속된다. 아주 조금씩 낚싯줄이 감기긴 하지만 괴물은 여전히 강바닥에서 꼼짝을 하지 않는 상태다.

한 번의 펌핑으로 낚싯줄을 감을 수 있는 것은 단 몇 바퀴. 풀려 나간 낚싯줄의 길이를 생각하면 그 끝이 보이지 않는다.

30분쯤 지났을까. 정신을 차리고 주변을 둘러보니 어느새 구경꾼들이 강변에 줄지어 진을 치고 있었다. 40명은 족히 넘어 보였다. 모두가 나의 절규와 탄식과 한숨에 귀를 기울이며 서로에게 뭔가를 속삭이는 것 같았다. 마치 동물원의 원숭이가 된 것 같았지만 극도의 피로와 불안 속에서도 짐짓 여유롭게 보이고자 치아를 드러내며 억지웃음을 지었다.

바로 그때였다. "으앗!" 사타구니에 찾아온 갑작스런 통증으로 난 그만 소리를 지르고 말았다. 낚싯대를 몸에 고정하는 하네스와 낚싯대 사이에 사타구니의 중요 부분이 끼여 버린 것이다.

"타케, 왜 그래?"

쟈크리트와 오므가 걱정스럽게 나의 얼굴을 들여다봤다.

"거기…, 끼였어!"

나의 대답에 오므가 장난스럽게 군중을 향해 태국말로 외쳤다.

"이푼(일본인), 카이(고환)! @#$%&*~!!"

"와하하핫!"

군중 속에서 갑자기 웃음의 소용돌이가 일었다. 분명 태국말로 나

마른침을 삼키며 괴물과의 싸움을 지켜보는 수많은 구경꾼들.

의 상황을 우습게 설명하고 있는 듯했다. 나의 비참한 상황은 아랑곳없이 이미 분위기는 코미디 극장으로 변해버리고 말았다. 그 창피함과 고통 때문이었을까. 시간의 흐름을 가늠할 수가 없었다. 특히나 낚시에서 사투를 벌이는 시간의 길이는 낚시인의 심리 상태에 의해 좌우되지 않던가! 몽골에서 처음 115cm의 '타이멘'을 낚았을 때 실제 소요시간은 10분 정도였지만, 나는 타이멘에 대한 강렬한 인상 때문에 무려 1시간 이상을 싸운 듯한 느낌이었다. 이번 거대 가오리와의 싸움은 그것과도 완전히 차원이 달랐다.

이토록 시간의 흐름이 느릴 수 있을까? 낚시를 떠나 인간이 가장 시간의 흐름을 느리게 느끼는 것은 아마도 고통의 순간일 것이다. 바로 이 순간 내가 느끼고 있는 것이 바로 그 '고통'이다. '내가 낚시를 하면서 고통을 느끼다니…' 생각이 이쯤 이르자 누군가 대신해주길 바라는 마음까지 생겼고, 몇 번이고 낚싯대를 놓으려 했다. 하지만 막다른 고통의 순간마다 생각을 고쳐먹고 다시 전의를 불태웠다. '최후까지 혼자 싸워 나가야지….'

어느덧 괴물과의 거리는 약 30m로 가까워졌다. '탁한 물속에 가라앉은 낚싯줄의 저 끝에 과연 괴물이 있긴 할까?' 갑자기 의심이 들기도 했다. 거대 가오리는 다시금 강바닥에 들러붙어 더이상 무슨 짓을 해도 미동조차 하지 않았다.

"배에 타고 바로 위쪽에서부터 잡아당기자! 힘을 가하지 않으면 안 움직일 거야!"

보다 못한 오므의 조언에 나도 전적으로 동의해 배로 이동하기로 했다. 그러나 작은 플라스틱 보트가 운반되어 왔을 때 구명조끼를 쟈크리트의 집에 두고 온 것이 생각났다. 배가 전복될 위험이 높은데 나는 수영을 전혀 못한다. 이전에도 누군가 가오리를 잡다가 배가 가라앉은 일이 있었다고 하니, 참으로 난감한 상황 아닌가! 어쩔 수 없이 낚싯대를 오므에게 넘겼다. 비록 손이 닿을 거리까지 다가오긴 했지만 혼자만의 힘으로 끌어올리려던 다짐은 포기할 수밖에 없었다. 그렇다고 놈을 포기할 수도 없었다.

"꼭 낚아줘!"

모두의 기대와 나의 패배감을 싣고 배가 전진했다. 오므는 거대 가오리가 돌연 달려나갈 것에 대비해 릴의 드랙을 풀어 두고 거리를 조금씩 좁혀갔다. 드디어 거대 가오리의 위쪽 수면에 다다르자 낚싯대를 들고 내 쪽을 바라봤다. 그 순간, 순진한 시골 청년의 눈동자가 위엄 있고 진지하게 반짝이는 것을 보며 놀라지 않을 수 없었다. 한 번 크게 호흡을 고른 후 그는 혼신의 기운을 다해 낚싯대를 힘껏 당겨 올렸다. 두꺼운 낚싯대가 깊게 구부러진 것만으로도 상당한 힘이 느껴졌다. 뱃전에 낚싯대가 쓸리며 '끼긱끼긱' 심상찮게 울림을 퍼뜨린다. '아, 저러다가 부러지는 것 아닌가?' 그렇게 불안한 몇 분이 흘렀다. 그 전까지 전혀 미동도 하지 않던 거대 가오리가 갑자기 부상하여 헤엄을 치기 시작했다. 오므가 이쪽을 향해 큰소리를 지르자, 모두가 동시에 작은 배에 묶인 로프를 끌어당기기 시작했다. 동시에 오므는 엄청난 기세로 릴을 감기 시작했다.

드디어 거대한 가오리가 '첨벙!' 하고 수면을 가르며 한순간 모습을 드러냈다. "와아아~!" 하고 동시에 탄성이 울렸다. 그러나 진정한 전투는 이제부터! 150kg는 족히 넘어 보였다. 억지로 기슭까지 끌어낼 수야 있겠지만 수심이 무려 2m. 이 괴물을 어떻게 들어 올릴 것

거대한 가오리를 끌어내기 위해 일행이 물속으로 뛰어들었다.

인가가 문제였다.

  육지에 올라온 오므는 작은 배로부터 로프를 풀어 그 끝을 나에게 건넸다. 그리고 티셔츠를 벗어버리더니 강으로 뛰어들어 로프의 다른 한쪽을 잡고서 물속으로 사라졌다. 로프를 거대 가오리의 콧구멍에 통과시켜 잡아 당겨 올린다는 작전이었다. 때때로 수면에 부글부글하고 거품이 올라오고, 강바닥에서 무언가가 일어나고 있는 것이 느껴졌다. 그 은근한 조용함이 오히려 너무도 불길했다. '괜찮은 걸까? 혹시 독침에 당하지는 않을까?' 괴물의 꼬리에는 미늘이 달린 큰 독침이 붙어 있다. 찔리면 빼기도 쉽지 않을 뿐더러 때마침 녀석이 헤엄쳐 나가기라도 한다면 익사의 위험성도 높다.

드디어 품에 안은 반파콩강의 괴물 가오리 (프라 크라벤). 150kg 오버!

바로 그 순간, "우워어어~!" 하는 야수의 포효와 함께 오므가 수면을 가르고 떠올랐다. 근심에 찬 눈으로 바라본 오므의 팔은 마치 채찍에 찍힌 것처럼 새빨갛게 부어 있었다. 녀석의 꼬리에 당한 것인가. 거대 가오리의 꼬리에는 단단한 가시가 수없이 돋아 있어서 매우 위험하다. 오므의 얼굴은 이미 공포로 질려 있었다. 하지만 거대 가오리의 콧구멍에 로프는 통과시킨 상태. 이제 남은 것은 괴물을 잡아당겨 끌어올리는 일뿐이었다. 우리들은 모두 힘을 다해 로프를 잡아당기기 시작했다. 군중 속에서 아이들까지 달려 나와 힘을 더했다.

"영차, 영차!" 그것은 이미 낚시라기보다는 그물을 끌어당기는 어부들의 그것과 흡사했다. '아무튼 빨리 보고 싶다. 이 손으로 꼭 괴물을 안아보리라!' 속으로 중얼거릴 땐 혼자서 낚아 올리겠다던 처음의 포부는 까마득히 잊고 있었다. 점점 거대 가오리가 그 위용을 드러내기 시작했다. 나도 티셔츠를 벗어버리고 강물에 뛰어들었다. 그리고 오므와 둘이서 그 괴물을 안아 올리며 기쁨에 절규했다. 하네스에 끼여 피가 난 사타구니에 물이 들어가면서 찌릿한 통증이 있었지만 그런 고통쯤은 아무래도 좋았다.

드디어 내 품에 안긴 반파콩강의 괴물 가오리, 프라 크라벤! 족히 150kg 이상급이었다.

●● 심상치 않은 두 번째 기운

거대 가오리를 잡은 지 닷새째. 나는 여전히 쟈크리트의 집에 머물고 있었다. 태국의 시골 도시에서의 식객 생활은 작열하는 태양 아래 아이스크림처럼 녹아 흐물흐물 지나가고 있었다. 쟈크리트의 양친은 양식업자들에게 새우 알을 공급하는 회사를 운영하여 태국에서는 비교적 유복한 가정이었다. 머리가 좋고 항시 일에 몰두하는 모친과 하루 종일 여유롭고 느긋한 부친. 태국 사회의 전형적인 가정 형태다. 이런 환경에서 자란 쟈크리트 또한 모친의 원조로 집 한쪽에 낚시점을 열고서 종일 느긋하게 손님을 상대하거나, 틈날 때마다 낚시를 즐기는 나날의 연속이었다. 나 또한 그와 함께 뒹굴며 시간을 보냈지만 나름대로의 역할은 있었다. 낚시점에는 그를 좋아하는 많은 루어 낚시인들이 찾아왔는데, 일본 낚시꾼인 나는 그쪽에선 아주 진귀한 말상대로 부족함이 없었다. 그들은 특히 일본 낚시제품에 대한 관심이 많았고, 그래서인지 모든 것을 나에게 잘 맞춰주는 편이었다. 그런 호의에 당연히 편안함을 느꼈고, 나처럼 놀기 좋아하는 남자에게는 천국 같은 나라로구나 하는 생각이 들었다. 다시 태어날 수 있다면 태국 남자로 태어나자!

그렇게 즐기며 하루하루를 보내던 어느 날, 오므가 다시 가오리낚시를 제안했다. 거대 가오리의 압도적인 모습을 한시도 잊을 수 없었기에 마다할 이유가 없었다. 언젠간 꼭 혼자서 거대 가오리를 낚아 올리겠다는 나의 야망이 다시 꿈틀거리는 순간이었다. 바로 다음날, 반파콩강 기슭에는 다시 마련 낚시용의 낚싯대가 아침부터 미동도 하지 않고 서 있었다. 이미 태양은 반파콩강에 수직으로 뜬 상태. 쾌청한 하늘에서 내리쬐는 햇볕은 강렬했지만 강변에 부는 건조한 바람에 기분은 좋았다.

이날 조행엔 쟈크리트·오므·코프 등 이전 멤버에 더해 쟈크리트의 친구인 오우 씨, 그리고 태국 주재 일본인 낚시꾼인 A씨가 동참했다. 6명 일행에 구경꾼까지 더해져 낚시터는 전보다 소란했다. 정겨운 잡담과 웃음꽃이 피는 평화로운 시간이 흘렀다. 언제나 그렇듯 '사건'은 그렇게 평화 속에서 어떠한 조짐도 없이 다가온다. '지이이익!' 돌연 릴이 비명을 질렀다. 낚싯줄이 사정없이 끌려 나갔다. 급히 낚싯대를 붙잡고 두세 번 힘차게 챔질을 반복하는 것으로 전투 자세를 취했지만, 이에 아랑곳없이 풀려나가는 낚싯줄은 이미 통제 불능 상태였다. 흩날리듯 풀려나가는 낚싯줄을 그저 멍하니 바라보고 있자니 어느새 서서히 움직임이 멈추고 있었다. 거대 가오리가 방향을 바꾼 것이다.

"지금이야, 빨리 낚싯줄을 감아!"

샤크리트의 외침에 나도 모르게 미친 듯이 릴의 핸들을 돌렸다. 낚싯줄이 점점 릴에 감기는 것이 느껴졌다. 지난번 괴물에 비해 릴 감기가 한결 수월한 느낌이어서 '스몰 사이즈!'를 나직이 외치면서 모두에게 안심하라는 뜻으로 수줍게 웃었다. 하지만 그 웃음도 잠시, 내 여유로운 미소는 연안 40m 지점에서 가오리와 함께 멈추고 말았다. 거대 가오리가 다시 강바닥에 붙어버린 것이다. '괜히 여유 부리다가…' 뇌리엔 부끄러움을 넘는 충격이 느껴졌다.

더 이상 기슭에서는 어찌할 수가 없다고 느낀 우리들은 지난번처

물에서 싸우다가 보트로 옮겨 탔다.

럼 다시 배를 이용하기로 했다. 이번에는 지난 번 플라스틱 보트보다 안정성이 높은 어부의 배. 구명조끼도 잊지 않고 챙겼기에 그야말로 만반의 준비였다. 하지만 막상 배에 한 걸음을 내딛자 불안한 느낌은 마찬가지였다. 흔들리는 가늘고 긴 배가 불안했지만 모두가 보고 있는 앞이라서 용감하게 올라탔다. 거대 가오리가 바닥에 납작 붙은 것으로 추정되는 지점 바로 위에 배를 멈추고 깊게 숨을 들이마셨다. 드디어 전투 시작이다.

막대기처럼 투박한 낚싯대가 극도로 구부러져 당장이라도 부러질 것 같아 정신이 혼미할 지경이었다. 하지만 이 상황에서 가장 큰 문제는 낚싯줄이 끊어지는 것. 그럴 경우 엄청난 기세로 낚싯대가 안면으로 튕겨 오를 것이다. 생각만 해도 끔찍한 일이다. 이에 무의식적으로 얼굴을 몸의 중심에서 비켜가며 싸움을 진행했다. 젖 먹던 힘까지 다했음에도 놈은 꿈쩍도 안했다. 낚싯대를 양 발에 사이에 끼우고 마지막 혼신의 힘을 쏟아 부었을 때에는 사타구니의 통증을 도저히 견딜 수가 없었다. 한 시간의 격투 끝에 결국 '기브업!'을 선언, 원군을 요청했다.

2번 타자는 오므였다. 약간의 군살이 있지만 강인한 몸매를 지닌 오므라면 성공하리란 생각이 들었다. 하지만 20분 정도 기를 쓰며 악전고투하던 오므가 내뱉은 말은 '스페셜 사이즈!' 결국 그도 어깨를 늘어뜨리고 기슭으로 돌아왔다. 그 후에도 3번 타자 코프, 4번 타자 A씨가 연속으로 교대해 도전했지만 모두가 항복의 신음을 뱉으며 어깨를 늘어뜨렸다.

하이라이트는 5번 타자로 나선 오우 씨. 오우 씨는 도전한 지 얼마 되지 않아 돌연 단말마의 비명을 지르며 낚싯줄 감기를 멈췄다.
"으악~!"
그것은 분명 하네스에 사타구니가 끼었을 때 날 만한 소리였다. 경험으로 나는 바로 알아챘지만, 다른 일행들은 모두 소스라치듯 놀랐다.
"왜 그래?!"
"거기가 아파서 더 이상 안 되겠어!"

예상된 오우 씨의 중얼거림에 일순간 긴장을 깨는 웃음꽃이 울려 퍼졌다. 잘생기고 부자인 데다가 태국에서는 전형적인 꽃미남 캐릭터인 오우 씨가 결국 사타구니를 움켜쥐고 비틀비틀 기슭으로 돌아오는 모습은 정말로 웃음을 참기 힘든 광경이었다.

●● 릴 고정 볼트 4개를 한꺼번에 파괴한 4m짜리 가오리

다음은 6번 타자. 누구 차례일까? 이젠 그 누구도 낚싯대를 잡으려 하지 않을 때였다. "이제 너밖에 없어!" 하는 일행들의 지시에 등 떠밀려 다시 오므가 '총대'를 잡았을 땐, 결국 최악의 사태가 발생했다. 너무 당기기만을 계속한 때문이었을까? '빠직!' 하는 파열음이 크게 울리더니, 낚싯대에 릴을 고정해 주는 볼트가 단박에 부서져 나갔다. 직경 5mm의 볼트가 너무 오랜 시간 동안 많은 힘을 받아 4개가 모두 반 토막이 난 것이다. 구경꾼들이 무슨 일이냐며 수군 거리는 동안, 괴물의 주둥이로부터 약 30m 정도 길이에서 낚싯줄을 잘라 예비용 릴에 다시 감는 식으로 응급처치를 마쳤다. 하지만 우리들 대부분은 상황을 이미 절망적으로 보았다.

가오리와의 싸움에서 부러져 나간 릴 고정 볼트.

그렇게 다시 몇 분이 흘렀을까. 그토록 공을 들여도 미동조차 않던 거대 가오리가 갑자기 떠오르기 시작했다. 그때부터는 그야말로 순식간! 마치 비행기가 착륙하듯 선착장 경사면까지 녀석이 올라왔다. 첫 입질이 있은 후 2시간이 경과한 무렵이었다.

진행 과정을 계속 지켜보고 있던 구경꾼 틈에서 한 사람이 로프를 전했다. 로프를 받은 오므가 피로한 모습으로 티셔츠를 벗고 다시 수중으로 잠수! 목숨을 걸고 흐린 물속으로 사라져가는 오므의 모습을

헤엄치며 노는 모습이 아니다. 가오리와의 싸움에서 위험을 무릅쓴 '오므'의 위대한 모습.

 지켜보자니 그의 안위를 비는 기도가 절로 나왔다. 잠시 후 수면으로 떠오른 오므는 "로프를 뀄다!" 외쳤고, 이번엔 위험한 독침을 잘라버리기 위해 펜치를 들고 다시 물속으로 사라졌다. 그리고 오므가 두 번째 떠올랐을 때를 기다려 모두가 로프를 잡아당기기 시작했다.

 드디어 두 평을 훨씬 넘는 괴물이 수면 위로 그 위용을 드러냈다. 군중들로부터 경탄의 외침이 울렸다. 계측해 보니 몸통 폭이 무려 202cm! 줄자의 길이가 모자라 정확히 계측할 수는 없었지만 꼬리를 포함한 전장은 분명 4m가 넘어보였다. 그야말로 반파콩강의 '대마신大魔神'이었다.

 거대 가오리의 존재는 말 그대로 압도적이었다. 고상식高床式 가옥이 늘어선 평화로운 시골 강변의 풍경 속에서는 이질감마저 느껴질 정도다. 우리들은 차례로 물속에 뛰어들어 대마신을 함께 안아 올렸다. 너무도 엄청난 중량감에 찌부러질 듯 눌리면서 '이번에도 혼자서 낚는 건 역시 무리였구나' 하며 당

두 번째 올린 반파콩강의 괴물 가오리. 첫 번째 낚은 것보다 훨씬 큰, 폭 202cm에 꼬리 포함한 전장이 400cm에 달했다.

손으로 잡으면 피부에 통증이 온다. 단단한 가시가 무수하게 돋은 프라 크라벤의 꼬리.

연한 한숨을 내쉬었다. 친구들이 있어 이 거대한 괴물을 만날 수 있었으리라! '나의 한계를 알게 되었을 때, 동료가 존재한다는 것을 안다'는 말처럼-. 모두가 힘을 합쳐서 낚아 올린 대마신. 어느새 나의 패배감은 모두의 웃음 속에서 희미해져 가고 있었다.

반파콩강의 '대마신(大魔神)'이라 이름 붙인 괴물 가오리. 폭 2m, 길이 4m 이상이라는 것 외에 중량은 잴 방법이 없었다.

이 한 마리를 올리기까지 힘을 모아준 모든 이들과 함께.

캄보디아
유적지 이상의 그 무엇, 앙코르와트

●● 수로와 저수지로 둘러싸인 세계문화유산

2006년이 저물어 갈 즈음, 또다시 태국에 체류한 나는 쟈크리트의 집에서 여전히 식객 생활을 했다. 2006년 마지막 날 밤, 맥주에 취해 이국의 연말 정취를 한껏 즐기고 있는데 갑자기 쟈크리트와 그의 부인인 케이가 심각한 얼굴로 와 TV를 켰다. '방콕에서 동시다발 폭탄테러 발생!' 동일한 내용의 뉴스들이 모든 채널에서 반복되고 있었다.

'미소의 나라 태국에서 어찌 이런 일이…' 나는 놀란 가슴을 쓸어내리며 생각했다. 더구나 사건 발생 지역은 쟈크리트의 집에서도 그리 멀지 않은 곳. 쟈크리트는 평소처럼 '마이펜라이(괜찮아, 문제없어)!'라고 중얼거리며 나와 함께 태연히 맥주를 마시기 시작했다. 태국 사람들은 자기와 직접 관계없는 사건엔 별로 신경 쓰지 않는 것일까…. 물론 나도 맥주병을 차츰 비워가면서 TV 속 사건에 흥미를 점차 잃어가긴 마찬가지였다.

새해가 밝아서도 사건의 동기나 용의자 등이 확실치 않아 이후의 상황은 더욱더 불투명해졌다. 며칠 상황을 지켜보다가 결국 일정을 바꾸기로 결심, 태국을 떠나 캄보디아의 앙코르와트가 있는 유적의 마을 시엠리아프Siem Reap로 향했다. 쟈크리트의 집으로부터 버스를 갈아타 가며 1박 2일, 두 나라의 국경이 되는 포이페이Poipet라는 도시에 도착했다. 국경을 넘는 순간 태국과 캄보디아의 빈부 차이를 피부로 느낄 수 있었고 미묘한 문화의 차이도 흥미로웠다. 실은 7년 전에도 이 도시를 방문한 적이 있긴 했지만….

캄보디아 내전이 종결되고 약 10년 후인 2000년, 이곳 포이페이를 지날 일이 있었는데 당시 도로 상황은 그야말로 엉망이었다. 포이페이에서 목적지인 시엠리아프로 이어지는 길은 '길'이라는 말이 부끄러울 정도였다. 포장도 제대로 되어 있지 않을 뿐더러 여기저기 구멍이 뚫려 있어 보행조차 쉽지 않았다. 파리-다카르랠리(코스의 험난함으로 이름 높은 자동차 경주)에 버금가는 도로 상황에 교통수단이라고는 소형 픽업트럭이 전부. 차 안에 6명, 화물 칸의 화물 사이에 8명이 탔는데, 마치 화물처럼 눌려 먼지를 뒤집어쓰면서도 떨어지지 않기 위해 필사적으로 붙들고 이곳을 지나던 기억이 난다.

물론 이젠 옛날 이야기가 됐다. 도로는 반듯하게 정비되었고 국경에서 시엠리아프까지는 불법 '총알택시'로 약 3시간, 60달러면 가능했다. 나 또한 포이페이에서 알게 된 어떤 백인 커플과 합승해 시골 도시인 시엠리아프에 도착했다.

시엠리아프는 세계문화유산인 앙코르와트는 물론 크메르 유적이 주변에 점재해 세계 각국으로부터 많은 관광객들이 모여드는 곳이다. 그 명성에 비해 도시는 항상 느긋한 분위기로 아주 침착하다. 생각해보니 이번이 벌써 세 번째 방문.

처음에 이곳을 방문한 것은 2000년 동남아시아 일주여행 때였다. 낚시도구를 지참하지 않고 현지에서 구입 가능한 기본 장비로만 시도하려 했던 낚시여행이었다. 하지만 이 도시에 도착하자마자 나는 곧바로 후회했다. 유적을 관광하며 주위를 둘러싼 수로와 저수지에 가물치가 득실거린다는 사실을 알았기 때문이다. 특히나 가물치

캄보디아 앙코르와트 벽면의 유물 모습.

관광지로 유명한 앙코르와트. 하지만 필자의 목적은 딴 곳에….

용 루어를 가져오지 않은 것이 후회됐다. 그렇다고 낚시를 못 할 내가 아니었다. 낚싯대와 릴은 중국산 100위안(약 2만원)짜리 싸구려를, 미끼로는 심야에 고급 호텔의 가로등 밑에 모인 개구리를 사용했다. 모두가 이상한 사람이라 생각했음에도 대량의 가물치를 포획함으로써 그 어느 때보다도 낚시 재미에 몰두했는데, 바늘을 개구리의 등에 걸면 바로 죽어버리기 때문에 낚싯대로 액션을 주어 살아있는 개구리의 움직임을 연출하는 일이 관건이었다. 게다가 개구리의 피부가 너무 약해 금방 바늘에서 빠져버려 애를 먹던 중 처음으로 가물치 한 마리를 올리자, 반대편 기슭에서 구경하고 있던 캄보디아 소녀들이 환성을 질렀다. 연못을 헤엄쳐 내게로 다가와서는 "저녁 반찬 하게 그 가물치 주시면 안 되나요!"라고 부탁하기도 했다.

그로부터 두 번째 앙코르와트 방문은 2002년이었다. 당시엔 일본에서 가물치용 태클을 완벽히 준비해 왔음에도 20~30cm의 소형 가물치가 많아 거의 바늘에 걸리지 않았다. 이튿날 낚시 때 우연찮게 씨알이 괜찮은 놈을 한 마리 낚았지만 대부분 참패의 추억뿐이었다. 때문에 이번 세 번째 방문 땐 소형급 채비를 단단히 준비했다.

●● 세계적인 유적지에서 가물치낚시라니!

도착한 다음날 아침. 도시에서 열대의 정글로 뻗은 외길을 따라 오토바이로 느긋하게 달렸다. 외국인 관광객을 가득 태운 대형버스가 맹렬한 스피드로 따라와 그때마다 길을 비켜주는 것이 귀찮았지만 아직 태양에 달궈지지 않은 캄보디아의 아침 바람은 상쾌했다.

30여분을 달리니 마치 누군가가 정글에 묻어 놓은 듯한 앙코르와트가 그 모습을 드러냈다. 물론 나에겐 거대한 낚시터일 뿐이었지만…. 관광객으로 넘치는 앙코르와트의 정면 입구를 지나쳐 커다란 저수지 앞에서 오토바이를 멈췄다. 입구에서 5분 정도 달렸을 뿐인데 그곳은 관광객도 보이지 않고 오로지 아침의 정숙함에만 싸여 있었다.

그 유명한 앙코르와트를 에워싼 거대한 '해자垓子저수지'. 동남아시아에 서식하는 가물치의 일종인 '스트라이프트 스네이크헤드'와 '자이언트 스네이크헤드'의 어영이 이상할 정도로 짙은 곳이다.

처음 이곳에서 낚시를 시도했을 때만 해도 세계적인 유적지에서 낚시가 과연 가능할지 반신반의했다. 하지만 현지인이 낚시하는 것을 보고는 서슴없이 대를 폈는데, 한 번은 경찰이 갑자기 다가와 깜

앙코르와트 주변엔 저수지와 수로가 많다.

짝 놀란 적이 있다.

"왓 아 유 두잉 나우What are you doing now?"

다분히 직무적인 경찰의 질문에 내심 두근두근하면서도 '여기서 우물쭈물한 태도를 보이면 체포될지도 모른다'는 생각이 번뜩 들었다.

"아이 엠 엔조이 피싱I am enjoy fishing!"

자신 있게 웃는 얼굴로 대답하니 의외로 그가 내 루어에 흥미를 보이며 낚시 방법을 보여 달라고 오히려 부탁하는 것이 아닌가. 나는 '됐구나!' 생각하며 루어를 저수지에 더욱 힘차게 던졌다. 다행히 가물치의 입질이 잇따라 경관이 눈을 동그랗게 뜨고 놀랐다. 그러고도 한참동안 나의 루어 조작을 유심히 관찰하더니 '즐거웠다'며 밝게 인사하고는 돌아갔다. 그러나 이곳에서의 낚시가 아마도 합법은 아닐 것 같았다. 나처럼 앙코르와트까지 와서 낚시를 하는 외국인은 없다 보니, 그냥 슬쩍 눈 감아 주었을지도 모르는데, 아무튼 나는 그 이후로도 쭉 경찰 승인(?) 아래 앙코르와트에서의 낚시를 당당하게 즐겼다.

●● 물고기가 피우는 수면 위의 붉은 꽃

언제나 그러하듯, 현장에 도착하기 무섭게 재빨리 채비 준비를 하고선 발소리를 죽이며 아침 이슬이 맺힌 물가로 접근했다. 무성한 수초에 루어를 슬쩍 떨어뜨리니 갑자기 둔탁한 포식음이 울렸다. 순간적으로 잡아 챘더니 30cm 정도의 가물치. 내 욕심엔 턱없이 부족한 크기지만 이번엔 어차피 마릿수 낚시를 염두에 둔 터라, 첫 수확물에 나도 모르게 웃음이 번진다.

그 후 연속적으로 포식음이 터졌다. 해가 중천에 오르면서 대기의 열기가 가속되었다. 온 얼굴이 땀으로 범벅이 되었지만 이에 아랑곳 않고 낚시에 열중했다. 동남아시아의 가물치는 해가 높이 솟아 날이 더워지면 입질이 극도로 떨어지는데도 괘념치 않고 즐겼다. 결국 정

앙코르와트를 둘러싼 '해자(垓子)저수지'에서 30cm짜리 가물치를 올렸다.

글에 새빨간 석양이 내려앉을 때까지 낚시는 계속됐고, 귀갓길은 언제나 캄보디아 가물치에 대한 도전 자체만으로도 뿌듯했다.

캄보디아에서는 거의 매일 이렇게 낚싯대를 들고 앙코르와트에 드나들었다. 이 동네의 어린이들에게 외국인 관광객은 너무도 익숙한 존재였지만 낚시를 하는 외국인은 아주 드물었던 모양이다. 언젠가부터 나의 낚시가 시작되면 어린이들이 모여들었고 신기한 듯 나를 관찰했다.

한 번은 루어가 수중 고사목에 걸려 애를 태우던 중이었다. 할 수 없이 낚싯줄을 자르려고 하는데 뒤에서 낚시를 구경하던 소년이 말도 없이 옷을 벗고 뛰어들었다. 그리고는 루어를 손수 떼내어 흠뻑 미소 띤 얼굴로 나에게 건네주는 것이 아닌가. 고맙다는 내 말에조차 부끄러운 듯 고개를 숙이더니 멋쩍음을 감추려고

신기한 듯 다가온 어린이가 어딘가 놀란 표정이다.

주변을 헤엄치던 소년. 비록 주변의 가물치 포인트는 흐트러졌지만 생면부지의 이방인에게 소년이 보여준 친절함은 두고두고 캄보디아의 아름다운 추억으로 남았다.

그렇게 하루하루가 즐겁던 어느 날, 그날도 나는 언제나처럼 소형 가물치와 놀고 있었다. 어느 틈엔가 해는 벌써 중천에 올랐고 더위를 피하고자 나무 그늘에 걸터앉아 멍하니 수면을 바라보던 차였다. 갑자기 수많은 붉은 가루가 용솟음치듯 올랐다가 순간적으로 수중으로 사라지는 게 아닌가. 나중에 알고 보니 그것은 다름 아닌 자이언트스네이크헤드의 치어였다. 이 종류는 치어 시절 어미에게 보호 받으며 무리를 지어 성장하는데, 치어의 체색이 너무도 황홀할 정도로 새빨갛다. 더구나 이들은 공기 호흡을 하기 때문에 일시에 부상할 때면 마치 수면에 붉은 꽃이 피는 것 같은 장관을 이룬다.

동남아에서는 이런 치어들을 지키는 어미의 습성을 이용한 낚시 방법이 대중적이다. 떠오른 '붉은 꽃(치어 떼)'에 루어를 통과시키면 어미는 새끼를 노리는 적으로 알고 루어를 공격하는 것이다. 이때 중요한 것은 치어가 떠오르는 장소를 읽는 능력과 떠오름에 맞춰 즉각

치어를 지키기 위해 보호색으로 치장한 어미 가물치.

루어를 던질 수 있는 반사신경이다. 마치 두더지잡기 게임과 같은 묘한 중독성의 즐거움을 주는 낚시이기도 하다.

한참 만에 다시 눈앞에 붉은 꽃이 나타났다. 반사적으로 루어를 던진다. 붉은 꽃이 흩어지고 갑자기 수면이 갈라지면서 성난 어미가 맹렬하게 루어를 덮쳐 수중으로 물고 들어간다. 어미는 마치 붉은 꽃을 피우기 위한 몸놀림인 양 미친 듯이 저항한다. 그러나 그간 새끼들을 지키기에 너무도 지친 탓인지 저항은 그리 오래 가지 않는다. 곧바로 힘이 빠진 어미가 얌전히 끌려 나온다. 뭍으로 올려진 어미를 자세히 들여다보니 참으로 예쁘기 그지없다. 흰색 바탕에 또렷하게 그려진 광택의 칠흑 무늬, 등은 번쩍이는 에메랄드그린 빛이다. 마치 앙코르와트에 새겨진 '압사라(천녀)'의 비옥이 아닐까 싶을 정도다.

새끼를 지키기에 바빠 먹이를 제대로 먹지 못한 것일까? 말라서 몹시 여윈 모습이다. 불쌍한 마음에 어미를 바로 수중으로 돌려보내자 연안으로부터 30m 정도 떨어진 수면에 붉은 꽃이 다시 피어난다. 마치 아이들이 자신들의 장소를 어미에게 알려주려는 신호처럼 느껴져 오래오래 생각에 잠겼다.

동남아 가물치의 일반적인 체색은 옅은 자색이다.

말레이시아
정글 속 거대 인공호수 테멩고르 Lake Temengor

● ● **쿠알라룸푸르에서 다섯 시간, 원시 정글 속으로**

잘 정돈된 도심에서 하늘을 향해 우뚝 솟은 쌍둥이 타워를 올려다 보며 문득 빠른 시간의 흐름에 놀랐다. 말레이시아의 수도 쿠알라룸푸르Kuala Lumpur의 상징인 페트로나스 트윈타워Petronas Twin Towers를 올려다 본 것은 7년 만의 일.

이 빌딩이 완공된 후인 2000년 당시, 나는 낚싯대를 한 손에 들고 동남아시아 일대를 여행 중이었다. 홍콩에서 시작한 여행은 육로를 따라 중국·베트남·캄보디아·태국·라오스를 거쳐 다시 태국으로 들어갔다. 서쪽 해안을 따라 남하해 가며 남쪽의 섬에서 낚시를 즐기다 어느덧 말레이시아에 입국해 이 빌딩 앞에 도착한 것은 일본을 떠난 지 4개월 만의 일이었다.

'그날로부터 벌써 7년이 지났구나…' 세월의 무상함에 기분이 다소 가라앉았다. 2007년 10월, 7년 만에 다시 말레이시아로 돌아온 것이다. 이번에는 4개월이란 긴 여정이 아닌, 일본 나리타成田공항을 떠나 홍콩에서 비행기를 갈아타고 다음날 곧장 KL국제공항에 도착한 것인데, 말레이시아인 친구 와이론씨가 마중 나와 손을 흔들었다. 그의 안내로 다시 찾은 페트로나스 트윈타워 앞. 두 개의 빌딩이 마주보며 452m라는 높이로 말레이시아의 경제 발전을 상징한다. 오랜만에 바라보는 쿠알라룸푸르의 거리 또한 눈을 긴장시킬 정도로 발전된 모습이다. 와이론의 설명에 따르면, 두 개의 타워를 일본과 한

말레이시아의 수도 쿠알라룸푸르의 상징인 쌍둥이빌딩. 한국과 일본이 나눠 세웠다.

국의 건설회사가 따로따로 경쟁하며 건설했다고 한다.

"어느 쪽이 먼저 무너지려나?"

지나친 내 농담과 함께 빌딩 숲을 뒤로 하고선 와이론의 집으로 향했다.

와이론은 인터넷을 통해 알게 되어 2006년에 몽골에서 함께 낚시를 하며 친분을 쌓은 사이다. 직접 만난 것은 이번으로 세 번째. 그는 중화계의 말레이시아인으로 공용어인 영어·중국어·말레이어는 물론 오사카에서의 2년간 유학 경험으로 일본어도 능숙했다. 일본계 회사에서 영업직을 맡고 있으며 쿠알라룸푸르 교외에서 부인과 단둘이 생활한다. 그의 집에 도착하니 눈이 큰 미인, 그의 아내 제인이 미소로 반겨주었다. 곧 2층의 빈 방으로 안내되면서 와이론가家에서의 식객 생활이 시작되었다.

다음날 바로 우리는 서둘러 원정길에 올랐다. 나와 와이론에 더해

테맹고르호수 기슭에서 세탁을 하는 인근 여성들.

낚시잡지의 비디오 카메라맨인 호 씨, 그리고 일본인 곤충 마니아 B 씨까지 합친 네 명이 북부의 테맹고르호수Lake Temengor로 향했다.

테맹고르호수는 쿠알라룸푸르 북쪽에 위치한다. 자동차로 5시간 거리이며, 열대우림을 밀어내고 만든 말레이시아 제2의 거대 인공호수이다. 와이론의 설명에 의하면, 지형이 복잡한 호수의 최고 북단엔 태국과의 국경 부근으로부터 계류가 흘러드는 곳이 있는데 정부에서 보호구역으로 지정해 원시 자연이 그대로 유지되고 있단다. 당연히 일반 낚시인들의 진입이 금지돼 있어 '세바로우'라는 어종이 풍부하다는데, 세바로우는 동남아시아 일대에 서식하는 잉어과의 육식성 물고기이다. 태국에서도 몇 번 이 물고기를 낚은 적이 있지만 그 크기가 모두 60cm 이하였다. '이쪽은 70cm 이상의 대물이 서식한다'며 자랑하듯 말하는 와이론의 손에는 지인을 통해 받은 진입 허가증이 위풍당당하게 쥐어져 있었다.

와이론의 운전으로 심야에 출발한 자동차는 부푼 꿈을 싣고 이른 아침 호수에 도착했다. 우리들은 선착장에서 두 척의 작은 배로 나눠 타고 오지로 향했다. 신록의 정글에 에워싸인 호수는 곳곳에 거대한 고사목이 돌출되어 있어 물에 가라앉기 전에는 풍요한 밀림이었음을 알려주고 있었다. 작은 배와 함께 흔들리며 전진하길 한 시간 반 정도. 현지인 부락에 도착하면서부터는 걸어가야 했다. 계류가 있는 캠프까지는 깊은 정글을 헤쳐 두 시간 가량이나 길을 뚫으며 진입해야 된다기에 우리는 안내역으로 현지 청년 3명을 고용했다. 건장한 그들은 화물 운반 역할도 겸했다.

정글 계곡의 '세바로우'를 낚기 위해 도보로 강을 거슬러 올랐다.

●● 코끼리, 호랑이 그리고 흡혈 거머리

거머리 방지용 스타킹. 이것으로 정말 괜찮을까?

정글로 출발하기 전 와이론이 무릎까지 덮이는 목이 긴 양말을 우리에게 건넸다. 흡혈 거머리 때문이었는데, 양말을 바지 위로까지 올려 끈으로 단단히 묶고서 출발했다.

걷기 시작하고 얼마 되지 않아 거대한 발자국에 그만 화들짝 놀라고 말았다. 안내인의 말에 의하면 부근에 사는 야생

코끼리들의 발자국인데, 근처에 모여 살기 때문에 흔히 볼 수 있다고 한다. 양동이 한가득은 될 법한 코끼리 똥을 손에 들고서 내가 말했다.

"우와, 크다. 코끼리를 밀림에서 만나면 무섭겠군요!"

"하하하, 타케! 정글에는

거대한 코끼리 똥을 손에 든 호기심 많은 필자.

때로는 강을 건너 정글의 오지로 한발 한발 들어간다.

호랑이도 살고 있어요. 가끔 사람도 공격하죠!"

"네? 정말입니까…?"

와이론의 호랑이 발언에 코끼리 생각은 어느새 사라지고 갑자기 온몸이 가늘게 떨려왔다.

그렇게 강을 따라 30분 정도 북상하다 방향을 틀어 본격적인 정글 숲으로 들어섰다. 높은 나무들이 늘어서 태양광이 닿지 않는 밀림은 어두컴컴했지만 발 빠른 현지인의 뒤를 따라가는 것이 힘들어 땀이 줄줄 흘렀다. 한 번은 나무에 발이 걸려 슬쩍 땅바닥을 쳐다보게 됐는데 하필 그 자리에 커다란 '노래기'(고약한 냄새를 풍기는 절지동물)가 기어가고 있었다. 그 길이가 20cm는 넘어 보였다.

안내 청년들의 뒤를 따라 더욱더 정글의 심장부로 향했다. 그들은 땅바닥 위로 삐죽삐죽 뻗은 나무들을 신경도 쓰지 않고 맨발로 경이적인 속도를 냈다. 감탄하며 따라가자니 그들의 발에서 피가 흥건

거대한 노래기. 손 위를 기어가면 몸서리쳐진다.

194

히 흐르는 것이 보였다. 깜짝 놀라 그들을 불러세워 발을 가리켰다. 자세히 보니 그들의 발에는 흡혈 거머리가 붙어 피를 빨아 탱탱하게 부풀어 있었다.

와이론의 말로는 오랜 시간 거머리에게 피를 빨리면 한참 동안 출혈이 멈추지 않아 그런 것이란다. 이야기를 듣자마자 황급히 내 자신의 발을 살폈다. 아니나 다를까, 신발 틈으로 세 마리의 거머리가 기어 들어 피를 찾아 우왕좌왕하고 있었다. 깜짝 놀라 거머리를 떼어 땅바닥에 패대기를 쳤다. 와이론이 거머리 퇴치 스프레이를 뿌리자 놈들이 점차 쪼글쪼글해졌다.

드디어 정글이 열리고 목적지에 다다랐다. 폭 25m 정도의 비교적 천천히 흐르는 본류에 작은 개울이 하나 흘러들고 있어 우리들은 그 합류점을 캠프지로 정했다. 아쉽게도 본류는 수일 전부터 계속된 비로 인해 몹시 혼탁해 있었다. 기본적으로 계류어는 물이 혼탁하면 잘

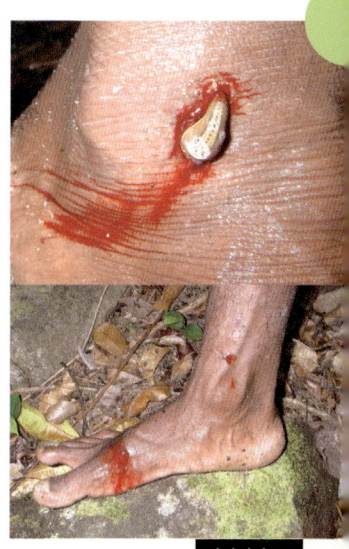

거머리가 현지 안내인의 발에 붙어 흡혈 중이다.

일행들의 야영지. 언제 호랑이에게 습격당할지 모른다.

낚이지 않기 때문에 준비를 서두를 필요는 없었다. 일단 온몸의 끈끈한 땀을 닦아내고자 수심이 얕은 작은 개울로 뛰어들었다. 본류와는 달리 물이 아주 맑고 시원해 몸과 마음이 가뿐해졌다.

상쾌한 기분으로 캠프지로 돌아오니 이미 텐트가 설치되었다. 텐트라고는 하지만 땅 위에 매트를 깔고 지붕은 얇은 시트로 나무에 걸어 놓은 형태일 뿐이다. 벽이 없는 간이 숙소로 밤엔 시원할 것 같았지만 혹시나 하는 호랑이의 습격이 조금은 걱정되었다.

●● 고생고생 끝에 만난 세바로우

곤충 마니아인 B씨가 제일 먼저 채집망을 한 손에 들고 정글 탐색을 나갔다. 우리 낚시꾼들도 채비를 준비하고는 서로 좋을 것 같은 포인트로 흩어졌다. 역시 탁도가 심해 세바로우의 입질은 아주 나빴다. 입질이 닿는 곳은 작은 개울이 합류되는 지점뿐으로 그것도 30~40cm 정도의 중소형 사이즈에 그쳤다. 하지만 조과를 너무 기대해 욕심을 부렸다간 아예 빈손으로 끝나버리는 것이 낚시 아닌가. 루어의 선택을 고민하면서 나쁜 상황도 그러려니 하고 즐겼다.

어떻게 해서 세 마리의 세바로우를 낚았다. 그러나 우리들 네 명에 현지인이 세 명, 일곱 명의 식사로는 부족한 숫자. 알루미늄 호일로 감싼 세바로우를 모닥불에 집어넣어 즉석찜 요리를 만들었다. 내놓자마자 순식간에 가시만 남고 말았다.

다음날 아침 눈을 뜨니 온몸이 쑤

캄보디아산 육식성 잉어와 모닥불 구이 요리.

셨다. 강변에 억지로 설치한 경사진 침상에서 자던 중 그만 미끄러져 떨어졌는데, 나는 그것도 모른 채 맨땅 위에서 자고 있었던 것이다. 몸 곳곳에 묻은 흙을 털고 옷을 입으려는데 사타구니에서 미묘한 이물감이 느껴졌다. 손으로 더듬어보니 무엇인가 미끈한 것이 사타구니에 붙어 있었다. 잡아당기니 '쭈욱' 하고 징그럽게 늘어난다. 다름 아닌 흡혈 거머리! 소름이 끼치며 갑자기 온몸에 힘이 빠졌다. 서둘러 거머리를 떼어냈지만 이미 사타구니는 피로 범벅이 된 상태였다.

캠프지 주변에는 실로 다양한 생물이 서식하고 있었다. 애니메이션 영화 「바람계곡의 나우시카」에 등장하는 거대 생물인 '오무'와 같은 모양을 한 곤충도 잡을 수도 있었다. 손에 올려 보니 몸의 표면은 단단하고 건드리면 동그랗게 되어 한동안 움직이지 않는 희한한 곤충이었다. 또 메기낚시를 위해 미끼로 쓸 지렁이를 파내던 도중 정말 커다란 지렁이를 발견했다. 잡으려고 손을 뻗었는데 움직이는 속도가 이상하리만큼 빨랐다. 잡고

번데기처럼 생긴 벌레와 초소형의 귀여운 뱀.

나서 보니 그것은 지렁이가 아니고 뱀이었다. 몸 표면에 황색의 줄무늬가 있고, 동그랗고 귀여운 눈이 살짝 붙어있는 귀여운 초소형 뱀이었다. 그 밖에도 많은 신기한 생물이 정글의 풍요로움으로 나의 호기심을 자극했다.

애당초 우리가 목표로 삼은 세바로우낚시는 완전 엉망이었다.

잎사귀에 보호색으로 위장한 곤충. 어디에 있는지 보이는지?

197

세바로우낚시를 제안한 '와이론' 씨가 대형급 60cm를 낚아 안도의 미소를 지어 보인다.

이 날의 장원은 '호' 씨. 70cm, 4.5kg짜리 세바로우를 올렸다.

도착 3일째에 이르러서도 물의 탁도는 전혀 달라지지 않았고, 결국 별다른 성과 없이 현지인 마을로의 철수를 결정했다. 나는 와이론에게 실망이 가득 담긴 어조로 투덜대며 짐을 챙겼다. 이번 조행을 나서기 전 와이론이 너무도 자신만만했기에 실망이 이루 말할 수 없었다. 그러나 나의 실망감은 얼마 후 와이론에 의해 다시 신뢰로 회복되었다. 그것은 마을로 철수하는 도중에 일어났다.

강변을 걷던 와이론이 잠시 한 번 던져보자며 루어를 짐에서 꺼냈다. 천천히 흐르는 강에 특별할 것 없는 포인트였지만 던지자마자 갑자기 60cm의 대물 세바로우가 낚여 올라왔다. 태국에서는 흔히 볼 수 없는 크기. 놀란 나도 얼떨결에 루어를 꺼내 준비했다. 천천히 흐르던 강물이 급류로 바뀌면서 강바닥에 흩어져 있는 바위로 인해 흐름이 크게 바뀌는 포인트에 시선이 쏠렸다. '저 바위 그늘이 수상하다…' 그런데 나와 똑 같은 생각을 했던지, 호 씨가 카메라까지 놔두고 먼저 그 포인트에 루어를 던지는 것이 아닌가. '아뿔싸!' 하고 생각했지만 이미 때는 늦었다. 호 씨가 '우와~!' 하고 괴성을 지르더니 맹렬한 기세로 하류를 향해 뛰기 시작했다. 그리고 잠시 후 30m 정도 하류로 달려 풀숲으로 모습을 감춘 호 씨로부터 절규가 들려왔다. 와이론과 함께 쫓아가보니 호 씨가 거대한 세바로우를 끌어안고 환희의 목소리를 질러대지 않는가. 튼실하고도 빵빵한 70cm, 4.5kg! 그야말로 거대한 체구를 뽐내는 세바로우였다.

충격은 계속되었다. 흥분을 가라앉히고 다시 마을로 걷기 시작하는데 뜻밖에도 말레이 호랑이의 흔적이 발견되었다. 강가 모래밭에 마치 고양이 발자국을 확대해 놓은 듯한 형상이 점점이 찍혀 있고 쓰러진 나뭇가지에는 놈의 발톱 자국마저 확연했다. 내가 겁먹은 것을 단박 알아챈 와이론이 야릇한 미소를 띠며 중얼거렸다.

"정글에서 낚시를 하고 있으면 가끔 뒤를 따라온단 말이야. 수풀 속에서 빤히 이쪽의 상황을 바라보고 있는 거지."

상상만으로도 소름이 끼쳤다. 말레이 호랑이는 삼림 개발과 밀렵의 증가에 따라 그 수가 격감하고 있긴 하지만 농장 등지에서 일하는 인부들이 매년 피습 당해 중상을 입는 사건이 발생한다. 강가에서 낚시를 하다보면 물고기의 입질에 따라 포인트를 옮겨 다니기 마련인데, 정신을 차려보면 아주 멀리 홀로 떨어져 있곤 한다. 그럴 경우 '혹시 이런 데서 호랑이와 마주치는 게 아닐까' 하고 문득문득 소름이 끼치곤 한다. 아무튼 문제의 호랑이 발자국은 우리들이 야영을 한 장소에서 채 1km도 떨어지지 않은 곳에 있었다.

말레이호랑이의 흔적을 발견하고 식은땀이 주르륵!

말레이시아
세계 최강의 담수어가 사는 보르네오섬

● ● 마마해트강의 '원시 탄환' 파푸안배스

쿠알라룸푸르를 떠나 동말레이시아의 보르네오섬으로 향한 것은 우기가 시작되는 2007년 11월 초였다. 와이론 일행과 함께 현지 숙소에 머물면서 열대우림의 '원시 탄환'이라 불리는 파푸안배스를 사냥하기 위해서였다.

역시나 말레이시아 낚시업계 사정에 정통한 와이론으로부터 정보가 날아들었다. 보르네오섬의 북부, 열대우림을 사행蛇行하며 흐르는 마마해트강Mamahat River에는 손 타지 않은 원시 자연 그대로의 파푸안배스는 물론 수많은 물고기가 우글거린다는 것이다. 파푸안배스는 오세아니아 지역인 파푸아뉴기니가 유명 서식지인데, 실제로 그곳에서 이 물고기를 상대해 본 경험이 있는 나로선 전혀 낯설지 않은 대상어이기도 하다. 한 번 바늘에 걸려들면 쉬지 않고 강바닥으로 잠행하는 강인한 파워와 무한대의 질주가 상상을 초월하게 만드는 어종이었다. 담수어로서는 지금까지 싸워본 중에서 최강! 그 기억만으로도 내 피는 이미 끓어오르고 있었다.

와이론과 호 씨 외 2명의 말레이시아 낚시인이 동참한 일행 5명이 보르네오행 비행기에 올랐다. 쿠알라룸푸르에서 비행기로 두 시간 반 거리, 사바Sabah주 제2의 도시인 산다칸Sandakan에 도착했다. 보르네오섬의 동쪽에 위치한 산다칸은 열대 정글의 현관 격으로 소박한 시골 도시. 작은 공항을 나오니 수염 난 얼굴의 사내가 우리를 맞

마마해트강 주변에 산재한 고상식(高床式) 가옥.

았다. 현지 토박이인 그가 준비한 두 대의 픽업트럭에 분승해 잔뜩 부푼 가슴을 안고 마마해트강으로 향했다.

공항으로부터 두 시간쯤 달렸을까. 어마어마한 스콜이 우리들의 자동차에 쏟아졌다. 앞 유리에 부딪치는 빗줄기가 너무도 거세어 와이퍼가 움직이지 않을 정도. 앞이 전혀 보이지 않아 운전을 잠시 멈추기도 했다. 그렇게 다섯 시간을 달리자 드디어 열대우림이 열리면서 마마해트강이 나타났다.

우리가 머물 숙소는 생각보다 그 규모가 컸다. 고상식高床式 가옥이 사방 30여m로, 집을 지지하는 기둥만도 50여 개. '대체 몇 사람이나 살고 있는 걸까?' 하고 짐짓 의아했는데, 안에서 눈이 크고 영리해 보이는 아이들이 뛰어나와 우리들을 에워쌌다. 눈동자는 호기심으로 넘쳤고 서로 무엇인가 말을 건네려 했지만 우리가 알아듣지 못함을 알고는 부끄러운 듯 고개를 숙였다. 카메라를 들이대자 크게 기뻐하며 포즈를 취하는 모습이 귀여웠다. 곧이어 집주인이 나와 우리

필자 일행이 묵은 마마해트 강 어부 집의 대가족 얼굴들.

를 따뜻하게 맞아주었다.

우리가 머물 곳은 8평 정도의 원룸이었다. 일종의 합숙소 같은 분위기였지만 열대우림 속으로의 원정에서 풍우를 막아줄 침상이 있다는 것만으로 충분했다. 낚시만 가능하다면 무엇이 문제랴. 짐을 풀자마자 서둘러 마마해트강으로 나갔다.

숙소 바로 앞이 마마해트강이었다. 열대우림을 가로지르며 유유히 흐르는 강은 생각한 것보다 훨씬 컸다. 강 폭이 200m 정도 되는 연안에는 맹그로브Mangrove(조수에 따라 물속에 잠기기도 하고 나오기도 하는 열대지방 나무 종류)가 풍부하게 군생하고 있었다. 내일 아침에 어부를 고용해 배로 원정을 가기로 했지만 그새를 참지 못한 나는 기슭에서 루어를 던지기 시작했다. 틈만 나면 낚싯대를 휘둘러대는 이 광기狂氣를 누가 막으랴!

현지민으로부터 악어를 주의하라는 이야기를 들어 머뭇거려지기도 했지만, 진흙에 발이 빠져가며 맹그로브 사이로 루어를 계속 던졌다. 슬쩍 강변을 둘러보다 무엇인가 강바닥에서 움직이는 것이 있어 자세히 살펴보니 희귀한 '투구게'였다. 살아있는 화석이라고 일컬어질 만큼 약 2억 년 전의 모습을 거의 그대로 간직하고 있는 녀석이다. 신기한 듯 투구게를 잡아들어 찬찬히 살펴보았다. 옛날 어렸을 때 열심히 가지고 놀던 조립식 모형 로봇 '건담'의 모습을 닮은 멋진 외관의 생물이다. 일본에서는 멸종위기 1급으로 지정되어 있지만 이곳에선 꽤 많은 개체가 서식해 그물로 잡아 식용으로 사용한다고 한다. 그렇다면 그 맛은 어떨까? 내심 기대하며 현지인에게 물어보니 그냥 알만 먹고 나머지는 쓰레기로 버린다고 한다. 일본에선 멸종위기 생물이 이곳에선 거의 쓰레기 취급을 받는다는 것이 왠지 아쉬웠다. 비록 입질은 보지 못했지만 첫날 강변에서의 탐색은 섬의 풍요로운 자연에 매료되기에 충분했다.

살아있는 화석으로 불리는 투구게. 이곳에선 흔하다.

저녁을 먹기 전, 낮에 흘린 땀을 좀 씻고 싶었다. 가옥에서 조금 떨어진 숲속에 우물이 하나 있어 회중전등을 한 손에 들고 목욕을 했다. 어둠에 묻힌 컴컴한 숲속에서 나체로 몸을 씻는 일이 결코 유쾌할 수만은 없었다. 멀리서 알 수 없는 짐승의 울음소리만 들려도 온몸에 소름이 돋았다. 가뜩이나 우물물이 생각보다 차가워 진저리를 쳐가며 물을 끼얹는 상황인데…. 뜨거운 물에 샤워를 하고 싶다는 생각이 굴뚝같았지만 정글에서 이마저도 사치라는 생각이 들었다. 어쨌건 상쾌하게 숙소로 돌아오니 저녁이 준비되어 있었다. 물고기를 잡지 못했기에 우리들이 가져온 인스턴트 볶음국수가 전부였다. 양초의 흔들리는 불빛 아래에서의 적막한 저녁식사였지만 내일은 꼭 대어를 낚는다는 기대감에 진수성찬이 부럽지 않았다.

●● 맹그로브숲에서 빠져나온 파푸안배스

다음날. 어둠이 채 가시지 않은 시각부터 서둘러 행동을 개시했다. 엔진이 장착된 작은 목선 두 척에 분승해 마마해트강 하류로 내려갔다. 어느새 열대우림에 아침 해가 뜨고 강변에 밀집한 맹그로브숲이 햇빛을 받아 진한 녹색 물그림자를 여기저기 늘어뜨리고 있었다. 열대 특유의 풍요로운 강을 바라보니 가슴이 두근거렸다.

낚시터는 바다로부터 1km가 채 안 되는 지점으로 매우 넓은 편이다. 열대우림에서 쏟아져 나온 대량의 물이 넘쳐 주위엔 크고 작은 수로가 미로처럼 얽혀 있다. 파푸안배스는 루어를 과격하게 공격하는 용맹한 육식성 어종이지만 이처럼 공간이 크게 열린 수면에서는 포인트를 정하기가 쉽지 않다. 엔진의 기동력을 적절히 사용해 트롤링 식으로 하나하나 세밀하게 넓은 범위를 탐색해 갈 수밖에 없는데, 문제는 내가 트롤링낚시를 아주 싫어한다는 것이다. 트롤링은 루어

마마해트강 기슭을 뒤덮은 맹그로브 숲.

를 수중에 내리고 나면 그 다음 낚시인의 할 일이 없다. 오로지 배에 앉아서 입질을 기다릴 뿐. 포인트를 선택하는 것도, 루어를 끄는 것도 배를 조종하는 사람의 몫이다. 엄밀히 말하자면 낚인 물고기는 선장의 조과인 셈이다.

그러나 이 같은 해석은 나의 견해일 뿐, 특히 말레이시아에는 나처럼 생각하는 사람이 없다. 게다가 지금 같은 상황에서 무모하게 루어를 던져봤자 헛수고가 될 것이 뻔하다. 결국 이 상황에선 일행들의 분위기에 편승할 수밖에 없다는 결론을 내렸다.

배는 강변으로부터 10m 정도의 거리를 유지하면서 끝도 없는 거리를 달렸다. 강기슭의 수심은 3~8m 정도. 수심에 맞는 루어를 몇 번씩 교체해가며 끈기 있게 기다렸다. 하지만 가끔 40~50cm 정도의 '맹그로브잭' 등의 잡어가 낚일 뿐, 기대하는 입질은 오지 않았다. 우기가 시작된 11월 초순이라 단속적으로 강한 스콜이 우리를 공격하기도 했다. 세차게 불어대는 강풍에 강변의 맹그로브가 크게 흔들렸고, 마치 양동이로 쏟아 붓는 듯한 엄청난 비에 모두 푹 젖어버렸다. 추위에 떨며 등을 구부린 채 그냥 견디는 수밖에 없었다. 옆을 보니 와이론을 비롯한 일행들의 얼굴도 모두 어두워져가고 있었다.

가끔 40~50cm 정도의 '맹그로브잭'으로 지루함을 달랜다.

세찬 빗줄기 속에서도 기적을 믿으며 낚싯대를 놓지 않았다.

이윽고 주변까지 컴컴해지기 시작했다. 겨우 남은 시간은 한 시간 남짓. 모두가 인내심의 한계에 도달해 있었다. 말없이 낚싯대 초리만 주시하는 와이론을 불만스럽게 흘겨보다가 결국은 트롤링 채비를 거둬버렸다. 어차피 낚이지 않을 거라면 즐기는 쪽이 좋겠다는 생각이었다. 기대 반 의심 반으로 재미삼아 달리는 배에서 루어를 캐스팅하기 시작했다.

연안에는 맹그로브의 뿌리가 얼기설기 수몰되어 있어 달리는 배에서 루어를 정확히 던져 넣기가 상당히 어려웠다. 내가 던진 루어가 장애물에 자주 걸려 배도 자주 멈췄다. 트롤링을 계속하고 있는 다른 일행에게는 방해가 되었지만 어쩔 수 없는 노릇이었다.

그러다 드디어 때가 찾아왔다. 한참 캐스팅 하다 보니 맹그로브가 연안에 크게 돌출되어 만들어진 그림자에 루어가 아주 잘 착수했고, 1m 정도로 강한 액션을 주면서 끌었을 때였다. 시커먼 그림자가 내달린다 싶더니 수면이 불룩 솟았고 곧바로 폭발했다. 순간적으로 검은 그림자는 연안으로 돌진해 나를 당황하게 만들었다. 전광석화 같은 몸놀림과 질풍노도 같은 질주력이 파푸안배스임에 틀림없다는 확신을 주기에 충분했다. 이대로 복잡한 맹그로브의 뿌리로 들어간다면 모든 것이 끝장이다.

낚싯대를 세워 있는 힘을 다해 릴링을 시도해 본다. 어떻게든 놈을 끌어당겨 연안에서 떼어놓는 것이 관건이다. 몇 번인가 바닥으로 돌진하는 놈을 겨우겨우 배로 끌어오니 근육질의 강인한 어체가 수면 위로 불쑥 솟았다. 송곳니가 인상적인 녀석의 입에 와이론이 재빨리

무시무시한 파푸안배스의 이빨과 그 송곳니에 상처 난 루어.

넓은 강, 기적적으로 캐스팅으로 낚은 파푸안배스.

랜딩그립을 물렸다. 무사히 와이론으로부터 파푸안배스를 건네받으니 육중한 중량감과 함께 안도의 한숨이 터져 나왔다. 파푸안배스의 서식 밀도가 낮은 드넓은 강변에서 얻은 행운의 한 마리여서 그 가치가 더욱 빛났다.

그날 밤의 식탁은 호화스러웠다. 내가 낚은 파푸안배스는 카레 맛을 풍기는 스프가 되었고 또 놀랍게 회로도 나왔다. 와이론이 미리 간장과 와사비를 지참해 온 덕분에 정글 속에서 뜻하지 않은 회를 먹게 된 것이다. 담수어라서 회로 먹는 것이 다소 찜찜했지만 살이 단단해 마치 참돔을 연상케 할 만큼 맛이 좋았다. 집주인이 직접 잡아 만든 머드크랩 요리도 나왔는데, 새빨갛게 물든 등

숙소 주인이 직접 잡아 만든 머드크랩 요리.

껍질이 아름다워 식욕을 자극했고 우린 한 마디도 않고 정신없이 먹기에 바빴다. 조과는 빈약했지만 풍성한 요리로 이틀째의 여정을 마감했다. 아쉬운 점이 있었다면 시원한 맥주가 없었다는 것!

다음날 아침은 화창한 날씨였다. 전날의 부진을 만회하기 위해 모두가 출발 준비에 분주했다. 출발 직전 내가 갑자기 용변이 급하다며 일행을 붙들어놓기 전까지는 말이다. 모두에게 양해를 구하고 화장실로 급히 달려가는 내 손에는 왠지 모를 식빵과 손낚시 채비가 쥐어져 있었다.

●● 보르네오섬 화장실엔 물고기가 산다?

사실 전날 밤, 나는 화장실에서 아주 특별한 경험을 했다. 강변 수면 위에 목조로 만들어진 화장실은 울타리도 따로 없고, 그저 옆에서 보이지 않을 정도로만 되어 있는 간이식이었다. 변기도 없이 그냥 구

모든 배설물은 강으로 풍덩. 강변 숙소의 화장실 풍경.

멍이 뚫려 있어 배설물이 곧바로 강으로 떨어졌다. '묘하게 기분 좋은 화장실이구만…' 생각하는 동안 배설물이 수면에 '퐁당!' 하고 떨어졌다. 그런데 배설물이 입수한 후에도 '첨벙첨벙!' 수면의 파열음이 계속 들려왔다. 뭔가 하고 들여다보니 작은 그림자가 수면에서 허둥대며 왔다 갔다 하고 있는 것이 아닌가? '혹시 똥을 먹는 물고기?'

동남아시아의 화장실은 휴지가 없는 것이 보통이다. 그 대신 오른손으로 물을 흘리면서 왼손으로 씻어내는 '수동수세식'이 일반적이다. 나 또한 현지 방식으로 물로 엉덩이를 씻어내니 다시 수면이 요란하게 흔들렸다. 똥을 먹는 물고기의 정체가 무엇인지 알고 싶었지만 어두워서 확인은 어려웠다. '내일 아침, 똥이 떨어진 직후에 식빵을 단 낚싯바늘을 던져보자!'

화장실 구멍 저 아래엔 작은 물고기가 먹이를 기다리며 대기한다.

바늘에 식빵을 둥글게 말아 단 채비를 준비하면서 팬티를 내렸다. 이제 똥만 나오면 되는데 긴장해서 그런지 잘 나오지가 않는다. 아무튼 어떻게 발사는 되었다. 똥이 '퐁당' 하고 수면을 뚫은 순간, 작은 물고기들이 서로 먹이를 취하려고 필사적으로 덤비는 모습이 보였다. 엉덩이를 씻을 틈도 없이 곧바로 채비를 투입! 아니나 다를까, 금방 '쿠쿡' 하고 입질을 해댔다. 팽팽해진 낚싯줄을 올려보니 이게 뭔가? 뜻밖에도 그것은 물총고기였다.

물총고기는 주로 동남아시아의 열대 기수역에 서식한다. 입으로 물총을 쏘아 연안에 모인 곤충을 쏘아 떨어뜨려 포식하는 것으로 유명한 물고기이다. 이전부터 이 물고기는 나에게 선망의 대상이었다. 그런데 똥을 먹는 물고기의 정체가 물총고기라니? 나는 팬티도 제대로 올리지 않은 채, 그냥 하반신을 드러내 놓고 승리의 포즈를 취했다.

물총고기 대면의 기쁨도 잠시. 그 날도 그 다음날도 파푸안배스는 낚이지 않았고 줄기차게 '트롤링 지옥'만 계속되었다. 와이론의 정보

인분을 받아 먹는 녀석의 정체는 물총고기였다. 손으로 만지기가 여~엉….

를 또 한 번 의심했지만 '그냥 시기가 안 좋을 뿐'이라는 여론을 받아들이기로 했다. 그래도 한 마리나마 파푸안배스를 잡았고, 지저분했어도 물총고기까지 낚을 수 있었기에 쿠알라룸푸르로 돌아오는 길은 그다지 싫지만은 않았다.

　오랜만에 뜨거운 샤워와 시원한 맥주로 마음을 달래고, 밤이 되면 거리에 화려한 등불이 켜지는 것에 안도했다. 아무것도 없는 오지 생활로부터 돌아오면 도시는 나름대로의 쾌적함을 안겨준다. 하지만 그 즐거움은 3일을 넘기지 못한다. 동물들의 울음소리와 알 수 없는 부스럭거림이 주는 오싹함, 그런 매력과 궁금증으로 가득한 열대우림, 그리고 고생 끝에 잡은 한 마리의 물고기… 그 어느 것도 이 도시에는 존재하지 않는다. 천상 낚시꾼인 나에게 도시의 매력은 한 순간의 빛에 지나지 않는다. 별 없는 쿠알라룸푸르의 밤하늘을 올려다보면서도 마음은 물가 저편을 달리고 있다.

태국

세계의 괴어 집합소 '몬스터레이크'

● ● **물고기에게 국경은 없다?**

지평선에 아주 조금 얼굴을 내민 아침 햇살이 물가를 빛내면서부터 슬슬 낚시터의 윤곽이 보이기 시작했다. 이윽고 모습을 드러낸 둘레 약 400m의 인공 저수지. 아무런 특징도 없는 이런 곳에서 대물낚시를 꿈꾸다니? 그런데 아침안개가 깔린 고요한 수면에서 돌연 '첨벙!' 하는 폭음이 울려 퍼졌다. 놀라 돌아보니 거대한 그림자가 유유히 물속으로 헤엄쳐 돌아가고 있었다. 그것도 한 마리가 아니었다. 날이 밝음과 동시에 아마존의 거대어인 피라루쿠가 수면에 얼굴을 내밀어 아침의 차가운 공기를 들이키고선 차례로 사라지곤 했다. 생생하게 울리는 녀석의 숨소리에 가슴이 뜨거워져 재빨리 낚시 준비에 들어갔다.

이곳은 지구 반대편 아마존이 아니라 '미소의 나라' 태국이다. 태국은 무엇보다 일본에서 가깝고 치안상태도 좋다. 게다가 물가도 싸다. 부담 없고 간편하게 찾을 수 있는 나라에 속한다. 2007년 말 태국을 방문한 나는 쟈크리트에게 이끌려 최근 낚시인들에게 인기가 좋다는 몬스터레이크를 방문했다.

'경악의 관리형 낚시터'로 일컬어지는 몬스터레이크는 방콕으로부터 자동차로 약 1시간 반 거리의 라차부리Ratchaburi현에 위치한 인공낚시터이다. 2m가 넘는 피라루쿠를 비롯한 남미 아마존과 북미산 괴어를 상당량 방류함으로써 최근 외국에서 방문하는 낚시인들도 줄을 잇고 있다. 저 멀리 변방까지 가지 않아도 가까이서 미지의 괴어를 노릴 수 있는 꿈 같은 낚시터이기도 하다. 더구나 작은 레스토랑 등 부대시설도 좋아 가족끼리 간편하게 놀 수 있는 분위기이다. 외래어종 방류로 인한 생태계 교란이 문제 되기도 하지만 태국인들 특유의 '마이펜라이(괜찮아, 문제없어!) 정신'이 잘 반영된 곳이기도 하다. 귀찮은 일은 아주 싫어하고 즐거우면 그것으로 족하다고 생각하는, 여유로운 태국의 특색을 상징하는 낚시터라 할 수 있는데….

채비 준비를 마치고서 물가에 서자, 햇볕에 새까맣게 그을린 친절한 표정의 주인이 다가와 방류어의 먹이가 되는 틸라피아를 대량으로 뿌렸다. 갑자기 연안이 활성을 띠고 여기저기서 포식음이 울리는 등 수면이 출렁거렸다. 마치 난장판과 같은 그 장소에 제1투를 날렸다. 루어를 바닥으로 가라앉힌 뒤 천천히 릴링을 하자, 갑작스레 입질과 함께 낚싯줄이 기세 좋게 풀려나간다. 마치 전동차와 같은 파워풀한 질주에 순간 당황했지만 5분 정도의 공방 끝에 물가로 끌려나온 놈은 아마존 메기 종류인 레드테일 캣피시. 뚱뚱하게 부푼 배에 으스스하게 붉게 물든 꼬리지느러미가 매우 인상적인 녀석을 보고 있자니, 남미 아마존에 처음 발을 디뎠을 때 이 메기가 그렇게 낚이지 않아 고뇌하던 기억이 떠오른다. 그때 마지막 날 일몰 직전에서야 겨우 한 마리를 잡아내고는 기쁨에 절규했었는데….

그런 물고기를 이렇게 간단히 낚아 올리다니? 조금은 어색함을 느끼면서도 아시아의 어류와는 확실히 다른 이질적인 메기 손맛에 이미 정신은 팔려 있었다. 아마존에서 낚은 것은 겨우 70cm급의 소형이었는데 지금 손에 들고 있는 것은 무려 1m에 이르지 않는가.

그 후로도 낚싯대는 차례로 구부러졌다. 친구 쟈크리트도 거대한 레드테일 캣피시를 올리고선 환희의 목소리를 높였다. 남들이 보면 관리낚시터에서 너무 과장된 기쁨이라 할 수도 있겠지만, 태국 사람들은 무엇이든 낚아서 즐거우면 그곳이 어디건 상관 없어 보였다. 나 또한 태국에서는 언젠가부터 즐겁다면 그것으로 그만이라 생각하기 시작했다. 그렇게 모두가 처음 잡아보는 세계 각국의 괴어에 취해 정

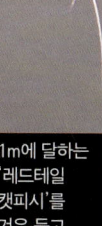

1m에 달하는 '레드테일 캣피시'를 겨우 들고 필자의 얼굴이 일그러졌다.

신들이 없었다.

 그러나 축제는 마치 약속이라도 한 듯 1시간 만에 모두 끝나버렸다. 먹이인 틸라피아를 뿌려줘 활성이 일시적으로 상승하고 그친 때문이었다. 서서히 입질이 줄어들기 시작하더니 어느 순간 반응이 완전히 멈췄다. 쟈크리트에 의하면 1년 전 처음 개장했을 당시에는 물고기가 끊임없이 계속 낚였다고 한다. 하지만 요 근래에는 아침 먹이 시간뿐으로, 아침 시간이 지나면 입질이 뚝 끊긴다는 얘기다. 그러고 보니 아침에 뿌린 틸라피아의 양이 보통 아니었다. 먹이가 너무 풍부해서 루어에 대한 환심이 반감된 것은 아닐까?

 보다 못한 쟈크리트가 관리인에게 부탁해 틸라피아를 열 마리 정도 얻어왔다. 역시나 놈들을 뿌리자 다소간 활성이 올랐는지 메기 한 마리가 낚였다. 그때 불현듯 아이디어 하나가 떠올랐다. 연안에 깔린 모래를 먹이로 위장해 저수지에 뿌려 보는 것이었다. 물고기가 모래를 먹을 리는 없지만 양식어는 먹이가 수면에 뿌려지는 소리에 우선 반응할 것이라 생각했다. 이는 저수지에서 사육되는 잉어에게서도 흔히 관찰되는 것으로, 사람이 옆으로 오면 발소리에 반응해 '먹이를 주나?' 하고 수면으로 떠오른다. 이때 작은 돌멩이라도 하나 던져 주면 '퐁당' 소리에 잉어 떼가 일제히 몰려드는 것이다.

내가 먼저 모래를 퍼 저수지에 뿌려주니 쟈크리트도 좋은 생각이라며 얼른 도왔다. 예상대로 활성이 다시 살아나면서 메기가 낚이기 시작했다. 하지만 곧 이은 관리인의 저지로 오래 계속되지는 못했다.

●● 괴물 낚시터에서 뜻밖의 피라루크를!

어느새 11시가 지나자 햇볕이 뜨거워졌다. 입질이 없어 피로에 지친 나는 잠시 연안에서 벗어나 레스토랑으로 자리를 옮겼다. 맥주를 한 손에 들고 슬쩍 물가에 눈길을 주니 지붕이 만든 그늘 아래의 수면이 아주 조금 흔들리는 것 같은 느낌이었다. 반사적으로 일어나 루어를 던졌다. 바닥까지 가라앉힌 후 릴링을 시작하자마자 입질이 왔다. 강한 충격에 서둘러 낚싯대를 세우자 '철퍼덕' 하고 수면이 갈라

지면서 은린을 번득이는 거대한 어체가 모습을 드러냈다. 낚시인이라면 누구나 꿈꾸는 대어, 다름 아닌 피라루쿠였고, 놈은 그 이름값을 유감없이 발휘했다.

슬쩍 얼굴을 보인 녀석은 단숨에 낚싯줄을 차고 나갔다. 놈에게 뒤질세라 나도 낚싯대를 강하게 고쳐 쥐었다. 금세 스피드는 약해졌지만 좀체 질주를 멈출 기미가 아니다. 저수지의 중앙까지 낚싯줄을 차고 나가더니 거대한 머리를 좌우로 크게 흔들며 수면을 박차고 도약했다. '관리낚시터'라는 사육 공간에서 일어난 일이라고는 생각할 수 없을 정도로 환상적인 광경이었다.

하지만 역시 양식어였기 때문일까? 한 차례 공중곡예를 마친 녀석은 갑자기 유영력이 떨어졌다. 이제 고비는 넘겼다. 천천히 버티기만 하면 된다. 옆에서 걱정하며 기다리는 쟈크리트에게 괜찮다는 뜻의 미소까지 보냈다. 그러나 크기가 크기이니만큼 끝까지 신중하게 싸워야 했고, 기운을 모두 빼고서야 녀석을 물가로 당겨왔다. 낚시터 주인이 홀러덩 티셔츠를 벗어던지더니 수중으로 뛰어들었다. 잠시 후 길이 2m 50cm 정도의 장방형 그물망으로 피라루쿠를 떠올렸다. 쟈크리트가 축하한다며 다가와 내 등을 슬쩍 떠밀면서 말했다.

"너도 옷을 벗고 물속으로 들어가. 사진 찍어줄 게!"

'정말 들어가도 괜찮을까?' 하고 속으로는 멈칫했지만, 쟈크리트의 웃는 모습에 나도 모르게 기분이 좋아 티셔츠를 벗고 기세 좋게 뛰어들었다. 일단은 땀에 젖고 뜨거웠던 몸이 시원해져 좋았다. 피라루쿠가 몸을 크게 한 번 비틀고 거센 물보라를 일으키며 저항했지만 내가 팔로 끌어안자 잠자는 듯 얌전해졌다. 그 거대한 몸을 안았을 때의 복잡미묘한 기분이란!

레드테일 캣피시와 마찬가지로 수년 전에 아마존으로 이 녀석을 찾아간 일이 있다. 그때 미처 이루지 못한 꿈을 여기서 이루게 될 줄이야! 그런데 그토록 동경하던 물고기를 뜻밖의 관리형 낚시터에서 생각보다 쉽게 잡고 보니, 오랜 꿈 한 조각이 떨어져 나가는 듯 묘한 느낌인데…. 기쁨과 아쉬움이 교차하는 복잡한 나의 심경을 아는지

태국 '몬스터레이크'의 수호신으로 불러도 좋을 거대한 피라루쿠. 뭍으로까지 끌어올릴 수 없어 물속으로 뛰어 들어가 기념촬영을 했다.

모르는지 쟈크리트와 낚시터 주인은 해맑은 웃음으로 양껏 축복해 주었다.

거듭 표현하지만 여기는 '마이펜라이'의 나라. 로마에 가면 로마의 법을 따라야 하듯, 축복해주는 그대로 받을 수밖에! 나 또한 어느새 진심으로 기뻐하며 피라루쿠를 수중에서 자랑스레 안고 있었다.

기념사진을 10여 컷 찍은 후 피라루쿠를 그물망으로 다시 옮겼다. 관리인 말에 의하면 두 시간 정도 넣어둔 채로 체력을 회복시킨 후에 저수지에 다시 풀어준다고 한다.

뭍으로 올라온 나는 몸을 씻고서 또 낚싯대를 잡았다. 더 이상 입질이 없는 저수지를 세 바퀴나 돌았다. 이 관리형 낚시터에는 고기를 못 낚는 손님들을 위한 이벤트가 하나 있는데 그것은 오후에 생미끼 낚시를 허락하는 것이다. 살아있는 틸라피아를 미끼로 쓰면 거의 입질을 받게 되지만, 나는 끝까지 루어만 사용할 작정으로 저수지 네 바퀴째를 돌고 있었다.

한순간 진흙 바닥인 얕은 수심에 작은 물고기가 모여 있는 것을 보고 발길을 멈췄다. 자세히 보니 진흙 바닥에는 커다란 구멍이 곳곳에 뚫려 있고 그곳에서 미세한 모래먼지가 발생했다. 혹시나 하는 마

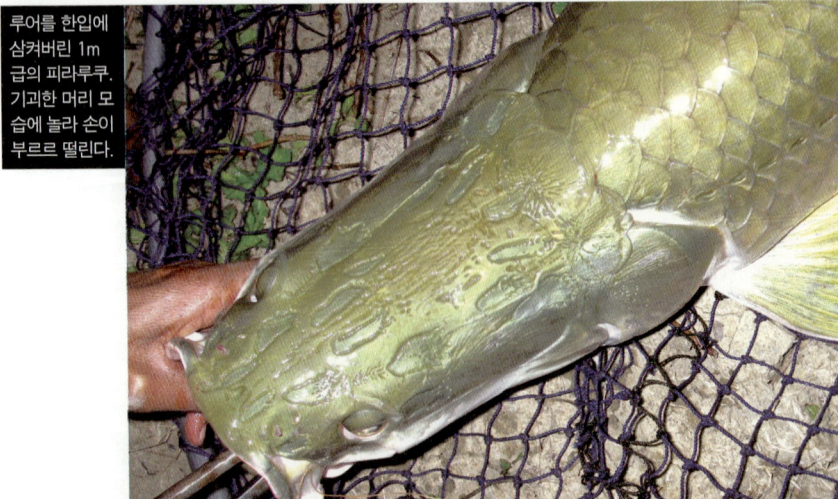

루어를 한입에 삼켜버린 1m급의 피라루쿠. 기괴한 머리 모습에 놀라 손이 부르르 떨린다.

음에 조용히 루어를 떨어뜨려 구멍 위를 통과시켰다. 그랬더니 '벌컥' 루어를 집어삼킨 1m 정도의 피라루쿠가 요동을 치는 게 아닌가. 너무 수심이 얕아 유영을 할 수 없었는지 녀석이 1분여 만에 항복을 하고 뜰채에 담겼다. 아마도 녀석은 전략적으로 얕은 곳으로 나와 구멍 속에 몸을 숨기고 있다가 머리 위를 지나가는 작은 물고기를 노렸으리라. 확인해 보니 루어를 어찌나 강하게 삼켰던지 목구멍 가장 깊숙한 곳에 걸려 있었다. 단 한입에 꿀꺽한 모양이었다.

사진을 찍고 있는데 쟈크리트가 건너편에서 뛰어와 내 옆에서 낚시를 시작했다. 태국 낚시인들끼리는 '물고기를 낚고 싶다면 낚고 있는 사람 옆으로 가라!'는 철칙(?)이 있다고 한다. 일본에서는 한 사람이 먼저 시작한 포인트에서 '곁다리낚시'를 하는 것은 매우 껄끄러운 일로 치부되지만 태국인의 행동은 그에 반해 상당히 직설적이다. 나는 그런 태국인들의 심플하고 솔직한 행동에 호감을 갖고 있었기에 불편함 없이 그와 함께 나란히 낚싯대를 휘둘러댔다.

그렇게 둘이서 잡담을 나누며 나란히 낚시를 하던 중 갑자기 쟈크리트가 '앗!' 하고 외쳤고, 그런 그의 낚싯대가 사정없이 꼬꾸러들었다. 낑낑대며 쟈크리트가 올린 고기는 '프라 샤도'라는 동남아시아

동남아시아 최강의 물고기인 '프라 샤도'도 이곳 '몬스터레이크'에선 왕따 취급 받는다.

고유의 가물치였다. 이곳 인공낚시터에 아마존산 물고기 이외 태국의 토속 어종도 많이 서식한다는 사실을 알게 되자 왠지 모를 안도감이 들었다. 쟈크리트의 말에 의하면 태국 담수어 가운데 최강으로 꼽히는 프라 샤도이지만, 이곳 아마존의 맹수가 우글거리는 인공 낚시터에서는 활동 폭이 매우 좁아 항상 저수지 한 구석의 수초 그늘에서만 놀고 있단다.

그렇게 시간은 흘렀고, 정신을 차려 보니 우리들은 일출로부터 이미 12시간째 낚시를 계속하고 있었다. 해가 진 저수지에 어둠이 깔리니 대낮의 침묵은 거짓말처럼 사라지고 연안의 얕은 장소에부터 또다시 소란스러워지기 시작했다. 물고기가 튀고 '풍덩' '첨벙' '철퍼덕' '철벅철벅' 갖가지 육식성 어류의 포식음들이 어둠 속에서 울렸다. 나는 그 소리만으로도 흥분하여 얼른 톱워터 루어를 매달고선 발소리를 감추며 소리가 울리는 곳으로 살금살금 다가갔다. 연안에서 50cm 남짓 거리에 루어를 떨어뜨려 수평으로 액션을 가하면서 살짝살짝 끌어주면 '첨벙' 하고 곧장 입질이 왔다. 루어를 던질 때마다 어마어마한 포식음이 어둠 속에서 울려 퍼졌다. 낮 동안의 화풀이라도 하듯 정신없이 그렇게 저수지를 한 바퀴 더 돌아버렸다.

쟈크리트와 나란히 레스토랑으로 돌아오는 길은 정녕코 마음 뿌

아름다운 무늬를 자랑하는 아마존 메기 종류인 '타이거 쇼벨노우즈'.

'앨리게이터 가'를 낚아 들고 기쁨에 절규하는 쟈크리트 씨.

듯했다.

"오늘은 최고였어!"

서로를 부추기며 외등 아래를 걷던 중 불빛에 비춰진 수면이 조금 움직이는 것도 우리는 놓치지 않았다.

"타케, 던져!"

"아냐, 괜찮아. 이번엔 네가 던져!"

최후의 일투를 양보한 것이 실수였을까. 얼마 후 쟈크리트는 1m가 훨씬 넘는, 북미산 괴어로 손꼽히는 '앨리게이터 가'를 낚아 올렸다. '아, 내가 던졌어야 하는데…'. 그러나 돌이킬 수 없는 일. 속 타는 마음으로 마치 악어처럼 으스스한 얼굴의 괴어를 뚫어지게 쳐다볼 뿐이었다. 그렇게 몬스터레이크에서의 낚시는 마지막까지 흥미롭게 마무리가 됐다.

이름 그대로 몬스터레이크Monster lake 같은 괴물낚시터를 생각해 낸 태국 사람들의 대담성이 새삼 놀라웠다. 일본에선 도저히 생각할 수 없는 놀라운 관리낚시터. 태국이라는 나라는 방문할 때마다 나에게 이렇게 속삭인다.

'편안하게 즐겨라, 마이펜라이!'

여기는 어메이징 타일랜드!

Picture Gallery 캄보디아

낚시를 하다가 잠시 유적지 관광을 즐긴다. 앙코르 사원은 12km에 달하는 성벽에 둘러싸인 크메르왕조 전성기의 상징물. 사진은 인면상이 조각된 바이욘사원이다.

「천공의 성 라퓨타」에 나올 법한 '타프롬' 유적. 장기간 방치된 결과, 가쥬말 나무에 잠식당하는 등 금방이라도 무너져 내릴 것 같다.

Picture Gallery 캄보디아

정글에 침식돼 가는 앙코르와트. 고대 유적이 다시 자연으로 돌아가고 있다.

앙코르와트 근처 마을을 배회하는 원숭이들. 낚싯대가 신기한 듯 기어올라 만져보고 있다.

앙코르와트 부근의 동네에서 송아지만 한 돼지가 쓰레기를 뒤지고 있다.

Picture Gallery 캄보디아

유적지에서 만난 캄보디아의 어린이들. 대부분 토산품을 팔아 가계를 돕는데, 하나같이 눈동자가 반짝반짝 빛나 귀엽기 짝이 없다.

말레이시아

말레이시아 보르네오섬 열대우림 사이로 난 비포장 길.

파푸안배스의 회. 오지의 정글에서 회를 맛볼 수 있으리라고는 생각지도 못했다.

Picture Gallery 동남아시아

본문에는 등장하지 않지만 메콩강 유역에 서식하는 '메콩왕메기'. 최대 3m까지 성장하는 세계최대 담수어 중의 하나다. 개체 수가 극히 줄어 워싱턴조약에 의해 보호받고 있는데, 양식종이 태국의 관리 낚시터에 방류되어 인기를 끈다.

역시 메콩강 유역에 서식하며 세계 최대의 잉어로 손꼽히는 '프라 카호'(태국명).

동남아시아 최강의 메기인 '자이언트 스네이크헤드'. 태국명은 '프라 샤도', 말레이명은 '토만'이다.

말레이시아의 열대우림에는 아시아코끼리도 서식한다. 낚시 도중 뒤쪽 숲속에서 돌연히 나타난 아시아코끼리.

동남아시아에 널리 분포하는 '등목어(登木魚)'. 실제로 나무를 기어오르진 않고 지면을 기어 갈 수 있는 진귀한 물고기이다.

동남아시아에 서식하는 '아시아 아로와나'. 관상어 중에서 최고급으로 꼽히는데, 남획과 환경오염으로 개체수가 극도로 줄어들었다.

Picture Gallery 동남아시아

마마해트강에서 낚인 여러 어종들. 위로부터 능성어류와 물총고기·퍼시픽타폰·GT 등등.

4 몽골 Mongol

대초원의 살아있는 전설(傳說) 타이멘

- 출룻강에서 테르킨차간호수까지
- 오토바이로 몽골 초원을 횡단하다
- 알코올중독 운전기사와 떠난 출룻강 야생체험
- 조급한 남자는 얼어 죽는다? – 필사의 탈출
- 배고픈 초원에서의 요리 기행
- 오래 된 이방인이 본 몽골, 몽골 사람들

출릇강에서
테르킨차간호수까지

● ● **출릇강의 추억을 찾아서**

    승합지프가 지평선 너머로 사라져 간다. 푸른 하늘 아래로 끝없이 이어진 대초원에 휑하니 혼자가 되어 버렸다. 푸름과 초록으로 구성된 단순한 풍경 속에 짐짝처럼 버려지고 보니 갑자기 외로움이 북받쳐 오른다.

  2004년 7월, 나는 세 번째 몽골 여행을 혼자 이렇게 시작하고 있었다. 수도 울란바토르에서 지프를 타고 출릇강Chuluut River을 향해 여행길에 오른 것은 이틀 전의 일이다. 11인승 왜건 타입의 러시아제 지프에 마치 화물처럼 꾹꾹 채워진 사람은 무려 19명으로, 도무지 다리를 뻗을 공간조차도 없었다. 차가 달리기 시작하여 반나절이 되자 포장도로가 거의 끊기고 초원에는 자동차가 만들어 놓은 바퀴 자국만 눈에 띄었다. 포장도로가 귀한 몽골에서는 이러한 길을 '자므(도로)'라 부르는데, 굴곡이 심하여 여행자 입장에선 도저히 길이라 볼 수 없었다. 심하게 흔들리는 차체와 틈새로부터 밀려드는 먼지로 의복은 모래먼지투성이로 새하얗게 변했다. 게다가 너덜너덜 낡아빠진 러시아제 지프는 고장까지 잘도 일으켜 수리를 위해 중간에 발이 묶인 것도 여러 차례. 오직 한결같은 마음으로 목적지에 빨리 도착하기만을 기도드릴 뿐이었다.

  막상 출릇강을 수 km 앞둔 지점에 도착, 다른 승객과 이별하고 혼자 걷자니 승합지프의 숨 막히던 그 공간이 그리워진다. 의지할 것이

초원을 갈라 찢어놓은 듯한 단애 아래로 출룻강이 흐른다.

라곤 튼튼한 나의 두 다리뿐. 짐을 가볍게 하기 위해서 홍차·커피·조미료 이외의 식재료는 일절 가져오지 않았다. 이제부터 현장에서 먹을거리를 스스로 조달하지 않으면 안 된다. 물고기를 낚지 못하면 굶어 죽고, 걸을 수 없다면 길에 쓰러져 죽게 되리라. '누구도 날 구하러 오지 않을 것이다…' 혼자 외롭게 불안을 짊어진 채 출룻강을 향해 터벅터벅 걸었다.

잠시 후 눈앞의 대지가 갈라졌다. 초원을 찢어 놓은 듯한 단애가 펼쳐진 것이다. 발 아래로 흐르는 출룻강이 내려다 보인다. 이곳이 바로 3년 전 그날 밤, 처음 '타이멘Taimen'을 낚은 포인트다.

2001년 이 장소에서 나는 처음으로 타이멘을 낚았다. 타이멘은 일본에서 말하는 '이토우'의 일종. 시베리아의

2001년 몽골을 처음 찾았을 때 낚은 추억의 타이멘.

아무르강 유역과 몽골에 서식하는 세계 최대의 연어과 물고기로, 최대 2m에 달하는 초거대어도 있다는 소문도 들렸다. 이렇듯 몽골 출롯강에 거대한 타이멘이 있다는 말 하나만 믿고 무작정 일본을 떠났고, 어렵사리 도착하게 된 곳이 바로 이 장소였다.

무엇을 던져도 물고기는 낚였다. 그저 수렵 본능에 스스로를 맡겼을 정도로 루어를 던지기만 하면 낚였고, 또 던져 낚고, 그야말로 정신없이 낚아 올렸다. 출롯강은 마치 낙원 같았다. 4시간 동안 100여 차례의 입질이 있었고, 50~60cm에 이르는 크기들을 41마리나 올렸다. 일본에서는 상상도 할 수 없는 조과였다.

'여기가 바로 지구 최후의 파라다이스다! 나만의 파라다이스!'

즐거운 나머지 머리가 이상해질 정도였다. 그리고 그날 밤, 드디어 타이멘을 걸었다. 암흑 속에서 손전등에 비춰진 타이멘을 처음 봤을 때의 충격은 아직도 잊을 수 없다. 어마어마한 크기에 나는 그만 여자애처럼 비명을 질렀고 팔과 다리를 부들부들 떨었다. 물가에까지 겨우 끌어냈으나 도무지 랜딩을 시킬 수가 없어 결국은 차가운 강물에 뛰어들어 타이멘을 끌어안았다. 그때 내질렀던 기쁨의 절규란! 그 순간부터 나는 몽골 여행의 노예가 되어 버렸다. 매년 출롯강에 다녀오고, 지금까지 대물 타이멘을 찾고 있다. 올해도 이 장소에서 초원의 여행을 시작하는 것이다.

●● 자급자족의 야영생활이 시작되다

눈 아래로 아득히 흐르는 강물을 지긋이 바라보고 있으니 초원의 건조한 바람이 불어와 스르르 생기가 돋았다. 스스로의 두 다리로 걸어 직접 눈으로 포인트를 확인하고 내 손으로 물고기를 낚는 것-. 변경의 오지에서 바로 이 같은 낚시를 하고 싶었다. 마음껏 자유를 누리면서….

자유를 전제로 하는 낚시의 시작은 텐트를 설치하는 장소 선정에서부터 시작된다. 짐을 내리고 우선 강변부터 둘러본다. 돌이 널려 있지 않는 평평한 지면이어야 하고, 가능하면 태양을 가릴 수 있는 나무 밑이 좋다. 더욱이 그 나무에서 세탁물을 말리기에 적당한 가지가 뻗어 있다면 금상첨화. 근처에 또 땔감은 있는지, 모닥불 피울 장소로는 어떤지도 살펴야 한다. 나아가 낚시 포인트에서 너무 가까워도 안 되고 너무 멀어도 안 된다. 그러나 언제나 그렇듯 이상의 조건들을 고루 갖춘 최적의 장소는 드물다. 한두 가지의 불편은 그냥 감수할 수밖에 없다.

머나먼 이국땅 오지에서 텐트를 펼치자니, 어릴 적 동네 야산에 '비밀기지'를 만들던 추억이 되살아난다. 그때 나는 얼마나 가슴 뛰며 나만의 공간에 열중했던가. 지혜와 체력을 갖추고 경험을 축적한 어른이 되어서는 동네 야산이 아닌 이곳 몽골의 비밀기지에서 비슷한 설렘을 맛본다. 어른이 되어버린 소년들이여, 혹시 그 시절의 두근거림이 그립다면 황야로 향하라!

텐트를 설치하고 모닥불 장소까지 정했다면 그 다음 할 일은 식량

강변에 설치한 비밀기지. 인기척 없는 장소에 나만의 공간을 만든다.

조달이다. '낚지 못하면 먹지도 말라!' 곧바로 소형 채비를 갖추고 낚시에 들어간다. 급류의 바위 그늘을 겨냥해 우선 소형 스푼으로 공략에 돌입한다. 스푼 루어가 바위 그늘의 역류 지점을 벗어나기 전, 순간적인 정지 동작을 가하자 '쿡!' 하고 입질이 온다. '오늘밤 반찬거리는 뭘까?' 잠시 궁금증을 누르고 첫판 승부에 최선을 다한다. 푸다닥 물보라를 튀기며 밖으로 끌려나온 고기는 약 50cm 크기의 '레노크(열목어)'. 이곳 몽골에서는 얼마든지 낚을 수 있는 고기지만 찬거리 확보 차원에서는 더없이 기쁜 씨알이다. 이어서 같은 크기의 레노크 일곱 마리와 그레일링 세 마리가 낚여 당일은 물론 며칠 간 식량 걱정은 않게 되었다.

식용으로 장만한 50cm 안팎의 레노크 (열목어).

이제 저녁식사를 준비할 차례. 물고기 이외의 반찬거리로 이곳 강가에는 야생 양파가 자란다. 탁구공 정도의 작은 알갱이 크기지만 톡 쏘는 매운맛이 일품이다. 적당히 잘라 냄비에 넣고 물고기와 함께 끓이면 되는데, 여기에 적당한 양의 소금과 조미료를 넣으면 그것으로 요리가 완성된다. 나의 경험상 '아웃도어 요리'는 이렇게 적당히 만드는 것이 최고다. 물론 요리를 맛없게 하자는 뜻은 아니다. 야외에서 어떤 목적을 달성하고자 할 때, 요리 자체에 지나치게 신경 쓴다는 것은 사치일 수도 있다는 뜻이다. 허기진 배를 채우면 그것으로 족한 것-.

출룻강 기슭에서 반찬거리로 채취한 야생 양파.

빠르고 간단하게, 그야말로 묻지도 따지지도 말고 본능적으로 먹는 것이 최선이다. 야외생활을 하다보면 어떤 요리도 맛있게 받아들이

강변 야영생활의 즐거움은 흐르는 물에 몸 담그는 것.

는 '공복'이 전제되기 때문이다.

  그렇고 그런 요리였지만 일단 배는 불렀고, 나는 장작불을 지피면서 날이 어두워지기만을 기다렸다. 출룻강에서는 일몰을 기다리는 시간이 가장 즐겁다. 몽골에서 배운 것이지만 타이멘낚시는 역시 밤낚시가 제격이기 때문이다. 몽골 사람들은 어두운 밤에 강을 건너는 들쥐 등의 작은 동물을 타이멘이 포식한다 여겼던 모양이다. 그래서 나 또한 몽골인들의 타이멘낚시를 그대로 답습한 것이다. '오늘의 루어는 무엇이 좋을까?' '혹시 낚싯줄이 상한 것은 아닐까?' 이것저것 채비를 점검하면서 낮에 봐둔 포인트도 떠올려 본다. 점점 어둠이 내리면서 기대감이 부풀러 올라 더 이상 기다릴 수가 없다.

  몽골의 한여름은 낮 시간이 유난히 길어 22시를 넘어서야 겨우 암흑에 둘러싸인다. 3년 전 처음으로 115cm의 타이멘을 낚았던 포인트부터 살핀다. 반대편 기슭의 튀어나온 큰 바위에 강한 물줄기가 부딪치면서 강의 중심부까지 소沼를 형성한 곳이다. 주변에서 가장 수심이 깊은 포인트로, 얼핏 보기에도 대물이 웅크리고 있을 분위기다. 하지만 소沼 중심부보다는 5m 정도 상류 지점의 여울을 핵심 포인트로 지목하고, 강한 물 흐름 속에서도 안정적인 액션을 가할 수 있는 톱워터 루어를 날려 보내기로 한다.

'휙!' 하고 루어가 날아가 건너편 기슭에 아슬아슬하게 안착한다. 곧바로 릴링을 시작하자 강한 물살의 저항을 이기지 못하는 나머지 루어가 밑으로 파고든다. 크게 낚싯대를 젖혔다가 멈추자 깊게 잠겼던 루어가 급부상한다. 바로 그 순간 입질이 왔다. '타이멘인가?' 낚싯줄이 조금 풀려 나가면서 긴장감이 맴돈다. 하지만 완만한 물살까지 지긋히 끌어당겨보니 50cm 정도 크기의 레노크! '반찬은 아까 잡은 놈들로 충분한데…' 레노크를 강으로 되돌려 보내고 다시 루어를 멀리 던진다.

큰 바위 주변에선 놀라울 정도로 입질이 계속되었다. 하지만 내가 원하는 그 소리는 울리지 않았다. 거대한 타이멘이 수면의 먹잇감을 포식할 때 울리는 그 소리-. 일반 레노크의 경우는 '찰싹' 하는, 그저 물 튀기는 소리가 날 뿐이지만, 대물 타이멘의 경우는 아예 소리부터가 다르다. 강가의 적막을 깨뜨리듯 '푸펍!' 하고 울리는 그 소리는 마치 루어가 지옥의 밑창으로 빨려 들어가는 듯한 생생한 소리다. 지금까지 수십 차례를 들었지만 그때마다 머릿속이 새하얘지고 쿵덕쿵덕 심장이 고동을 쳤다. 결국 이날 밤 계곡에는 '찰싹' 하는, 기운 빠지는 소리만 계속되어 일찌감치 텐트로 복귀하고 말았다.

이른 새벽 '바삭바삭' 소리에 눈을 떴다. 텐트 본체와 플라이시트 사이에 저녁거리를 방치해 두었는데 무언가가 그것을 먹고 있는 듯했다. 작은 발자국 소리여서 들쥐 종류이겠거니 생각하면서도 어쩐지 으스스했다. 텐트의 지퍼를 올리고 손전등을 비춰 주위를 살폈다. 소리가 뚝 멈췄다. 주변을 살펴보아도 아무것도 눈에 띄지 않는다. 그런데 전등을 끄고 다시 침낭에 들어가니 소리가 또 들린다. 불빛을 비추면 소리가 멎고, 소리가 나서 불빛을 비추면 다시 멈추는 등, 불면의 시간이 한참 계속되었다. 그러다 돌연 '퍼석!' 하는 소리와 함께 뭔가가 텐트를 덮쳤다. "꺄아악~!" 너무도 놀란 나머지 나도 모르게 비명을 질렀다. 소리가 난 곳이 분명 텐트 위쪽이었으니 쥐와 같은 작은 동물은 아니다. '혹시…?' 정신없이 텐트 밖으로 뛰쳐나가 막대

땅과 하늘, 생태계의 두 정점인 몽골 늑대(좌)와 독수리(우).

　기를 휘두르며 소리쳤다. "나와라, 이놈~!" 그러나 아무것도 없었다. 텐트 밖은 여전히 정적만 맴돌 뿐이었다. 어찌된 영문일까. 곰곰 생각해보니 출룻강에 자주 출몰하는 대형 새가 떠올랐다. 녀석이 텐트 위에 앉았다 달아났을 가능성이 높았다. 오지의 어둠이 나를 필요 이상의 겁쟁이로 몰아갔던 것이다.

　단번에 잠이 달아나 미명의 어둠 속에서 낚싯대를 휘두르기 시작했지만 성과는 좋지 못했다. 50cm를 조금 넘는 레노크 한 마리뿐. 이후로는 그나마 입질도 뚝 끊겨 버렸다. '푸펍' 하는 타이멘의 포식음도 결국 들리지 않았다.

　애초 계획은 이 포인트에서 우선 110cm급의 타이멘을 낚고, 그 후에 쉬엄쉬엄 강가를 거슬러 북상할 작정이었다. 하지만 이 상태로는 타이멘의 흔적을 찾기 어렵다. 이전 조행은 8월 중순이었던 데 비해 지금은 아직 7월 중순이다. '시기가 너무 빠른 것일까?' 이런저런 생각으로 고민의 씨알만 굵어져 갔다.

● ● '히치하이크'로 테르킨차간호수로

날이 밝았을 때 그 답을 찾을 수 있었다. 아침 햇살에 비친 출룻강은 거의 커피색으로 혼탁해 있었다. 보통은 투명도 높은 흐름을 보이는 곳이다. 어제 저녁 두터운 비구름이 몰렸던 탓일까? 캠프 주변은 가랑비 정도여서 대수롭잖게 생각했는데 상류 지역엔 꽤 많은 소나기가 온 듯했다. 진흙을 머금은 탁수가 지금에 이르러 이쪽까지 밀려온 것이다.

이틀을 더 기다려도 출룻강은 맑아지지 않았다. 나뭇조각도 잇달아 흘러내려 낚시 자체가 쉽지 않은 상황. 타이멘은 커녕 잡어인 레노크의 활성도도 극단적으로 떨어져 찬거리 조달조차 쉽지 않은 지경에 이르렀다. 조금도 맑아질 기미를 보이지 않는 강물을 원망스럽게 바라보며 흙탕물을 냄비에 퍼 담았다. 커피를 끓이려고 들면 이미 물색은 커피색. '마셔도 괜찮을까?' 그러나 허기를 달래려면 커피라도 마시는 수밖에. 혹시라도 멀리서 흘러들어온 가축의 분뇨가 섞여 있지 않을까 두려웠지만 의외로 '흙탕물 커피'는 맛이 괜찮았다.

그렇게 출룻강에서의 조행은 단념할 수밖에 없었다. 강물이 맑아질 때까지 서쪽 60km 지점의 테르킨차간호수Terkhiin Tsagann Nurr로 옮겨 그곳에서 '노던파이크'를 노려보기로 했다. 그냥 기분 전환용으로 큰 기대는 하지 않았다.

고생하며 내려온 절벽을 다시 타고 올랐다. 지평선 너머까지 이어진 바퀴자국을 따라 뚜벅뚜벅 걷고 또 걸었다. 변덕스러운 운전수에 의해 만들어진 바퀴자국 길은 도중에 여러 갈래로 갈라지기도 하지만 나중에는 다시 한 줄기가 되어 서쪽으로 끝없이 이어졌다. 이 길을 죽든 살든 따라가기만 하면 틀림없이 테르킨차간호수에 도착할 것이다. 하지만 집 한 채 없는 대초원의 길은 무려 60여km에 달한다. 아득한 거리를 생각하니 그냥 맥이 탁 풀린다. 울란바토르 출발 이후 짐이 더 무거워진 것도 아닌데, 어깨를 파고드는 중량감이 걸음을 옮길 때마다 더욱 짓누른다. 그곳에 대형 타이멘이 낚였다 하면 뛰어서라도 가겠지만…. 이래서는 안 된다 하면서도 수km를 걷다가 그만 털썩 주저앉고 말았다.

'아, 히치하이킹이라도 해볼까….' 얼빠진 녀석으로 취급하겠지만 더 이상 어쩔 수가 없다. '음식을 씹어본 지도 오래구나!' 생각하니 더욱 힘이 쑤욱 빠졌다. 그만 털썩, 길가의 풀숲에 짐을 내려놓고 주저앉고 말았다.

지나가는 차를 기다리길 한 시간여. 운 좋게 자동차 한 대가 모래먼지를 일으키며 달려왔다. 벌떡 일어나 엄지를 치켜세워 히치하이킹 포즈를 취했다. 요즘에는 다소 용기가 필요한 이 포즈. 세계 각국의 여행 정보를 언제 어디서건 간단하게 취득할 수 있는 이 시대에 히치하이킹이 될 말인가! 하지만 이 구태의연한 동작이 몽골의 초원에서는 고맙게도 잘 먹혔다. 몽골의 시골 초원이라 그럴까? 하기야 이곳에는 히치하이킹 외에 다른 어떤 교통수단이라곤 없다.

자동차는 나를 10m 정도 지나서 급정거했다. 창문으로 수염난 아저씨가 얼굴을 내밀었다.

"호수로 가는 중이야? 타라고! 돈은 필요 없어!"

"어서 앉으세요!"

뒷좌석에 앉은 몽골 소녀가 자신의 자리를 좁히며 인사를 했다. 이게 웬 떡인가! 망망 초원에서 겪은 그 동안의 외로움이라도 달래듯 나는 소녀 옆에 바짝, 아주 꼭 붙어 앉았다. '역시 소득 없는 노력은 빨리 포기하는 것이 정답이었군!' 헬렐레 웃으며 몽골 소녀의 옆에 붙어 앉아 새로운 여행이 그렇게 시작되었다.

언제나 그렇듯 새로운 여행에는 축배가 필요하다. 예상했던 대로 차 안에서 곧 술판이 벌어졌다. 방년 18세의 아리따운(?) 소녀도 끼어들어 작은 잔을 거듭 비워갔다. 어쩔 수 없이 어깨를 부딪치게 되는 소녀. 몽골 특유의 둥그런 얼굴을 한 그저 그런 모습이지만, 오지에서 혼자 야영생활을 하고 돌아오는 남자의 눈에는 모든 여자가 아름답게 보이는 법. 게다가 오랜만에 사람과 만난 기쁨에서였을까? 알코올 도수 40에 달하는 보드카를 연달아 마신 나는 그만 의식을

화산 분화에 의해 생긴 테르킨차간 호수.

잃고 곯아떨어져버렸다.

　얼마나 지났을까. 정신을 차리고 보니 눈앞에 호수가 펼쳐져 있었다. 술에 취해 갈지자로 걷다가 누구에겐가 호수의 이름을 물어보니 확실히 '테르킨차간호수'라고 했다. 그런데 도무지 기억이 나질 않는 장소였다. '도대체 어디쯤이지?' 아득한 저쪽 맞은편 기슭으로 눈길을 돌려보니, 그쪽에 왠지 낯익은 풍경이 펼쳐져 있었다. 호수의 북쪽 기슭으로 가려 했는데 남쪽 기슭에 도착한 것이다. 이미 서쪽 하늘에는 해가 저물기 시작해 북쪽으로 이동하기엔 너무 늦은 시간이었다. 당일로 기대했던 노던파이크는 단념할 수밖에 없었다.

　그러나 어떻든 좋았다. 밤이 되자 나를 태워준 '수염' 아저씨 친구들이 머무는 '게르(몽골식 천막형 주택)'에서 연회가 벌어졌다. 그들은 전선 공사를 위해 머무는 노동자들로 모두가 호탕한 술고래였다. 나도 어느 틈엔가 그들과 어울려 마시고 또 마셨다. 급기야 취기가 달아오른 나는 변변치도 않은 몽골어로 이제 막 만난 사람들에게 별명을 붙여주고 있었다. 그것은 '만갈쵸노(미친 늑대)', '오힌보후(여자 씨

우연한 계기로 신세를 끼친 여러 분들과 함께.

름꾼)', '틴자우르스(티라노사우루스)' 등등 시시한 것들뿐이었지만, 어느 순간 몽골인들의 웃음보가 터지고 묘하게 분위기가 달아올라 대단한 호응을 얻었다. 일약 연회의 스타가 되어버린 것이다.

다음날 아침, 만갈쵸노(미친 늑대)라 별명 붙여준 남자가 오토바이로 나를 북쪽 기슭까지 데려다 주었다. 남쪽에서 북쪽까지는 '타리아트Tariat'라는 작은 마을을 지나 '소몬강'을 건너고도 다시 산의 협곡을 통과하는 등 그 거리가 10여km에 달했다. 도저히 길이라고 할 수 없을 정도의 험로를 '쿠당탕!' 오토바이가 흔들릴 때마다 숙취로 범벅이 된 머리가 온통 깨질 듯 아팠다. 이에 아랑곳없이 한 시간 정도를 쿵쾅거린 오토바이는 북쪽 호숫가 높은 대지에 있는 한 채의 게르 앞에 멈춰 섰다. 2001년 처음 이곳을 방문하던 때부터 줄곧 신세져 온 '먀그마'의 집인데, 눈에 익은 게르 뒤로 처음 보는 통나무집 하나가 눈길을 끌었다. '어? 전에는 통나무집이 없었는데….' 큰 소리로 이름을 부르니 문이 열렸다. 입구에 얼굴을 내민 사람은 틀림없는 먀그마. 그는 잠시 놀란 표정을 짓더니 나를 향해 활짝 웃어 주었다.

●● 몽골의 유목민 생활에도 변화의 그림자가

"먀그마, 센붸노?"(어이, 먀그마 건강해?)

"센센붸노?"(응, 너는 어때?)

"이 통나무집은 뭐야?"

"아, 내가 세운 거야!"

이렇게 해서 먀그마의 통나무집 생활이 시작되었다. 유목민과의 생활은 너무도 단조로워서 일출과 함께 눈을 뜨고, 배가 고프면 밥을 먹고, 사람이 모이면 차나 술을 마시고, 그러다가 해가 지면 침낭에 들어가는 것의 반복이다. 그러나 유목 생활에서 헛된 시간이라고는 단 한시도 없다. 손님의 입장에서 장작 패기나 물 긷기, 가축 돌보는 일, 그 어느 것 하나 거들 빌미를 주지 않았다. 유목 생활에서는 각자의 역할 분담이 너무도 명확히 구분돼 있기 때문이다. 여자는 아침 일찍 아궁이에 불을 지피고 밥을 짓는다. 아이들은 땔감을 패고, 물을 긷고, 양을 몰다 돌아온다. 남자는 말을 타고 사냥감을 쫓는다. 낚

몽골의 이동식 집인 '게르'(앞쪽). 요즘은 외국인 관광객을 위한 게스트하우스로도 쓰인다.

유목생활은 역할분담. 아이들은 땔감을 준비한다.

시꾼인 나는 열심히 낚싯대를 휘두르고 있으면 그저 그것으로 그만이었다.

하지만 근년 들어 유목 생활에도 변화의 조짐이 나타났다. 호수에 나란히 세워진 이 작은 집들도 예외는 아니다. 2001년 내가 처음으로 이곳을 방문했을 때, 이곳은 한 채의 여행객 캠프가 호반에 우두커니 서 있을 뿐 주위에는 유목민의 천막집(게르)이 군데군데 있는 변경의 조용한 호숫가였다. 처음으로 먀그마와 만났을 때, 그 역시 그저 보통의 유목민이었다. 하지만 1년 전부터 그들의 생활에 변화가 일었다고 한다. 도회지의 몽골인과 외국인 관광객들이 이 지역을 자주 방문하게 되면서 유목민의 주거지인 천막집이 그들의 홈스테이 장소로 사용되기 시작한 것이다.

많은 유목민이 자급자족의 유목 생활을 버리고 손쉽게 돈을 벌 수 있는 게스트하우스 운영에 관심을 갖기 시작했다. 먀그마의 천막집 또한 관광객의 홈스테이 장소로 임대되었고, 그 수익으로 별도의 통나무집도 지은 듯했다. 그 결과 여윳돈은 주로 술값으로 지불되었고, 먀그마는 아침부터 저녁까지 늘 취해 있었다. 자본주의의 맛을 알아버린 사람들에게 더 이상 옛날의 전통은 아무런 의미도 주지 못했다. 한순간에 마을이 변하고, 생활양식이 변하고, 모든 것이 변화해 갔

파라볼라 안테나와 솔라 패널이 몽골 유목민의 생활 변화를 표현해 준다.

다. 어수선해져 가는 이 호수에 왠지 모를 서운함을 느끼면서도, 나 자신 역시 이 땅에 변화를 안긴 여행객 중의 한 사람이라는 사실에 절로 한숨이 나왔다.

낚싯대를 들고 호수로 나설 때면 반드시 유목민이 말을 걸어 왔다. 방문 3년째가 되어가니 대부분의 사람들과 면식이 생긴 때문이기도 했다. 대낮부터 취한 남자들로부터 "자자, 너도 한 잔 하러 가자!"는 유혹이 매일 계속 되었다.

연회는 한 번 시작되면 쉽게 멈추지 않았다. 이 땅에서는 손님을 대낮부터 술로 대접하는 일이 흔한데, 일행들이 빙 둘러앉아 있으면 큰 술병을 든 주인이 작은 잔에 술을 따라 차례로 돌려 나간다. 술잔을 받은 손님은 단숨에 털어 넣고는 다시 주인에

웬만한 '게르' 안에는 TV도 보통.

게 잔을 건넨다. 마지막에 주인이
혼자 술을 따라 한 잔 마시면 한 바
퀴가 다 돈 것이다. 그런데 이 잔돌
리기는 여기서 끝나지 않고 모두가
뻗을 때까지 계속된다.

유목민 사이에서는 말의 젖으로
만든 민속주가 인기지만, 때로는
알코올 도수 40%에 달하는 러시아
제 보드카 병이 차례로 비워져 가
는 경우도 있다. 나로선 이럴 때가
최고 고역이었다. 아무 맛도 없는
보드카는 그저 취하기 위해 마시는

연회가 시작되
면 끝장날 때
까지 마신다.
초원에 쓰러져
자는 유목민.

술일 뿐, 어쩔 수 없이 한 번에 털어 넣으면 목이 타는 듯이 뜨거웠
다. 유목 생활에서 쓸모없는 것이라곤 없다는 것이 내 생각이었는데,
단 한 가지 쓸모없는 것을 꼽으라면 그것은 단연 보드카 아닐까!

이 몽골식 연회가 싫지만은 않았다. 아니, 오히려 몽골에서는 가장
즐거운 한때였음에 틀림없다. 고주망태가 되어 낚시도 하지 못하고
하루가 끝나 버리는 날도 많았지만, 초원을 스치는 바람처럼 느긋하
게 흐르는 시간에 함몰되어 온갖 일상을 잊는 '나른한 즐거움' 또한
의미가 있었다.

●● 테르킨차간의 '송곳니 괴어' 노던파이크

하루는 용케 연회를 빠져나와 보트를 타고 호수로 노를 저어 갔다.
한 가운데에 바윗돌로 된 작은 섬이 떠 있고 굴곡이 심한 기슭을 따
라 수초가 풍성하게 자라 있었다. 단연 노던파이크Nother Pike의 서
식처로 최적의 여건! 파이크는 유럽·동북아시아·북미 등 북반구
에 폭넓게 서식하는 꼬치고기 종류로, 작은 물고기와 물새 등을 과감

노던파이크의 먹이가 되는 '퍼치' 종류.

하게 습격하는 용맹한 육식어류이다. 이곳 테르킨차간호수에 서식하는 노던파이크는 6월 중순부터 9월 중순에 걸쳐 비교적 바람이 없는 따뜻한 날에 작은 물고기를 쫓아 섬 주위의 얕은 곳에 모습을 드러내는 경우가 많다.

 녀석을 상상하며 부푼 가슴으로 섬을 향해 노를 저어 갔지만 강한 서풍이 맞바람 쳐 쉽지 않았다. 거친 파도 속에서 러시아제의 무거운 보트는 마치 돌덩이와 같았다. 한 시간이 지나서야 겨우 섬에 닿았지만 낚시를 시작하자 상황이 더욱 악화되었다. 루어를 몇 차례 던지는 사이에 그만 보트가 흘러 섬에서 멀어지곤 했다. 할 수 없이 포인트를 섬 가장자리의 수초지대로 바꿨다. 효율은 다소 떨어졌지만 바람에 밀려 흘러가면서 사방팔방으로 어지럽게 캐스팅을 했다. 그 중 한 번쯤은 루어가 수초 사이에 숨어 있는 파이크의 코끝을 스칠 거란 계산이었다.

 예상대로 입질이 몇 번 이어졌다. 그리고 잠시 후 아주 큰 충격이 낚싯대에 전해졌다. 맑디맑은 호수면 아래로 커다란 그림자가 구불구불 흔들렸고, 이윽고 보트 옆까지 끌려온 놈은 충분히 1m는 됨직한 대물 파이크. 그런데 너무 긴장한 탓이었을까, 감각이 무뎌진 탓이었을까, 눈앞에서 그만 바늘이 빠져버렸다. '에이~!' 너무 억울해서 보트의 벽을 발로 걷어차며 버럭 소리를 질렀지만 이미 늦었다.

 다시 맞바람 속을 20분 이상 노를 저어 섬의 서쪽으로 이동했다. 그냥 앞쪽은 파도가 높게 일어 낚시를 할 수 없는 상황인데 비해, 섬 가장자리 굴곡이 안쪽으로 오목하게 들어간 지형이 얼핏 괜찮아 보였다. 뒷걸음질 치려는 보트를 억지로 저어 나아가니 예상 외로 수초가 잘 발달한 데다, 작은 물고기들까지 우글거렸다. 파이크가 호시탐탐 노리고 있을 포식 장소로, 최적의 사냥터라고 확신했다.

 회심의 미소를 흘리며 비장의 톱워터 루어를 꺼내 들었다. 옛날 아마존 여행을 앞둔 나에게 친구가 선물해 준, 세계에서 단 하나뿐인 수제품 루어이다. 수초 옆으로 바짝 붙여 루어에 격렬한 액션을 가하면서 끌어들이길 여러 차례. 수초지대를 벗어나 눈앞 3m까지 끌어왔을 때 루어 밑으로 돌연 거대한 그림자가 나타났다. 섬뜩 놀라 침을 꼴깍 삼키는데 '철퍼덕!' 하는 소리와 함께 크게 물보라가 일었다. 용맹한 얼굴의 송곳니 괴어가 수면을 뚫고 나오는 순간! 힘껏 챔질을 하자 낚싯줄이 수면 위로 어지러이 풀려 나갔다. 수초를 감지 않도록 스풀 위의 낚싯줄을 손가락으로 눌러 파이크의 움직임을 저지한다. 보트 옆으로 끌어당겨 보니 이제까지 본 적이 없는 크기의 대물 파이크! 수면에서 데굴데굴 구르는 놈을 어떻게 제압할지 한동안 당황하는 사이, 내가 애지중지하는 수제품 루어가 끝까지 잘 버텨 주었다. 가프에 걸어 놈을 보트 위로 올리고 보니 그 크기가 이전 놈들과 비교할 바가 아니다. 줄자로 재어 보니 104cm. 내가 올린 파이크 가운데 최고 기록! 이 호수에 드나든 지 3년만에야 비로소 100cm가 넘는 파이크를 손에 넣은 것이다.

테르킨차간 호수에서 드디어 104cm 노던파이크를 올렸다.

104cm의 파이크를 낚고서 나의 '낚시혼'은 그야말로 활활 불타올랐다. 더 이상 유목민들의 술판에 끌려갈 여유 같은 건 없었다. 다음 날부터 술자리의 유혹은 단호하게 거절한 채 매일매일 호수로 배를 저어갔다. 호수 수면은 여전히 강풍으로 거칠었지만 고생하면서도 패턴을 잡아가는 보람이 있었다. 파이크는 섬 주위의 얕은 장소와 호수 중심부 깊은 곳을 왕래하고 있음에 틀림없었다. 날씨가 거친 상황일 때는 깊은 곳에 박혀 있다가 평온한 날씨가 되면 얕은 장소에서 먹이가 되는 작은 물고기를 쫓아 모습을 드러내곤 했다. 그러나 평균적인 조황은 기대 이하였다. 104cm 이후 3일째에 73cm, 4일째에 83cm가 낚이긴 했지만 2년 전 낚시에 비하면 형편없는 결과였다. 그때는 입질이 아주 빈번했고 어영도 더 짙었다. 게다가 낚시가 까다로울 정도로 섬 주변에 무성하던 수초가 절반 정도로 줄어들었다. '자연 환경이 악화되고 있는 것인가?' 싶어 절로 한숨이 나왔다.

어느덧 테르킨차간호수에서의 낚시도 5일째를 맞았다. 오늘은 미노우로 일찌감치 한 마리를 낚았다. 크기는 60cm 정도. 전날까지 한 마리를 낚는 데 들인 시간과 고생을 생각하면 기분 좋은 시작임에 틀림없었다. 그런데 그 징조가 오래 가지 못했다. 펜치로 파이크의 입 안에 꽂힌 바늘을 빼고 나니 곧장 왼손에 통증이 온 것이다. 바늘을 빼낼 때 왼손이 파이크의 이빨에 살짝 닿는 느낌이었을 뿐인데, 어느새 엄지가 찢어져 피가 뚝뚝 떨어지고 있었다. 자신의 사냥감을 이빨로 물어뜯어 상처를 주는 데 결정적 역할을 하는 파이크의 아래턱에는 예리하고 긴 이빨이, 그리고 위턱에는 칼 모양의 무수히 가는 이빨이 돋아 있다. 세계의 온갖 물고기 중에서 정말 물리고 싶지 않은 종류 베스트3을 꼽으라면 그 중의 하나가 바로 이 놈이다. 자칫 녀석에게 꽉 물려 송곳니가 피부를 뚫고 나온 손가락을 상상하니 소름이 확 돋아 올랐다.

루어를 빼려던 손이 노던파이크의 송곳니에 살짝 닿는 순간, 피가 분출했다.

노던파이크는 아래, 위턱 모두에 무시무시한 송곳니가 발달해 물리면 정말 큰일 난다.

 어느새 바람이 약해지는 것을 느끼며 며칠 전 104cm가 낚였던 포인트로 다시 향했다. 첫 병기는 역시나 톱워터 루어. 수초 주위를 차례차례 공들여 공략하는데 도무지 반응이 없다. '미노우로 바꿀까?' 하고 태클박스를 더듬는데, 저 앞의 수면에서 '울렁' 하고 뭔가 흔들린 느낌이어서 자세히 바라보니 약간의 파문이 생긴 것 같기도 하고, 아닌 것 같기도 하고…. 속는 셈 치고 서둘러 미노우를 달아 던졌다. 반응이 없다. '잘못 본 걸까?' 반신반의하며 이번에는 루어를 좀 멀리 던졌고, 파문이 일었다고 생각되는 지점에 이르러 액션을 더욱 강하게 연출하는 순간, '쿡!' 하는 둔한 입질과 동시에 낚싯대 끝이 빨려들었다. 저절로 낚싯대를 쥔 손에 힘이 가해지면서 챔질 동작으로 연결되었다. 그런데 뭔가 이상하다. 움직임은 둔한데 중량감이 압도적이다. 이어 '찌이익!' 하고 낚싯줄이 느리면서도 강하게 끌려 나간다. '어떤 놈일까?' 서둘러 드랙을 조절한다. 그 사이 정체 모를 고기는 10m 정도 낚싯줄을 끌고 호수 중심부로 향한다 싶더니, 이내 바닥 수초 속으로 처박고선 바늘을 빼려 미친 듯이 날뛴다. 결국은 수초에 처박혀 꿈쩍도 하지 않는 괴물. 포기하지 않고 낚싯대를 계속 흔들어 주니 다시 움직이기 시작한다.

 놈도 이제 지칠 때가 됐다. 사정없이 감아올리자 역시나 큰 저항

없이 보트 근처까지 끌려온다. 이대로 마무리되는 건가 하고 잠시 안심하는 사이, 수면 가까이 떠오르던 놈이 갑자기 머리를 돌려 또다시 잠수를 한다. 처음보다는 속도가 많이 떨어져 서두를 필요는 없어졌지만 끝까지 안심을 할 수가 없다. 밀고 당기는 줄다리기를 되풀이하는 동안 드디어 수면 위로 놈이 얼굴을 내밀었다. 재빨리 가프를 걸어 보트로 끌어 올린다. 역시나 송곳니 무시무시한 노던파이크. 험상궂은 얼굴을 짐짓 훔쳐보며 조심조심 길이를 재어 보니 세상에 이럴 수가? 무려 110cm! 생각지도 못한 거대 사이즈에 놀라 나는 무어라 호수가 떠나가도록 고함을 질러대고 있었다.

관광지로 개발이 시작된 소란스러운 호반을 벗어나면서 나는 호수 안쪽의 사냥터만큼은 3년 전 그대로 잘 보존되고 있음에 안도의

테르킨차간호수에서 또 110cm짜리 노던파이크를 낚아 5일 만에 필자 자신의 기록을 경신했다.

숨을 쉬었다. 이 윤택한 호수가 더 이상 변하지 않기를 빌며 먀그마의 통나무집으로 돌아왔을 땐 당연한 행사가 기다리고 있었다. 그날 밤 난 신명이 나서 오랜만에 연회 무리에 동참했다. 술꾼 아저씨들이 저마다 나의 전리품을 칭찬했고, 그 분위기를 타고 넘어오는 보드카 술잔은 쉬지 않고 비워져 나갔다. 또다시 알코올 중독에 가까운 몽롱한 나날이 시작되었다.

오토바이로
몽골 초원을 횡단하다

●● 중간 기착지 쟈라가란트에서 만난 타이멘

테르킨차간호수에서의 더부살이 생활도 일주일이 넘었다. 먀그마 씨는 술 상대로 더할 나위 없이 좋아했지만 나는 그의 부인에게 갈수록 면목을 잃어갔다. 가뜩이나 유목민 여성들의 아침은 빠르고도 바쁘다. 소 젖짜기로 시작해서 아궁이에 불 지피기, 식사 준비 등등…. 그럼에도 전날 밤 과음한 나는 그녀의 일이 끝났을 때쯤 침대에서 기어 나와 숙취에 뒤죽박죽 된 머리를 감싸며 차를 홀짝거렸다. 이런 내가 그녀의 눈에 가시가 아니고 무엇이었겠는가? 더 이상 폐를 끼쳐서는 안 된다고 생각한 나는 대물 타이멘을 겨냥한 새로운 여정을 계획했다.

목표로 삼은 곳은 지금까지 머문 테르킨차간호수에서 북쪽 방향 약 120km 거리로, 출룻강과 함께 세렌게강의 커다란 지류에 해당하는 '이드레강'. 4박 5일 예정의 여행 짝꿍은 '엔비시'라는 남자로, 먀그마 씨에게 소개받은 30대의 유목민이다. 그가 오토바이를 운전하고 나는 뒷좌석에 앉아 가기로 했는데, 한 대의 오토바이에 캠핑도구를 가득 싣고 갈 수 있는 데까지 한 번 가보자라는 식의 다소 무모한 여행이었다.

여행을 떠나는 아침에 어울리게 하늘은 구름 한 점 없이 맑게 개어 있었다. 그간 얼굴을 익힌 유목민들에게 둘러싸여 오토바이의 뒷좌석에 기세 좋게 뛰어 올라탄 것까지는 좋았는데, 배웅하는 사람들

유목민 젊은이들이 좋아하는 새빨간 러시아제 오토바이.

이 흔들어 주는 손과는 상관없이 시동이 걸리지 않아 출발부터 문제가 발생했다.

몽골 유목민들이 좋아하는 붉은색의 러시아제 오토바이는 원래 고장이 많아 이런 일이 일상다반사이긴 했다. 출발 후에도 오토바이는 몇 번씩 문제를 일으켰고, 그때마다 나는 초원에 주저앉아 엔비시의 오토바이 수리 솜씨를 지켜보면서 줄담배를 피워야 했다. '이번엔 또 얼마나 갈 수 있을까?' 걱정이 꼬리를 물고 계속되는데, 2km 정도 호숫가를 잘 달려 나가 슬슬 산길로 접어들 무렵, 또다시 엔진에 문제가 발생했다. 한동안 수리에 몰두하는 엔비시를 곁눈질로 바라보다가 그것조차 너무도 지겨워 눕듯이 주저앉아버렸다. 한 시간 이상을 기다려도 소식이 없어 이제 조바심이 나기 시작했다. 초원을 무리 지어 가는 양떼의 울음소리까지 괘씸하게 들려 쫓아가 혼내주고 나니 다소간 기분 전환이 됐다. 왠지 나는 양이라는 동물이 싫다. 무리를 짓는 동물은 전체적으로 조화가 있어 멋져 보이긴 하지만 개체로서 하나씩 관찰하면 상당히 엉망이기 때문이다. 무리 속에 있을 때는 자동차나 오토바이가 아무리 가까이 가도 치이기 직전까지는 도망가지 않는 데 비해, 무리에서 조금만 이탈되면 허둥지둥 당황하는 그 모습이 왠지 싫은 것이다.

이렇듯 양들에게 괜한 짜증을 부리고 있는 사이, 새로이 태어나기라도 한 듯 오토바이가 폭음을 울렸다. 2km 달리는 데 3시간을 허비하고선 겨우 호숫가 산길로 접어들자 이게 또 무슨 난린가. 울퉁불퉁 엉망진창, 도무지 '길'이라고 할 수 없는 산길이 이어지는데, 엔비시의 오토바이는 무수히 튀어오르는 돌멩이를 요리조리 피하며 잘도 달린다.

한참 폭주를 계속하는 것까지는 좋은데 이번엔 날씨가 악화되기 시작하면서 하늘이 두꺼운 구름으로 덮였다. 이윽고 가랑비가 내리기 시작하고 아득한 저편 하늘에서는 번개도 번쩍였다. 그렇게 달리기 시작한지 4시간 후, 우리들은 온 몸이 흠뻑 젖은 채 높은 산들에

무너진 채 방치된 다리.

둘러싸인 작은 마을에 도착했다. 이번 여행의 중간 경유지로, 엔비시가 태어난 고향 '쟈라가란트' 마을이다.

　동네는 좌우를 둘러보는 것만으로도 한 눈에 담기는 소규모. 비구름 날씨로 주변이 어두침침한 속에 마을 분위기가 더욱 스산하게 느껴졌다. '들리지 말고 그냥 갈 걸 그랬나?' 그러나 엔비시는 "여기가 내가 태어난 고향이야!"라며 잔뜩 상기된 표정이었다. 그리고선 한 채의 허술한 상점에 들어가 2천투그릭(약 2천원)의 러시아제 초콜릿 세트를 사더니 "우리 형님 댁에 드릴 선물이야!" 하면서 품속에 찔러 넣었다.

　마을에서 조금 떨어진 곳에 엔비시의 형 집이 있었다. 나무를 짜서 맞춘 얼기설기 허술한 담으로 둘러싸인 게르 앞에 이르러 엔비시가 누군가의 이름을 불렀다. 곧 쾌활한 여자 아이가 뛰어 나왔고 잇달아 한 남자가 입구로 얼굴을 슬쩍 내밀었다. 처음 그 남자의 얼굴을 보고 다소 놀랐다. '왜 이런 곳에 다케나카 나오토 竹中 直人가 있는 거야?' 엔비시로부터 형이라고 소개받은 남자는 일본 배우 다케

마을 한 구석에 위치한 '톰비시' 씨의 집.

나카 나오토를 빼다 박은 듯했다. 하지만 그의 얼굴 아래에는 전혀 다른, 엄청나게 큰 몸집이 붙어 있었다. 그런데도 그의 이름이 '톰비시(크지 않다)'라니? 그 언밸런스함에 저절로 웃음이 터져 나와 내 소개를 하면서도 웃음을 참기 바빴다.

양고기우동을 먹고 있는 '톰비시' 씨.

톰비시의 게르에 들어가 마루에 앉으니, 여자 아이가 소금 간을 한 '스티차이(우유 차)'를 따라 주었다. 몽골인 어느 집을 방문해도 반드시 처음에 내오는 이 차는 찻잎을 소나 야크(고산지대의 소)의 젖에 넣고 끓인 것으로, 암염巖鹽으로 간을 맞추는데도 약간의 신맛이 난다. 몽골인은 이 차를 아침 점심 저녁으로 자주 마시는데, 차라기보다는 그냥 식수에 가까운 음료라 할 수 있다. 계속해서 '고릴타이슐'이 커다란 그릇에 산더미처럼 나왔다. 이것은 유목민들이 거의 매일같이 먹는 일종의 양고기우동으로, 소금 간을 한 스프에 밀가루로 만든 납작한 면발과 양羊의 비계가 둥둥 떠다니는, 사실은 꽤 맛없는 요리이다. 그런데 겨우 한 그릇을 먹고 나면 곧바로 두 그릇째를 강요당한다. 그러니 고역이 아닐 수 없다.

대접에 가득한 양고기우동. 맛도 그렇고 매일 먹기도 고역이다.

겨우겨우 양고기우동을 먹고 나면 마지막으로 '아이락馬乳酒'이 나온다. 이 술은 말 그대로 말의 젖을 발효시켜 만들어 신맛이 아주 강하다. 술이라고 말하기에는 알코올 도수가 너무 낮아(1도 남짓) 유제품에 가깝다 할 수 있다. 많이 마시면 몽골 사람들까지도 배탈이 날 정도여서 도대체 왜 먹는지가 의심스러운 음료이다. 이러고 보면 손님이 대접을 받고 있는 것인지, 괴롭힘을 당하고 있는지 애매모호해지는데, 꾸역꾸역 받아먹으면서도 오로지 머릿속은 한 가지 생각뿐

이었다. '오늘밤 낚시를 하려면 해가 있을 때 포인트를 봐 두지 않으면 안 되는데….'

　유목민의 게르를 방문하면 '반드시'라고 덧붙여도 좋을 정도로 시간이 빠르게 흐른다. 결국 톰비시의 게르를 나왔을 때에는 태양이 이미 서쪽 하늘로 기울기 시작했다. 동생 엔비시와 함께 서둘러 마을 밖으로 흐르는 '이드레강'으로 달렸다. 그런데 오토바이가 멈춘 강변은 상상하던 것과는 완전히 다른 분위기. 산간의 평원을 흐르는 이드레강은 우선 기복도 없이 너무도 밋밋했다. 둥근 돌이 무수히 구르는 풍경이 마치 일본의 어느 하천 같기도 했다. '이곳은 타이멘이 헤엄칠 강이 아니다. 틀렸다!' 보는 순간 그야말로 어깨가 축 늘어졌다. 하지만 이제 30분이면 완전히 어둠에 휩싸일 상황. 당장 주변에서 오늘 밤낚시 포인트를 결정하는 것 외에는 다른 방법이 없었다. 주위를 어슬렁거리며 탐색해 보니 200여m 상류 지점에 실개천이 흘러들어와 복잡한 흐름을 형성하는 포인트가 발견됐다. 더욱이 그 흐름은 다소 높은 바위산에 부딪치며 커브를 그리고 있었다. 결국 이쪽 기슭

이드레강 기슭에 설치한 캠프.

은 낚시가 불가능할 정도의 얕은 여울이지만 맞은편 기슭의 바위산 부근은 수심마저 좋아 보였다. '이런 정도라면….' 우리는 서둘러 텐트를 치고 땔감을 모아 야영 준비에 들어갔다. 젖은 나무로 어찌어찌 불을 피우고 강물을 길어 왔다. 커피까지 다 마셨을 즈음에는 주위가 완전히 어둠에 둘러싸였다. 장작불빛에 의지해 채비를 준비한 후, 실개천 물이 유입되는 지점부터 탐색을 하기 시작했다.

실개천은 대낮부터 내린 비의 영향으로 탁하디 탁한 갈색을 이루고선 기세 좋게 본류로 흘러들었다. 따라서 물 흐름에 강한 톱워터 루어를 선택해 짧은 간격으로 공략을 시작했다. 띄엄띄엄 50cm 정도의 레노크는 낚였지만 원하는 타이멘은 도통 소식이 없었다. 역시 좀 전에 봐 둔 그곳이 낫겠다 싶어 물살이 바위산에 부딪혀 커브를 그리는 하류 쪽 포인트로 이동했다. 강폭이 50m 정도 될까? 타이멘이 있음직한 포인트는 맞은편 기슭의 수심 깊은 곳. 그런데 준비한 루어로는 거리가 너무 멀다. 다행히 이쪽은 수심 40cm 정도의 얕은 여울지대라 훌러덩 바지를 벗었다. 팬티 한 장만 걸친 채 이를 악물고 강물 속으로 들어가 포인트와의 거리를 줄여 나갔다.

한여름이라고는 하지만 몽골의 밤은 쌀쌀하고 산에서 내려오는 물은 견딜 수 없을 정도로 차갑다. 그런데 시작하자마자 레노크가 입질을 해 추위에 덜걱거리는 이를 다물게 해준다. 게다가 어영도 짙은 듯, 연이어 입질을 한다. 거푸 세 마리의 레노크를 올리고선 더욱 기대에 부풀어 루어를 끌어들이는데, 이번엔 다소 큰 포식음이 울렸다. 깜깜한 밤, 육안으론 상황 파악이 안 되고 그냥 끌어당기는 힘새로는 그다지 크게 느껴지지 않는다. 그러나 지금까지의 레노크에 비해 내달리는 속도가 확실히 다르다. 뒷걸음질 치는 나를 따라 거리가 가까워진 놈이 어느덧 얕은 곳까지 도달했는지 온 몸을 패대기치며 길길이 날뛴다.

"타이멘이다!"

내가 외치니 강가에 앉아 졸고 있던 엔비시도 벌떡 일어났다.

손 안에 든 타이멘은 80cm 정도로 비록 대형급은 아니었어도 처

이드레강의 우연찮은 포인트에서 거푸 2마리째의 타이멘을 올렸다.

  음 찾은 낚시터에서 처음 대면하는 주인공은 언제나 그렇듯 가슴 벅차오르는 감격을 안겨 준다. 그리고 나는 언제나 그에 보답을 한다. 나의 손을 떠나 강으로 돌아가는 타이멘을 바라보며 두 손을 흔들어 주었다.
  잠시 휴식을 취한 뒤 다시 차가운 강물에 들어섰다. 그리고 얼마 안 되어 두 번째 타이멘을 낚아 올렸다. 이번에도 74cm 정도의 소형급이었지만 랜딩 직후 아주 거칠게 날뛰는 바람에 루어의 몸통에 박혀 있던 나사형 고리와 함께 낚싯바늘이 빠져 버렸다. 입 속에 남은 바늘을 빼내는 일에 시간이 경과하다 보니 녀석이 많이 지쳐버렸다. 어렵게 바늘을 빼내어 강으로 돌려보냈으나 끝내 몸의 균형을 유지하지 못하고 다시 떠올랐다. 어쩔 수 없이 강가에 만들어진 큰 물웅덩이에 넣어 두고 하룻밤 지켜보기로 했다. 소생하지 않는다면 식량으로 사용할 수 밖에….
  우리들은 크게 기대하지 않은 포인트에서 의외의 조과를 거둔 나머지 더 이상 미련을 남기지 않았다. 크게 만족하여 모닥불에 둘러앉아 맥주로 건배하는 일도 잊지 않았다. 덩달아 신이 나 완전히 취해 버린 엔비시. 그가 좁은 내 텐트에 들어와 술 냄새를 풍기며 잠자리를 부탁하던 일만 빼고는 그런대로 괜찮은 하루였다. '아아, 이 지독한 술 냄새….'

●● 가이드 엔비시가 쓰러지다

언제나 그렇듯 여행 중 사고는 아무런 예고도 없이 찾아온다. 타이멘을 낚은 다음날, 일출과 동시에 눈이 떠졌다. 그런데 두 마리의 타이멘으로 살짝 들떠 있던 나의 기분을 순식간에 무너뜨리는 일이 발생했다.

잠에서 깨어 커피를 끓이기 위해 강물을 뜨러 갔을 때의 일이다. 전날 밤 처음 낚아 분명히 살려보낸 80cm짜리 타이멘이 강가에 허연 배를 뒤집은 채로 둥둥 떠 있는 것이 아닌가. '어제 확실히 건강한 상태로 헤엄쳐 갔는데 어찌 이런 일이….' 오히려 가능성이 없어 보여 물웅덩이에 넣어둔 74cm의 타이멘은 하룻밤 사이에 소생해 건강하게 헤엄치고 있었다. 결국 우리는 죽어버린 80cm 타이멘을 반찬거리로 쓰고 그 대신 살아 헤엄치는 74cm 타이멘을 놓아주기로 했다.

일단 엔비시와 함께 웅덩이 속으로 들어가 거칠게 앙탈하는 타이멘을 건져냈다. 재빨리 사진을 찍고 물에 적신 나일론 주머니에 녀석을 넣어 20여m 떨어진 강가로 달렸다. 내 뒤로 엔비시가 천천히 따라오는 듯했지만, 돌을 차는 듯한 그 발자국 소리가 무슨 일인지 도중에 끊어졌다.

나는 가능한 한 강물 깊숙이 들어가 타이멘을 놓아주었다. 처음에는 놀라 가만히 있던 타이멘이 곧 꼬리지느러미를 흔들면서 물 흐름과 역행하여 헤엄쳐 사라져갔다. 안도의 한숨을 쉬고, 별다른 생각 없이 뒤를 돌아봤을 때였다. 그 순간 내 눈을 의심하지 않을 수 없었다. 무슨 일이 일어났는지 15m 후방에 엔비시가 쓰러져 있는 게 아닌가. 그리고 그는 머리를 이상하리만큼 크게 흔들어대고 있었다. 지면을 향해 숙여진 얼굴은 돌에 부딪쳐 붉은 피가 흘날리고 있었다.

"으아~ 엔비시~~!" 깜작 놀라 크게 소리치며 그에게 달려갔다. 머리를 뒤에서부터 둘러싸듯이 껴안고 그의 이름을 계속 외쳐댔다. 힘주어 붙잡지 않으면 손이 튕겨 나갈 정도로 그의 경련은 심했다. 돌에 찍힌 이마와 코, 입에서 피가 분출하고 눈은 뒤집혀 허연 상태였다. '침착하자. 침착하자고!' 그렇게 나 자신을 다잡으며 당장 해야 할 일을 열심히 떠올렸다. 우선 엔비시가 넘어지면서 머리를 심하게 부딪쳤다는 것은 확실했다. 하지만 단순한 외상은 아닌 듯했다. 혹시 뇌에도 출혈이 생겼다면? 이렇게 작은 마을에 병원이 있을 리도 없고…. 의학 지식이 전혀 없는 나로선 엔비시의 상태를 보고 어쩔 수 없다는 자괴감만 들었다. 그러나 그의 상태는 너무도 심각했다. '이대로 내가 간호하는 수밖에 없는 걸까?'

그때 문득 그의 가족들 얼굴이 머릿속을 스쳐갔다. 그에게는 아내와 어린 아이 두 명이 있다. 만약 살릴 수 없다면 하다못해 임종만이라도 가족에게 보여줘야 할 텐데…. 하지만 그들은 저 멀리 테르킨차 간호수에 있지 않은가. 이런저런 불길한 상상들이 더욱 나를 혼란스럽게 만들었다.

그를 혼자 두는 것은 물론 위험하지만 어떻게든 뭔가를 해야만 했다. 이대로 이국의 낚시꾼 품 안에서 죽게 할 수도 없는 일이었다. 그의 형 톰비시를 부르는 게 우선이란 생각이 들었다. 나는 엔비시를 침낭으로 둘러싸 풀숲에 눕혀 놓고는 마을까지 2km의 거리를 전력으로 달리기 시작했다.

톰비시의 게르로 옮겨진 엔비시는 곧 의식이 돌아온 듯 "머리가 아프다"며 작은 목소리로 입을 열었다. 얼마 뒤 마을에 단 하나뿐인 진료소에서 의사라고 불리는 짙은 화장 차림의 아줌마가 찾아왔다. 톰비시는 '일단 안심'이라는 얼굴이었지만 나는 그녀를 보자 오히려 더 불안해졌다. 이 시골에서 전혀 어울리지 않는 화려한 의상에 새빨간 립스틱, 그리고 진한 아이섀도-, 아줌마는 도저히 의사로 보이지 않았다. 그녀가 엔비시에게 뭐라고 한두 마디 질문을 하더니 손목을 잡고 맥을 짚었다. 청진기를 가슴에 대고 진지한 얼굴을 하며 고개도 끄덕였다. 그리고는 작고 예쁜 핸드백에서 링거 주사약을 꺼냈다. 엔비시의 팔에 기세 좋게 바늘을 찔러 넣더니 만족스러운 듯 미소를 지었다. "이젠 괜찮아요!" 하고 마무리한 그녀는 곧 톰비시가 대접한 양고기우동을 한 그릇 깨끗이 비우고서는 "아무타이!"(맛있어!)라는 말을 남기고 유유히 사라졌다.

'이것으로 정말 괜찮은 걸까?' 아침의 참극을 눈앞에서 직접 목도한 나로서는 그녀의 진찰을 도저히 적절하다고 생각할 수 없었다. 경련은 도대체 왜 일어난 것일까? 근본적인 검사가 필요한 것은 아닐까? 맥박과 청진기에서 들려오는 소리로 도대체 무엇을 알 수 있었을까? 이 땅에서 큰 상처를 입는다면 목숨을 보존할 수 없을지도 모르겠다는 염려가 모락모락 일었다. 앞으로 무리한 조행은 삼가야겠다고 마음속으로 다짐했다.

다행히 링거 주사가 다 끝나고 조금 지나자 엔비시의 상태가 호전된 듯 보였다. 얼굴의 상처는 그대로이지만 눈에 힘이 들어가기 시작했고 정상적인 대화가 가능하게 되었다.

"엔비시, 괜찮아?"

"응."

"아침에 일어난 일 기억하고 있어?"

"아니, 기억나지 않아."

"왜 그랬을까?"

"실은 한 달 전에 술주정뱅이와 싸움하다가 도끼 뒷부분으로 머리를 맞아 깨졌어. 여기야, 봐!"

그렇게 말하면서 머리털을 쓸어 올리는데, 가만히 들여다보니 커다란 상처가 두 군데나 있었다.

"3일간이나 의식이 돌아오지 않았었는데, 그게 원인일까…."

태연한 그의 이야기에 놀라 나는 할 말을 잃고 말았다. 어이가 없어 기가 막힐 지경이었다.

'몽골인은 불사신인가? 걱정한 내가 바보였군….'

●● 아름답고 소중한 것은 '한순간'뿐일지도…

그로부터 반나절이 지나 시계 바늘은 어느덧 밤 10시를 가리키고 있었다. 엔비시는 계속 침대 위에서 자고 있었다. 천막집 안에 켜진 양초 불빛 아래서 나는 이날 하루 처음으로 밥을 먹었다. 아침부터 계속된 긴장감에서 겨우 해방되어 한숨을 쉬고 나니, 하루 동안 일어난 일들이 주마등처럼 머릿속을 스쳐갔다. '오늘은 정말 피곤한 하루였구나. 두 번 다시 생각하고 싶지 않은 날이었어….'

엔비시가 피투성이로 쓰러져 있을 때만 해도 이런 느긋한 기분으로 오늘의 끝을 맞이하리라고는 상상할 수 없었다. 침낭을 배낭에서 꺼내 잠잘 준비를 하는데 바로 그때 엔비시가 눈을 떴다. "아직 머리가 조금 아프다"라고 중얼거렸지만 몸 상태는 거의 회복된 듯했다. 눈빛도 완전히 정상으로 돌아온 듯했다.

"오늘 하루 낚시를 못하게 만들어 미안해. 지금부터라도 형님하고 둘이 같이 가!"

"응? 그래도 괜찮아?"

내가 톰비시의 얼굴을 살피니 그 또한 '물론이다!'라는 얼굴로 고개를 끄떡여 짐을 오토바이에 옮겨 싣기 시작했다.

오토바이는 강을 향해 어둠 속을 헤쳤다. 구르는 돌을 피해 톰비시는 신중하게 핸들을 잘도 꺾어댔다. 혹시라도 비슷한 사고가 발생될까 필사적으로 그의 등에 달라붙었다. 톰비시가 오토바이를 멈춘 곳은 정확히 엔비시가 쓰러졌던 바로 그곳. 아침의 광경을 떠올리지 않으려고 허둥지둥 텐트를 펴고 채비 준비를 끝냈다. 그리고 어제처럼 팬티 한 장만 입고서 강으로 들어갔다. 수온이 더 차가워졌는지 발끝에서 머리끝까지 찌릿한 통증이 뚫고 들어왔다. 긴장감에서 잠시 해방된 마음이 위축되는 것과는 무언가 또 다른 느낌으로 온 몸을 조여 왔다.

역시 어젯밤 공략하던 포인트를 거듭 노렸다. 맞은편 기슭에 루어를 떨어뜨리고 물 흐름을 가로질러 끌어들이는 방식도 마찬가지. 어쩌면 어젯밤보다 고기의 활성도가 더 좋아진 것 같기도 했다. 연속으로 레노크가 4마리나 잡혔다.

톱워터 루어에 걸려든 타이멘.

그렇지만 기대하는 타이멘 입질은 없어 하류로 자리를 옮겼다. 깊은 수심이 끝나는 지점으로 최대한 다가가 물 흐름이 다소 완만하게 바뀌기 시작하는 그 포인트에 루어를 통과시키니 곧바로 '벌컥!' 하고 입질이 왔다. 챔질을 한 후 무조건 끌어당겨 얕은 곳으로 유도하니 발밑에서 놈이 가로누웠다. 어젯밤보다 한 단계 사이즈가 큰 타이

이튿날 밤, 전날 밤에 이어 세 번째 낚은 86cm 짜리 타이멘.

멘. 계측을 하니 86cm! 만족할 만한 크기다.

하지만 욕심을 버리고 그 한 마리로 끝냈다. 톰비시가 "벌써 추워서 더 이상 못하겠다는 건가?" 하고 웃으며 말했지만 나는 그것으로 충분히 만족했다. 그리고 왠지 더 이상 하고 싶지도 않았다. 모닥불에 몸을 녹이고는 얼른 텐트 안으로 기어 들어갔다.

텐트 밖은 오늘 아침의 소란이 마치 꿈이었던 것처럼 아주 조용했다. '졸졸졸' 물 흐르는 소리가 아침의 악몽을 함께 흘려보내는 듯한 기분이 들었다. 하지만 그 정적은 오래가지 못했다.

"구르릉~구르릉!"

옆에서 먼저 잠든 톰비시의 코고는 소리였다. 아우 엔비시보다 훨씬 당당한 체격이었기에 당연히 울림도 컸다. 1.5인용 좁은 텐트 속의 내 얼굴과 그의 얼굴 거리는 불과 30cm 정도. 귀 끝에서 계속 울리는 수컷 곰의 울부짖음 같은 소음으로 나는 다시 악몽을 꿀 수밖에 없었다.

다음날 게르에 도착하니 엔비시가 후루룩거리며 양고기우동을 먹고 있었다. 식욕이 있다는 것은 원기가 회복되었다는 증거일 터. 큰 입을 벌려 두 그릇의 우동을 볼이 미어터지도록 입에 넣고 있는 모습을 보자니 남아 있던 긴장이 와르르 풀렸다. '병석에서 갓 일어나 이런 우동을, 그것도 두 그릇이나 먹어치우네.' 어이없어 하면서도 나 또한 어느새 우동을 들이키고 있었다. 다 먹고 나니 엔비시가 갑자기 "아버지가 보고 싶다"고 했다. 그의 아버지가 계신 곳은 장남 톰비시가 사는 이곳 쟈라가란트 마을에서 약 30km 동북쪽에 위치한 깊은 산속이라고 했다. 그 주변은 '타르바간Tarbagan'의 보고로 알려진 곳이었다. 타르바간은 다람쥐과에 속하는 체장 50cm 정도의 초식성 동물로, 초원에 굴을 파고 무리 지어 서식하는 놈들이다. 몽골에서는 식용으로 쓰이고 지금 이 시기가 사냥 최적기라 한다. 언젠가 한번 타르바간을 사냥해 보고 싶었던 나는 못 이기는 척 엔비시에 이끌려 그의 아버지 집으로 향했다.

야산을 넘고 강을 건너 오토바이로 한 시간 정도 달렸다. 산간에

네 채의 천막집이 바싹 붙어 세워져 있었다. 가까이 다가가니 안에서 아이들이 뛰쳐 나왔고, 이어서 늙고 주름진 얼굴과는 달리 다부진 체구의 할아버지가 나왔다. 엔비시의 아버지였다. 내가 "센뵈노!"(안녕하세요!)라고 인사를 하니 빙긋 미소를 지으며 우리들을 게르 안으로 안내했다.

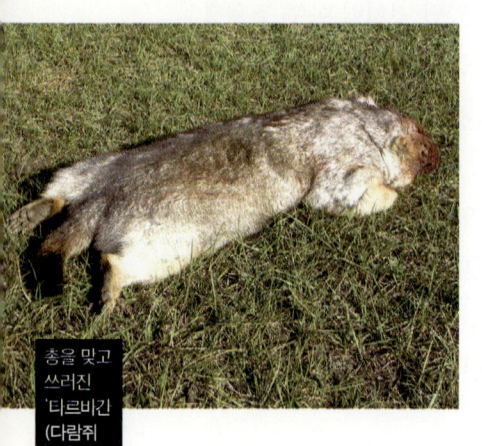

총을 맞고 쓰러진 '타르바간(다람쥐 종류)'.

게르 내부는 다른 집에 비해 상당히 검소한 느낌이었다. 문득 침대를 둘러보니 방금 잡아왔다는 '타르바간'이 포개져 방치되어 있었다. 사진으로 보기에는 귀여운 동물이었지만 실제 모습을 찬찬히 관찰하니 커다란 쥐와 비슷해 기분이 나빴다. 계속 바라보고 있자니, "먹어볼래?" 하며 엔비시의 아버지가 한 마리의 타르바간을 들어 올렸다. '아뇨, 먹고 싶을 리가…' 하지만 내가 우물쭈물하고 있는 사이에 엔비시와 그의 아버지는 서둘러 조리를 시작하고 있었다.

그들이 요리한 것은 '보토크'라고 불리는 몽골 특유의 구이 방식이었다. 타르바간의 머리를 잘라내고 체내에 뜨겁게 구운 돌을 쑤셔 넣으니 증기와 고기 타는 냄새가 피어올랐다. 철사로 머리를 묶고 내부를 밀봉한 배는 빵빵하게 팽창해 안쪽에서부터 지글지글하며 고기 구워지는 소리가 났다. 동시에 인두로 몸의 털을 태워나가니 안팎이 고루 익어 어느덧 완성! 완성된 보토크는 곧 초원으로 옮겨져 햇빛 아래에서 다음 손질을 기다린다. 밀봉했던 배를 가르니 금색의 국물이 흘러넘쳐 나와 구수한 냄새가 주변에 자욱하게 퍼진다. 하지만 내 식욕은 꿈쩍을 않는다. 몽골에서는 아직도 페스트가 발생하고 있고, 그로 인해 마을이 봉쇄되는 경우가 매년 반복된다는 얘기를 익히 들었기 때문이다. 그 페스트의 전염 매개가 바로 타르바간 아닌가!

하지만 "먹어, 먹어봐!" 하고 열심히 권하는 할아버지 앞에서 입을 열지 않을 수 없었다. 어쩔 수 없이 한 조각 입에 물었는데, '물컥' 황금색 국물이 흘러나왔다. 그런데 깜짝 놀란 촉감과는 반대로 '앗!' 하고 놀랄 정도로 맛이 좋았다. 너무 질기지도 너무 연하지도 않은, 딱 적당히 씹히는 맛의 육질, 절묘한 감칠맛과 쌉쓰름한 뒷맛이 그야말로 별미 중의 별미였다. 어느새 나는 '세한 아뭇타이!'(정말 맛있다!)를 연발하며 열심히 고기를 입으로 옮겨 넣고 있었다. 그렇게 둘러앉은 사람들이 하나 둘 늘어가고, 침을 질질 흘리던 개까지 다가와 타르바간 요리는 순식간에 사라졌다.

타르바간을 깨끗하게 먹어치우고 나니 아니나 다를까, 또 연회가 시작되었다. 할아버지가 빙그레 웃으며 옷장 속에서 보드카 한 병을 꺼내온 것을 시작으로, 마시고 노래하는 대연회가 계속되었다. 술 한 병을 모두 비우고는 옆 집 게르로 이동을 반복해 갔다. 네 번째 게르에 이를 때 즈음에는 모두들 곤드레만드레가 되어버렸다. 또다시 나는 그 분위기에 편승해 그들에게 몽골어 별명을 지어 주면서

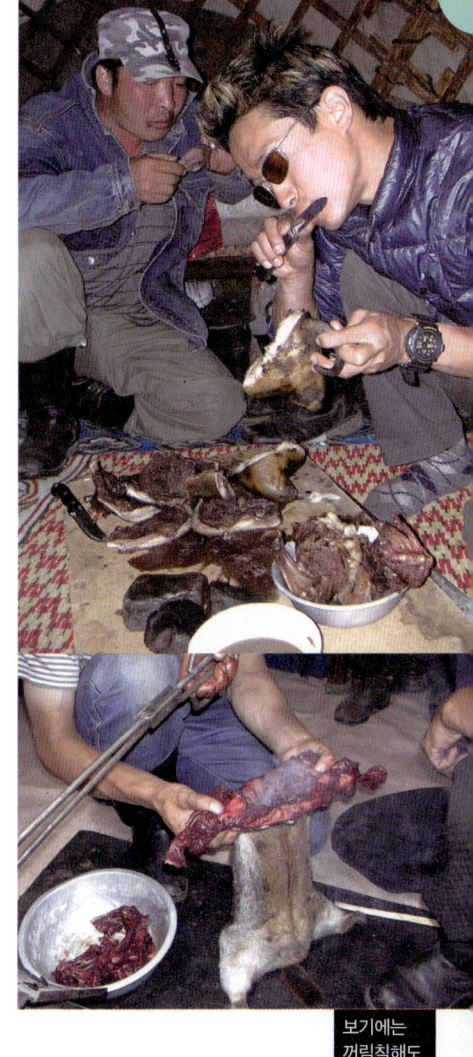

보기에는 꺼림칙해도 정말 맛있는 '타르바간' 요리.

웃음꽃을 피워냈다. 특히 그 중에서도 네 번째 게르의 아주머니에게 붙여준 '칭기즈칸의 미인부인'이란 별명이 묘하게 몽골들인의 흥미를 자극해 모두를 폭소케 했다. 다들 웃는 모습에 나도 우쭐댄 나머지 의식을 잃을 때까지 '칭기즈칸 부인, 칭기즈칸 부인…'을 외쳐대다 잠이 들었다.

한참 후 정신을 수습하고서 오토바이에 올라탔다. 시동을 거는 소리에 주변 게르에서 일제히 사람들이 나와 손을 흔들며 환송해 주었다. 우리도 "자 바이루테!"(안녕!)라고 답하며 크게 손을 흔들었다. 오

토바이의 속도가 가해질수록 그들의 모습은 점차 작아져 갔다. '다시 만날 날이 올 수 있을까?' 감상에 젖은 나를 태운 엔비시의 오토바이가 더욱 굉음을 내며 산을 내려가기 시작했다. 초원 지대의 산이라고는 하나 곳곳에 바위가 돌출해 있어 때때로 오토바이는 공중에서 춤을 추었다. 내가 조심하라고 외쳤지만 엔비시는 듣는 둥 마는 둥 크게 웃음소리를 날리면서 더욱 속력을 올렸다. '조금 전까지만 해도 피투성이로 신음하고 있던 녀석이…. 혹시라도 이러다 넘어지기라도 하면?' 생각이 여기에 이르자 울컥 화가 나기도 했다. 그런 내 맘을 아는지 모르는지 그가 외쳤다.

"다케, 세한!"(다케, 최고야!)

"엔비시, 세한!"

나도 모르게 그만 그의 질주에 화답하는 꼴이 되고 말았다. 어쨌거나 그렇게 외치고 나니 마음이 한결 가뿐해졌다. 이후로는 그와 함께 큰 소리를 지르며 스릴에 몸을 맡겼다.

이곳 사람들은 이상하게도 예상 밖의 무모한 짓을 하면서도 두려

움을 느끼지 않는다. 만약 우리가 헬멧을 쓰지 않았다는 이유로 경찰에 붙잡히는 나라에 있었다면 사정이 달랐을 것이다. 그런 나라에서는 언제나 결과를 중요시한다. 하지만 이곳은, 오로지 현재를 위해 사는 사람들의 나라다. 누구도 넘어질 경우를 생각하지 않는다. 그저 이 순간 머리카락이 바람에 휘날리는 쾌감을, 꿈꾸듯 즐기는 마음으로 살아간다. 초원의 바람을 상쾌하게 있는 그대로 받아들이듯, 그저 지금이 즐거우면 그것으로 그만인 것이다.

무모한 질주가 얼마나 계속되었을까? 어느새 우리는 테르킨차간 호수 기슭을 달리고 있었다. 이제 곧 엔비시의 천막집이 보일 것이다. 문득 고개를 돌려보니 불타는 선홍빛 태양이 호수 위로 가라앉고 있었다. '아, 이런 여행을 언제까지 계속할 수 있을까?' 그러나 알 수가 없다. 어쩌면 이 친구와 함께 여행을 하는 것도 지금 이 순간뿐일지도 모른다. 사라져가는 저 석양처럼 아름답고 소중한 것은 '한순간'뿐일지도….

알코올중독 운전기사와 떠난 출룻강 야생체험

●●● 다시 찾은 출룻강, 술로 망쳐버리다

또다시 매일 술만 마시는 날들이 계속되었지만 그런 날들이 이곳에서만큼은 나름대로 의미가 있었고 마음 또한 편해서 좋았다. 한 가지 마음에 걸리는 일이 있다면, 울란바토르를 출발한 지 3주가 다 지나도록 아직 대물 타이멘을 낚지 못했다는 사실이다. 언제나 그 과정은 다를지언정 낚시를 시작하면 비교적 목적을 달성하는 편이었는데, 유독 이번만큼은 뜻밖의 사건·사고만 연발하고 아직껏 '미터 오버'를 손에 넣지 못한 것이다.

그러던 어느 날 술꾼 한 명을 만났다. 호숫가의 연회에서 알게 된 그의 이름은 '반챠라'. 콧수염을 기른 애교 있는 얼굴의 반챠라는 호수로부터 5km 정도 떨어진 타리아트 마을에 살고 있었고 러시아제 지프를 소유하고 있었다. 그가 어느 날 혀 꼬부라진 소리로 내게 제안을 해왔다.

"낚시하고 싶으면 내가 지프로 출룻강까지 데려다 줄 게! 하루 1만 투그릭(약 1만원) 어때?"

마침 하루하루가 지겹던 나는 그의 제안을 흔쾌히 받아들였다. 지금까지는 걷거나 말을 타거나 오토바이를 이용함으로써 이동에 많은 시간이 소비되었던 데 비해, 빠르게 이동할 수 있는 그의 지프 제안은 바짝 구미가 당기지 않을 수 없었다. 게다가 지프를 이용하면 식재료나 낚시장비의 무게를 신경 쓰지 않아도 될 것이다. '이번에야

성실한 기사 1명과 주정뱅이 2명으로 구성된 희한한 여행이 시작되었다.

말로 고생 끝, 편안한 여행을 하게 되는구나!' 출발 전부터 나는 흥분해 있었다.

 출발 아침이 되자 반챠라는 몽골 사람으로서는 드물게도 약속 시간에 맞춰 나를 기다리고 있었다. 반갑게 인사를 나누고는 밝은 기분으로 지프에 올랐다. '이제 3시간만 지나면 출룻강에 서 있겠지….' 낚싯대를 휘두르는 내 모습을 상상하니 얼굴에 자연스레 웃음꽃이 피었다. 하지만 그런 기대는 곧바로 실망과 분노로 바뀌고, 나아가 체념의 경지에 이르고 말았다.

 반챠라는 첫 날의 급료 1만투그릭을 받더니 출발 후 수십 분을 달리지 않아 지프를 세웠다. 그리고 무슨 생각을 했는지 그 돈으로 보드카 한 병을 사 왔다. 몽골에서 출발을 기념하기 위해 술 한 잔 마시는 것은 자주 있는 일이지만, 그는 몇 컵의 보드카를 단번에 마시기 시작하더니 이내 만취 상태가 되고 말았다. 그리고 결국은 잠들어 버렸다.

'이 사람, 도대체 뭐야? 업무 중에도 알코올 중독 상태라니!' 그가 평소 술을 자주 마신다는 것은 익히 알고 있었지만 이처럼 업무 중에도 술에 빠져 사는 남자일 줄이야…. 놀라움과 실망과 분노가 뒤섞여 치밀어 오르는 울화를 억누를 수가 없었다. 이런 몽골인들의 황당한 노릇을 겪을 때마다 내가 취해 온 방법을 쓰는 수밖에 없었다. 그것은 내 스스로도 술에 취해 버리는 것이었다. 이 상황에서 내 자신을 달랠 수 있는 방법을 달리 찾을 수 없었기 때문이다. 나도 보드카 세 컵을 연달아 단숨에 비워버렸다. 언짢았던 마음이 이내 풀리면서 기분 또한 즐거워졌다. 타이멘 따위는 어찌 되어도 좋았다. 너무 마셨는지 서 있기조차 힘들어 잠든 반챠라와 겹치듯이 포개지고 말았다.

얼마 후 반챠라의 친구인 '토키쇼'가 나타나 "내가 출룻강까지 데려다 줄 게!" 하며 핸들을 잡았다. 그렇게 마음 상냥한 몽골인과 주정뱅이 두 명이 함께 하는 희한한 여행이 시작되었다.

지프는 토키쇼의 능숙한 운전으로 아무 탈 없이 돌진했다. 반챠라는 변함없이 뒷좌석에서 옆으로 쓰러진 채 조금도 움직이지 않았고, 머릿속이 빙빙 도는 데다 차체의 요동까지 더해지면서 나의 컨디션 또한 뒤죽박죽이 되고 있었다.

시간이 얼마나 지났을까? "타케!" 하고 부르는 반챠라의 쉰 목소리에 눈을 떠보니 눈 앞에 강이 흐르고 있었다. 토키쇼가 "출룻강이다!"라고 했지만 내가 아는 출룻강의 풍경에 비해 강폭이 너무 좁고 상당한 격류였다. 이 사람들이 가솔린 비용을 아끼기 위해 근처의 소몬강에 데려다 놓고 거짓말을 하는 것이라고 생각한 나는 버럭 화를 내며 소리를 질렀다.

"여긴 소몬강이잖아! 출룻강으로 빨리 가!"

토키쇼가 뭐라고 중얼거리더니 어쩔 수 없다는 듯 지프를 몰았다. 나중에 깨달은 사실이지만 처음 그 자리는 확실한 출룻강이었다. 오래 전 한 번 방문한 적이 있는 장소였는데 술에 너무 취한 나머지 착각을 했던 것이다.

어쨌건 한동안 초원을 달리자 이번엔 정말 낯익은 풍경이 펼쳐졌다. 2001년 처음 말을 타고 이곳을 방문했을 때 텐트를 쳤던 절벽 정상 지점이었다. 50여m 저 아래로 출룻강이 흐르는 곳, 당시 나는 이곳에서 벼랑을 타고 내려가 타이멘을 노렸다. 한밤중에 톱워터 루어를 던지던 중, 커다란 포식음이 울린 것을 신호로 줄다리기를 벌였다. 곧바로 낚싯대 끝이 가벼워지면서 놈을 놓치고 말았지만 상당한 대물이었다. 또 그 다음 2002년도에는 한 유목민의 오토바이로 이곳을 찾았는데, 석양이 질 무렵 수심 얕은 여울에서 느닷없이 떠오른 130cm가 넘는 타이멘을 목격하고 간담이 서늘했던 적이 있다. 상상을 초월한 대물이 잠복하고 있는 장소가 바로 여기였던 것이다.

지프에서 내려 당시를 회상하며 걸어가고 있는데, 몽골인 몇 명이 절벽 위에 둘러앉아 노는 모습이 눈에 띄었다. '아, 몽골인들의 연회가 있나보다!' 나와 반챠라는 빨려 들어가듯 그 자리로 향했다. 그들은 여름휴가를 이용해 울란바토르에서 캠프를 하러 온 여행자들이었다. 우리는 이미 취한 상태였음에도 불구하고 그 자리에 그만 동석

산꼭대기에서 내려다 본 출룻강 전경.

하고 말았다.

한 시간 정도 지났을까? 다시 술독에 빠지듯이 보드카를 들이키고는 의식을 잃은 반챠라, 그리고 우리 일행 중 유일하게 멀쩡했던 한 사람 토키쇼까지 완전히 취해버렸다. 연회장은 또 웃음소리가 끊이질 않았다. 역시 몽골인들과 술을 마시는 일은 즐거운 시간이었다. 연회 분위기가 절정에 이르렀을 때 어떤 유목민 하나가 말을 타고 나타났다.

갑자기 주변 사람들이 입을 모아 "야폰(일본인), 말을 타 보여라!" 하며 나를 억지로 떠밀었다. 흥에 겨운 나는 힘차게 말에 올라탔다. 그러자 말이 놀랐는지 갑자기 전속력으로 내달렸다. 상황이 매우 위험했다. 즐거운 술판 분위기가 순식간에 뒤바뀌어졌다. 술에 취한 나는 몸의 균형조차 잡기 어려웠다. 지면에는 바위가 무수히 돌출되어 있어 떨어지면 죽을지도 모른다는 생각이 들었다. 필사적으로 말을 달래며 고삐를 강하게 당겼다. 200m 정도를 길길이 뛰고서야 말이 겨우 진정을 했다. '휴~, 이제 살았다!' 몽골 사람들이 달려와 나를 걱정스레 바라보며 물었다.

"야폰, 괜찮아?"

"하하하핫, 괜찮아!"

그렇게 웃어 보이긴 했지만 등골이 오싹하고 온 몸이 달아올랐다. 자업자득이었지만 더 이상 몽골 사람들하고 어울렸다간 목숨이 몇 개 있어도 부족할 것 같았다. 잠시 텐트로 들어가 혼자 상념에 잠겼다. '어쨌든 취기가 가라앉는 대로 밤낚시에 대비하자. 타이멘을 잡기 전에는 결코 죽어선 안 되지….'

눈을 뜨자 대지는 어둠에 싸였다. 텐트 벽으로 모닥불 빛이 투과되어 내 얼굴을 희미하게 비추고 있었다. 텐트에서 나와 보니 연회는 이미 끝났고 몇몇이 모닥불로 요리를 하고 있었다. "야폰, 먹을래?" 하며 스프를 내민 것은 몽골인 낚시꾼이었다. 그들 일행 중 2명의 젊은이가 이날 밤 타이멘을 노린다는 것이었다. 그가 내민 스프를 후루룩 다 마시고는 그들과 함께 절벽을 내려가 강가로 향했다.

2년 전, 130cm가 넘는 대물을 목격한 포인트. 실로 감개가 무량한데, 그러나 뭔가 생각처럼 쉽게 되지를 않는다. 50cm 정도의 레노크 세 마리가 연달아 올라왔을 뿐, 기다리는 타이멘은 깜깜 무소식이다. 그래도 미련을 떨칠 수가 없어 조금씩 하류로 이동하면서 캐스팅을 반복하다 보니 강물의 흐름은 완만해지는데 비해 얕은 수심이 계속되었다.

　이곳 타이멘은 대부분의 시간을 수심 깊은 소沼에서 지내다가 깊은 밤이 되면 틀림없이 얕은 수심으로 나와 사냥감을 쫓을 것이란 판단에 따라 캐스팅을 계속하는데, 또다시 레노크가 걸려들었다. 갑자기 진절머리가 나 그냥 사정없이 끌어들였다. 그런데 여기서 문제가 생겼다. 릴링을 하는 도중 낚싯줄이 탄력을 잃는 동시에 레노크가 수면을 차고 올랐고, 한 차례 공중제비로 바늘털이에 성공한 레노크는 그 길로 유유히 사라지고 말았다. 아니, 유유히 혼자 사라진 게 아니라 루어마저 없어지고 말았다. 루어를 차고 달아났는지, 바늘털이 후 루어가 끊어진 것인지 미처 알 수는 없지만 나의 보물1호가 그렇게 사라지고 말았다. 나의 아마존 원정을 위해 친구가 선물해 준 세계에서 단 하나뿐인 수제품 루어, 아마존에서 혁혁한 전과를 올린 이후 세계 각지에서 사용했던 나의 애장품 루어 1호, 얼마 전 테르킨차 간호수에서 104cm의 대물 노던파이크를 낚아냈던 나의 분신 같은 톱워터 루어를 잃은 것이다. 순간 충격에 휩싸여 낚시할 생각이 확 사라져 버렸다.

　이튿날 아침 동이 트는 것과 동시에 어둠 속으로 사라져 버린 루어를 찾아나섰다. '혹시 어딘가에 걸려 있는 것은 아닐까?' 일말의 희망을 갖고 샅샅이 뒤졌다. 절대로 그 루어만은 잃을 수 없다고 다짐하며 차가운 물속을 혈안이 되어 찾았지만 결국 헛수고로 끝나고 말았다.

　해가 높이 솟아올랐을 무렵, 숨을 가쁘게 몰아쉬며 벼랑을 기어올라 텐트로 돌아오니 큰 소란이 벌어져 있었다. 거나하게 술에 취한 반챠라와 그를 둘러싸듯 책상 다리를 틀고 앉은 유목민들. '오늘도 대낮부터 또 술판인가?' 하고 그냥 넘기려 했으나 도무지 그럴 상황이 아니었다. 고래고래 소리 지르는 반챠라 주변엔 다른 유목민들까지 모여들어 온 초원이 떠나갈듯 소란스런 분위기였다. 저 속에 휩쓸렸다간 큰일나겠다싶어 결단을 내렸다. '어서 이곳을 떠나야지….'

광란의 연회 장소로부터 15km 정도 떨어진 산악지대에도 출룻강이 흐르고 있다 들었다. '산속에는 사람이 살지 않으니 낚시에만 집중할 수 있겠지.' 토키쇼에게 그 장소로 데려달라고 부탁했다. 그도 연회에 지쳤던지 얼른 동의를 했는데 문제는 만취 상태의 반챠라였다. 술에 취한 그는 흥분한 말과 같아서 무슨 말을 해도 알아듣질 못했다. 결국 연회는 저녁까지 계속 되었고 나는 그 무렵에 이르러 '그만 낚시를 포기해버릴까' 하는 생각도 했다.

●● 산속에서 재회한 야성의 낚시 소년

나는 이미 그렇게 자포자기 상태였는데, 토키쇼가 갑자기 뭔가를 결심한 듯 몸을 가누지 못하고 휘청거리는 반챠라를 지프의 짐칸에 밀어 넣었다. 초면의 유목민 술주정꾼 한 명이 비몽사몽 차에 올라탔지만 상관없다는 듯 토키쇼는 지프를 빠르게 몰았다.

그의 능숙한 운전 솜씨로 지프는 무수히 튀어 나온 바위를 요리조리 피하며 높은 산의 정상에 이르렀다. 아득한 아래를 내려다 보니 나무들 틈새로 출룻강이 흐르는 모습이 언뜻언뜻 보였다. 나와 토키쇼는 서둘러 텐트·침낭·식재료 등을 챙겼다. 그때 반챠라가 눈을 떴다. 부스스 일어나며 그는 여기가 어디냐며 다짜고짜 소리를 지르며 화를 냈다. 그도 그럴 것이 황홀한 대연회장이 갑자기 황량한 산으로 변해버렸으니…. 그의 분노는 곧 안정되기는커녕 알아들을 수 없는 소리로 우리들을 격렬하게 욕하기 시작했다. 그러거나 말거나 나와 토키쇼는 반챠라와 그리고 여전히 깊은 잠에 빠진 또 한 명의 술주정꾼을 산 정상에 방치하고 아득히 아래쪽으로 흐르는 출룻강을 향해 빠른 걸음으로 내려갔다. 그들에게는 음식과 침낭, 심지어 마실 물 한 방울조차 없었지만 그런 것은 우리가 알 바 아니었다. 나의 인내심은 이미 한계를 넘어 서 있었다.

산을 내려가기 시작하니 생각했던 것보다 강까지의 거리가 꽤 멀었다. 한동안 나무들이 울창한 급경사가 계속되더니 이윽고 시야가 열리면서 넓은 초원 지대가 나타났다. 다시 암반 벼랑 사이로 짐승들이 다님직한 길을 조심조심 내려가니 반가운 물소리와 함께 눈에 익은 출룻강 주변 풍경이 펼쳐졌다.

이곳 또한 추억이 서린 장소. 2002년 당시 130cm를 목격한 포인트에서는 결국 타이멘을 잡지 못했고, 그곳에서 더 하류로 내려가 산간에 몇 채의 천막집(게르)이 있는 조용한 부락에 도착했었다. 그때 한 게르에서 저녁밥을 얻어먹고 주인으로부터 타이멘에 대한 정보를 들었다. 부락으로부터 3km 정도 산속으로 들어가면 아무도 모르는 포인트가 있다는 것이었는데, 주인장의 조카뻘 되는 소년의 안내로 바로 이 장소를 방문했었다. 말을 이용해 산 넘고 강 건너 이 장소에 도착했을 때는 밤 11시가 지난 시각이었다. 당시에도 말 타기는 어느 정도 익숙해 있었지만 칠흑 같은 어둠 속이라 돌밭의 고개를 아슬아슬하게 넘던 무렵엔 잔뜩 겁을 먹었던 기억이 있다.

안내를 맡은 소년의 이름은 '바이라'라 했고 그 또한 낚시가 취미였다. 그의 낚시 도구는 아주 단순해서 나무에 대충 감은 아주 굵은 나일론 낚싯줄, 스티로폼에 땅다람쥐의 가죽을 씌워 자작한 루어가 전부였다. 그리고 낚싯대 없이 손으로 낚싯줄을 조종해 루어를 던졌다. 놀랍게도 그런 도구로 140cm의 대물을 잡아봤다고 했다. 자신의 신장과 거의 같은 크기의 물고기를 낚아 올린 「낚시광 삼페이(釣りキチ三平·일본의 인기 낚시만화)」와 같은 소년이 몽골에 실존하고 있다는 사실에 놀랐다. 그 소년과 3일간을 이 장소에서 보내던 중 마지막 날에 110cm의 대물을 올렸었다. 또 내가 아는 유목민 한 사람도 굉장한 입질을 받았었다. 용감무쌍한 성격의 그가 무서워하며 큰 소리로 도움을 요청할 정도의 대물이었지만 결국 손을 쓰지 못해 놓치고 말

출룻강변 나무 그늘의 야영지.

았다. 때문에 이 주변에 대해서 '무엇인가 정체를 알 수 없는 것이 확실히 존재한다'는 묘한 확신이 있었다.

'그때가 그립구나….' 2년 전의 추억을 잠시 회상하다가 서둘러 야영 준비에 돌입했다. 텐트 조립이 거의 끝나갈 때였다. 어디에선가 '부스럭!' 초목을 밀어 헤치는 소리가 나더니 흰 말을 탄 청년 하나가 나타났다. 왠지 낯이 익다 했는데 2년 전 바로 그 '바이라'였다. 당시에는 키가 작고 어린 티가 얼굴에 가득한 소년이었는데…. 지금 어깨에 총을 메고 말 위에 앉은 눈앞의 모습은 위풍당당한 청년의 모습이다. 게다가 그가 앉은 말 등에는 막 사냥한 듯한 타르바간이 매달려 있어 노련한 사냥꾼 분위기마저 흠씬 풍긴다. 2년이라는 짧은 세월이 소년을 이렇게까지 변모시켰나 하는 생각과 함께 오랜만의 재회에 하고픈 말이 태산 같았지만 두 사람 모두 쑥스러운 듯 서로가 말을 던지지 못했다. 일단 내가 먼저 모닥불에 데운 물을 끓여 만든 홍차를 권했다. 바이라에게 최근의 낚시 성과를 물으니, 금년은 수렵으로 바빠 낚시를 거의 못했다고 한다. 타르바간의 모피를 팔아

2년 만에 만난, 그간 못 알아볼 정도로 성장한 '바이라' 군의 늠름한 모습.

학비를 벌고 있다면서….

"오랜만에 낚시 좀 하지 않을래?"

나의 제안에 그는 빙그레 미소 지으며 홍차를 단번에 다 마셔버렸다.

이튿날 아침 간단한 스프로 허기를 달래고 바이라가 모는 백마를 타고 강 건너 그가 점찍어둔 포인트로 향했다. 캠프로부터 약 1km. 나는 혹시라도 떨어질까봐 바이라의 등에 꽉 매달리면서도 그의 노련한 승마 기술에 놀랐다. 2년 전에는 흥분한 말에서 떨어지기도 하던 앳된 소년이 지금은 돌밭의 급경사건 강물이건 자유자재로 말을 달리다니? 그의 변화에 갑자기 내가 나이를 너무 많이 먹었나 하면서도, 한편으론 그가 한없이 믿음직스럽게 느껴졌다.

낚시 장소에 도착한 두 사람은 각자의 포인트를 찾아 서둘러 낚시에 돌입했다. 시작부터 바늘을 빼기가 귀찮을 정도로 레노크가 연신 낚였지만 레노크에 계속 만족할 수만은 없었다. 타이멘을 찾아 혼자서 상류로 걷기 시작했을 때였다. 갑자기 "토호르!"(타이멘!) 하는 바이라의 고함소리가 강변을 울렸다.

'뭐야! 나를 앞질러 갔었나?'

바이라 쪽으로 서둘러 달려갔다. 그러나 바이라의 낚싯줄에 매달려 수면에서 날뛰고 있는 놈은 아무리 봐도 50cm 남짓한 레노크인데…. 바이라에게 의문의 눈빛을 보내며 다시 한 번 수면을 바라보는데, 아니 저게 뭔가? 수면 위에서 필사적으로 저항하는 레노크의 배후에 거대한 그림자가 보였다. 바늘에 걸린 레노크를 타이멘이 습격하고 있었던 것이다. 예전에 115cm의 타이멘을 낚았을 때 뱃속을 갈라 내용물을 조사한 적이 있는데, 무려 50cm를 넘는 레노크가 통째로 들어 있었다. 당시에도 그만한 물고기를 통째 집어삼킨 대물 타이멘의 포식성에 혀를 내둘렀었는데, 지금 눈앞에 모습을 보인 녀석은 아무리 작게 봐도 120cm가 넘어 보였다. 바이라의 루어에 걸려 있는 레노크 정도는 간단히 삼켜버릴 것임에 틀림없었다. 마른침이 저절로 넘어갔다. 하지만 타이멘이 레노크를 물면서 머리를 돌리는 순간 어떤 이물감을 느낀 것일까? 곧바로 몸을 뒤집고는 줄행랑을 치고 말았는데, 그 충격으로 레노크의 입에 걸렸던 루어마저 빠져버렸다.

흥분해 소리 지르는 바이라를 진정시키며 '한 번 더 타이멘을 향해 루어를 던져보라'고 설득했다. 하지만 바이라 귀에는 아무 소리도 들리지 않는 듯했다. 상류로 도망친 타이멘의 흔적을 쫓아 바이라가 종종걸음을 쳤지만 이내 타이멘은 물 흐름 속으로 자취를 감추고 말았다.

우리는 해가 질 때를 기다렸다가 다시 같은 장소를 찾았다. 어두운 밤중에 강을 건너는 것은 위험하므로 텐트 자리에서 반대편 기슭으로 돌아 발소리를 죽여가며 조심조심 접근했다. 한번 놀라 도망친 타이멘이 과연 어둠 속에 나타나 다시 루어를 공격해 줄지 걱정하면서…. 역시 우려한 바대로 이날 밤 수면이 갈라지는 일은 발생하지 않았다. 낮에 보았던 대물의 그림자를 떠올리며 한 시간 이상이나 루어를 날렸지만 헛수고였다. 바이라가 먼저 단념하고는 자리를 떠 버렸다. 할 수 없이 나 또한 강변에 뒹구는 돌에 발이 차이면서 혼자 터벅터벅 캠프지로 돌아오는 중이었는데, 멀리 사라진 것으로 생각한 바이라가 어둠 속에서 낚싯대를 휘두르고 있었다. 그리고 그의 발밑에는 모래투성이가 된 소형 타이멘이 뒹굴고 있었다.

"오~ 사엔!"(해냈구나!)

"지지그!"(작아!)

나의 격려에 바이라는 작은 소리로 중얼거리며 쓴웃음을 지었다. 주머니에서 담배를 꺼내 바이라와 함께 앉아 한 개비씩 나눠 피웠다. 바이라가 낚은 고기를 계측해 보니 74cm. 타이멘 치고는 어린 놈인데, 수렵이 생활의 일부인 몽골인들에게 낚은 고기를 방류하기를 기대하는 것은 거의 상상 밖의 일이다. 물론 물고기를 잡는다는 행위가 곧 먹는 것으로 연결되는 그들의 사고에 비해, 그것의 절반쯤을 오락으로 여기는 우리의 사고가 잘못되었을 수도 있다. 하지만 이 강이 언제까지 지금의 풍요로움을 담고 있을지…? 대물의 환상을 밤하늘에 떠올리며 들이마시는 담배는 솔직히 그렇게 맛있지는 않았다.

텐트 자리로 돌아와 보니 토키쇼도 근처에서 낚시를 한 모양으로, 65cm급의 살찐 레노크 한 마리가 놓여 있었다. 그 레노크를 잘 손질한 후, 강변에 자라는 야생 양파를 뽑아 잘게 썰어 넣고선 함께 스프를 끓였다. 세 사람이 둘러앉아 평화롭게 식사를 하는 도중 어디선가 '워, 워!' 개 짖는 듯한 소리가 들렸다.

"저 사람들, 아직 살아 있었나? 늑대라도 나온 건가?"

반챠라가 우리를 부르는 소리임을 알아채고선 그렇게 농담을 주고받으며 잠자리에 들었다.

다음날은 더 이상 낚시를 하지 않고 테르킨차간호수로 돌아가기로 했다. 솔직히 나는 녹초가 되어 있었다. 3주 이상이나 뜨거운 목욕을 하지 못했고, 물고기와 야생 양파만으로 끼니를 때우는 것에도 질려 있었다. 호수로 돌아가면 곧바로 수도 울란바토르로 향할 생각이었다.

셋이서 큰 짐을 안고 원래의 산길을 올랐다. 기대에 부풀어 이틀 전에 내려온 길이라고는 생각되지 않을 정도로 멀고 험하게 느껴졌다. 가슴이 미어 터질 듯 숨가쁘게 정상에 오르니 초췌한 모습의 반

차라가 지프 옆에 털썩 앉아 있었다. 우리는 터지려는 웃음을 참으며 짐짓 능청을 떨었다.

"톰 토르 바후쾨!"(큰 타이멘은 잡히지 않았어!)

"오스 바후쾨, 호오르 바후쾨, 마에한 바후쾨…."(물도, 음식도, 텐트도 없었다고, 나에게는….)

힘없이 중얼거리는 반챠라의 눈에는 눈물이 반쯤 고여 있었다. 호수로 돌아가는 길에 반챠라는 몇 번씩이나 구토를 반복하더니 타리아트 마을에 도착해서는 완전히 드러누워 버렸다. 그에겐 다소 미안한 말이지만 자업자득이라 생각했다.

그렇게 약 1개월에 걸친 초원 생활을 끝내고 다시 울란바토르로 돌아왔다. 오랜만에 몸에 끼얹은 뜨거운 물, 소금 이외의 갖은 양념을 한 요리, 밤이 되면 거리에 등불이 들어오는 것에 이르기까지-. 일국의 수도라고 생각되지 않을 정도의 작은 도시지만, 초원의 생활로부터 돌아온 울란바토르는 마치 천국처럼 느껴져 그저 기분이 이상할 따름이었다.

왼쪽의 출룻강과 오른쪽 소몬강(테르킨 차간호수로부터 흘러나온다)이 합류되는 지점.

조급한 남자는 얼어 죽는다?
- 필사의 탈출

●● 몽골 운전수에게 맡겨진 낚시꾼 목숨

'조급한 남자는 얼어 죽는다.' 몽골의 대초원에 전해지는 이 말을 처음 접한 것은 고故 '가이코 타케시開高 健' 씨의 「오파, 오파!」를 읽었을 때였다. 대물 타이멘을 노려 몽골의 대초원을 여행하던 작가가 고기를 낚지 못해 초조해 하는 주변 사람들에게 들려준 말이다. 해외여행을 시작하기 전, 당시 평범한 샐러리맨으로 생활하던 나에게 있어 불과 몇 년 만에 그 한 구절이 몸에 사무치도록 다가올 줄이야!

그것은 2004년 9월, 일본의 다른 낚시인과 함께 몽골의 수도 울란바토르에서 지프를 전세 내어 2주간의 대물 타이멘낚시를 떠났을 때의 일이다.

몽골인 운전수와 유목민 청년을 합친 4명이 출발한 당시의 여행은 처음엔 순조롭게 진행되었다. 울란바토르에서 지프를 타고 곧장 출룻강으로 향하기는 그때가 처음이었다. 땅딸막한 레슬러 체격의 운전수는 '바트오틸'. 덩치와는 다르게 다소 소심한 면이 있는가 하면, 동작이나 사고방식은 매우 여유로운 편인 데 비해, 한번 이성을 잃으면 겉잡을 수 없는 사람이었다. 생김새에서 움직임에 이르기까지 하마를 꼭 닮아 우리는 그를 '하마 씨'라고 별명을 붙여 불렀다.

차를 수리 중인 현지 운전기사. 순진무구한 표정이지만 일대 사건을 일으킨다.

2004년 풀룻강 첫 출조 때, 130cm짜리 타이멘을 낚아 매우 흡족했는데…

　　울란바토르의 여행사에서 오랫동안 일해 온 그의 운전 실력만큼은 높이 인정할 만했다. 공격적이고 정확해서 무엇보다 시간을 낭비하지 않는 것도 좋았다. 출발 전에 운전수가 술에 취해 일어나지 않는다거나, 예정 시각 8시간이 지나도록 출발을 지체한다거나, 목적지의 절반 지점에서 내려야 된다거나, 절대로 그런 일은 일어나지 않을 분위기였다. 지금까지의 몽골인 운전수에 비하면 감동 그 자체였다. 이런 하마 씨의 덕택에 전에 없는 속도로 출룻강에 도착, 그야말로 삽시간에 130cm짜리 타이멘을 낚아 올렸다. 내가 올린 타이멘 기록이었다. 시작이 화려한 만큼 마무리도 훌륭한 원정이 될 것으로 믿어 의심치 않았다.

　　울란바토르를 떠난 지 9일쯤 됐을 무렵, 우리들은 흡스굴현県의 남부를 흐르는 이드레강에 다다랐다. 이드레강은 울란바토르에서 북서쪽 방향으로 약 800km 지점. 주위에 작은 유목민 부락이 군데군데 있는 머나먼 오지였다. 9월도 절반이 지난 계절, 벌써 몇 번의 눈이 내렸고 최저기온이 0℃에 이르는 매서운 추위였다. 날씨 때문이었는지 출룻강과는 달리 이곳에서의 조과는 기대 이하로 나빴다. 50cm를 조금 넘는 소형급 타이멘 몇 마리뿐이어서 그냥 빨리 도시로 돌아갔으면 좋겠단 생각이 들었다. 사건은 더 이상 낚시를 포기하고 되돌아오는 도중에 일어났다.

그날은 아침부터 하마 씨의 기분이 몹시 나빠 있었다. 그간 길 아닌 길을 끈기 있게 잘 달려 준 하마 씨였지만, 우리 낚시인들의 변덕스러운 요구에 날마다 불만이 커져 가고 있었던 것이다. 그런 여행이 종반에 이르렀을 때는 어쩌면 그의 인내심에 한계가 왔을지도 모른다. 그래서 언젠가부터 그의 눈에 핏발이 섰고, 브레이크가 망가진 덤프트럭처럼 뒤집힐 듯 몹시 거친 운전을 반복했다(실제로 그는 그 전년도에 한 차례 지프를 전복시킨 적이 있다고 말했다).

그런 그가 갑자기 핸들을 크게 왼쪽으로 꺾고는 길을 벗어났다. '응? 왜 이러지?' 가슴 졸이며 조수석에서 앉은 내 눈앞으로 갑자기 거칠게 흐르는 이드레강이 나타났다. '이런 급류로 혹시 돌진할 생각인가?' 그런데 그 우려가 현실로 나타나고 있는 게 아닌가.

"잠깐만! 스톱!!"

나는 소리를 크게 지르며 강으로 돌진하기 직전의 하마 씨를 제지했다. 약 3km 정도 지점에 다리가 있음에도 불구하고 성격이 급한 몽골인 운전수가 그냥 강을 가로지르려 하는 것이다. 수심으로 보나 강물의 유속으로 보나 자동차가 건너기에는 어림도 없는데-. 탱크라면 또 모를까.

"좀 더 얕은 곳으로 갑시다."

그를 진정시키며 내가 제안했다. 마지못해 하마 씨가 선택한 곳은 상류 쪽으로 겨우 50여m 이동한 지점. 강폭이 70m 정도로 넓고 비교적 흐름이 완만한 곳으로, 얕은 여울을 이룬 이쪽 기슭은 강바닥의 작은 돌까지 보일 정도였지만 중간 지점부터는 수심이 급격히 깊어지는 느낌도 들었다. 하지만 처음 급류 지대에 비하면 그나마 여건이 나아 불안을 느끼면서도 하마 씨에게 몸을 맡겼다.

그 안이한 판단이 일생일대의 실수였다는 걸 깨닫기까지는 많은 시간이 걸리지 않았다. 액셀을 있는 힘껏 밟고는 우렁차게 돌진한 것까진 좋았는데, 하마 씨의 지프는 강의 중심부를 지나면서부터 그만 속도가 뚝 떨어지고 말았다. 엔진이 '푸슥푸슥' 하고 흐느껴 울더니 차내에 수증기가 자욱해졌다. 그리고선 맞은편 기슭 못미처에서 완전히 멈춰버리고 말았다. '아~아!' 한숨을 내쉬며 하마 씨와 얼굴을 마주치는 순간, 차체의 틈새로부터 물이 스며들기 시작했다. 이어 순식간에 차내의 수위가 높아졌다. 무릎까지 잠기자 죽음의 공포에 휩싸이기 시작했다.

정신없이 문을 열고 지프 지붕 위로 기어올랐다. 지붕에 털썩 주저앉아 안도의 한숨을 내쉬며 정신을 차리고 보니, 어라? 나머지 세 사람이 안 보인다. '어? 모두 어디 간 거지?' 목을 길게 빼고 차 안을 들여다보니 모두가 의자에 앉은 자세로 그저 멍한 표정이다.

"뭘 하고 있어? 빨리 위로 올라와!"

강물에 갇힌 자동차 지붕에서 추위와 분노에 떨며….

내가 큰 소리로 외치니 그때서야 모두들 창으로 기어 나왔다. 지붕에 오른 일본 낚시인의 말에 의하면 내가 문을 연 후 물이 더욱 세차게 차내로 들어와 아예 문이 열리지 않게 되었다고 한다. '어, 내 탓이었나? 급할 땐 아무래도 본능이 앞지르는 법! 부디 용서하시길….'

●● 지프 지붕 위에 갇혀 구조의 손길 기다리다

전원이 물바다를 1차 탈출한 것은 다행이지만 그 다음부터가 더 큰 문제였다. 건너편 기슭까지는 대략 15m. 거친 물살이 아니어도 완전히 맥주병 수준인 내가 수영으로 다다르기는 도저히 무리인 거리다. 강변엔 인기척이라곤 없고 가까운 마을이래야 2km 이상을 걸어야 한다. 그렇다고 마냥 이대로 갇혀 있을 순 없다. 차가 강물에 쓸려 언제 뒤집힐지도 모른다.

바로 그때 책임을 통감한 듯 하마 씨가 강으로 뛰어들었다. 강물이 그의 배꼽 위치를 휘감고 돌았다. 아무리 하반신 든든한 몽골인이라 한들 위태롭기 짝이 없는데, 천천히 힘차게 한 걸음 한 걸음을 내딛는 하마 씨. 이제 기슭까지는 불과 4m 거리다. 그런데 그 순간, 하마 씨의 발이 미끄러지면서 그만 균형감을 잃는다. '아~!' 하고 모두가 외쳤을 때는 이미 물살에 떠내려가기 시작한 하마 씨. 그의 몸이 빙글빙글 회전을 하고 있었다.

"하마 씨~!" 나는 목청껏 필사적으로 외쳤다. 이제 끝장이구나 생각하며 예의 그를 주시하는데, 물살에 떠내려가는 하마 씨의 몸은 그래도 조금씩 물가로 다가가고 있었다. 결국은 무사 안착! 그는 부들부들 추위에 떨면서도 구조를 요청하기 위해 홀로 걷기 시작했다.

그때부터 우리는 오직 하마 씨가 돌아오기를 기다릴 수밖에 없었다. 한 가닥 희망이 생겨 냉정을 되찾고 보니 이번엔 참기 힘든 추위가 덮쳤다. 아랫도리가 완전히 젖어 영하에 가까운 기온이 온 몸을 엄습했다. 이가 마구 덜그덕거렸다. 결사적으로 강을 건넌 하마 씨에 대한 고마움마저 어느덧 사라지고, 사건의 원인을 제공한 그에 대한 분노가 치솟았다. 이 차가운 강물 위에서 오도 가도 못하고 갇힌 꼴이라니! 만약 처음 건너려고 했던 급류지대였더라면 아마도 차가 통째로 떠내려갔을 것이다. 내가 제지하지 않았더라면 지금쯤 우리 모두가 송장이 되었을지도 모른다. '바보, 얼간이, 하마 같은….'

그렇게 30여분이 흘렀다. 너무 추위에 떨다보니 하마 씨에 대한 분노조차 잊었다. 오로지 추위를 이겨내기 위해 우리는 억지 체조를 해댔다. '이대로 구조되지 못하고 밤이 오면 동사凍死하고 말겠지….' 죽음의 공포가 다시 머리로 스미기 시작했다. 불안감에 맞서기 위해 우리는 또 수다쟁이가 되어 서로에게 농담을 던지고 받았다.

"열흘이나 목욕을 하지 않았으니 말이지, 강물에 떠내려가면 꽤 깨끗해지겠죠."

"이 지프, 수장되면 좋은 인공어초가 되겠지? 내일 아침에는 차 구석 어딘가에 타이멘이 둥지를 틀고 자리 잡을 것 같지 않나?"

사람들은 누구나 극한 상태가 되면 자신을 격려하기 위해 밝은 척하게 되는 것일까? 아무튼 그렇게 또 한 시간이 흘렀다. 아무리 기다려도 돌아오지 않는 하마 씨를 원망하면서 노래를 부르다가 잠시잠깐 생각에 잠기기도 했다. 동화 「손바닥을 태양에」에서처럼 억지로 자신에게 용기를 북돋우기도 하고, 모리타 도오지(森田 童子 · 일본의 70~80년대 가수)의 노랫말 「예를 들어 내가 죽는다면…」처럼 자학적으로 변하기도 했다.

자포자기 직전, 아득히 저 멀리에서 뭔가 흰 것이 보였다.

"앗! 말이다!"

우리들은 열심히 구조 호루라기를 불며 도움을 요청했다. 얼마나 호루라기를 불어댔을까? 그야말로 '백마 탄 유목민'이 나타났다. 그 모습은 정녕 나를 구하러 온 왕자님. 내가 여자라면 틀림없이 반했을 것이다. 그런데 상황이 황당하게 전개되었다. 늠름한 왕자가 처음엔 말을 타고 우리 쪽 지프까지 오려하더니, 수심이 깊고 유속이 빨라 단 한 차례의 시도 끝에 그만 포기해 버리는 게 아닌가. 그러고서 몹쓸 왕자는 그냥 힘내라는 듯 묘한 웃음을 흘리며 유유히 떠나버리고 말았다. 우리들은 다시금 지프의 지붕에 방치되었다.

그로부터 또 한 시간이 지났다. 우리는 거의 절망했다. 아까와는 다르게 아무도 입을 열지 않았다. 나는 혹시라도 강물이 불어나 지프가 전복될 경우를 가정해 기슭 중에 제일 가깝다고 생각되는 장소를 혼자 점찍어두고 있었다. 일단은 살고 봐야 될 일이었다. 이런 생각과 함께 몸에 지닌 펜치나 낚시 도구를 모두 벗어 최대한 몸을 가볍게 했다. 머릿속으론 물에 뛰어들어 물장구로 강을 헤엄쳐 가로지르는 '이미지 트레이닝'을 개시했다. 하지만 되지도 않을 일이었다. 어릴 적부터 맥주병이었던 나는 물장구로 5m 이상을 전진해 본적이 없다. 게다가 이 추위에 몸이 제대로 움직일 리 만무하다. '안 돼, 나에겐 무리야!' 그렇게 이미지 트레이닝마저 좌절되고 힘없이 고개를

물 흐름을 헤치지 못하고 말 머리를 돌리는 구조대.

떨어뜨린 바로 그때였다. 진짜 왕자님이 나타났다. 다름 아닌 하마 씨가 대형 트럭과 말 한 마리를 끌고 온 것이다.

구조대의 도착에 열광하는 우리들…. 그런데 문제가 그리 간단치 않다. 강기슭과 지프의 거리는 약 15m. 도대체 누가 트럭과 지프를 와이어 로프로 묶을 것인지. 구조대가 말에 올라탄 채로 와이어를 끌어오려 하지만 뜻대로 되질 않는다. 구조대가 왔음에도 속수무책!

하마 씨와 구조대가 강바닥에 쪼그리고 앉아 뭔가 협의를 한참 하더니 이윽고 체격 좋은 청년 한 사람이 일어섰다. 그가 윗도리를 휙 벗어 던지고는 와이어를 자신의 몸에 둘둘 감기 시작했다. 그리고선 차가운 강물로 성큼성큼 들어섰다. 천천히 한 걸음 한 걸음 내딛는 그의 얼굴이 차가움 때문인지 고통으로 일그러졌다. 한 발 한 발 내디딜 때마다 물살이 더해지고, 기를 쓰고 붙든 와이어가 그의 몸에 파고들어 애처롭기 그지없다. 홍조를 띤 그의 얼굴에 눈물인지 콧물인지 알 수 없는 액체가 질펀하다. 이처럼 필사적인 인간의 얼굴을 본 적이 있었던가! 드디어 강물이 가장 세찬 지점에 발을 내디디며 그의 몸이 거의 떠내려가려 할 순간, 손이 지프의 범퍼에 닿았다. 재빨리 몸을 내밀어 그의 손을 잡았다.

"우와!"

"살았어. 진짜 다행이야…."

강변에 감동스런 환성이 울려 퍼졌고, 청년의 결사적인 작업으로 트럭과 지프가 드디어 와이어로 연결되었다. 트럭의 엔진이 신음소리를 지르며 힘차게 발차했다. 지프가 강바닥의 바위에 걸려 순순히 나아가진 않지만 조금씩 기슭과 가까워지고 있었다. 그런데 기슭까지 불과 4m 정도를 남겨놓고 '파앙!' 하는 굉음과 함께 와이어가 끊어져 버리고 말았다. 그 반동으로 지붕 위에서 미끄러진 우리는 겨우 지붕 손잡이를 움켜잡았다. 하마터면 강물에 나가떨어질 뻔한 우리는 아연실색 가슴을 쓸어내리는데, 기슭에서 우리 쪽 광경을 지켜보고 있던 하마 씨는 뭐가 그리 좋은지 파안대소를 했다. '이대로 또 갇히게 되는가?' 낙담하며 하늘을 우러러봤다. 구조대는 새로운 와이어를 준비해 오겠다며 하마 씨와 함께 다시 어딘가로 사라져 버렸다.

그때 일본 낚시인이 입을 열었다.

"이젠 건널 수 있지 않을까?"

그러고 보니 수심이 허벅지 정도. 다만 차가워 보이는 강물에 등골이 오싹했지만 우리들은 힘차게 차에서 뛰어내려 죽기 살기로 기슭을 향해 허우적거리며 내달렸다.

'휴~!' 무사탈출 후 연안에서 촬영한 강물에 갇힌 자동차.

그렇게 죽을 고비를 넘긴 우리들은 자동차 수리 및 정비를 위해 이틀 정도 마을에 머물렀다. 수리비는 자동차 전세 비용을 크게 넘어 여행사가 큰 적자를 본 듯했다 회사 사장에게 수리비를 추궁 당하던 하마 씨는 거짓말로 당시 상황을 둘러댔다.

"손님들이 강을 건너라고 시켰단 말입니다!"

하지만 곧 우리를 통해 거짓말임이 들통 나 결국은 '1개월 감봉' 징계가 내려졌다. 하마를 닮은 막무가내 운전수 한 사람 때문에 머나먼 이국땅에서 여럿이 목숨을 잃을 뻔했다. 몽골의 대초원에서 '조급한 남자는 얼어 죽는다'는 말이 온 몸에 사무치도록 옳게 느껴진 건 바로 이 사건 때문이었다.

배고픈 초원에서의 요리 기행

●● 몽골 최고의 요리 '허르헉' 유감

지금까지 방문한 나라 중에서 요리가 가장 맛없던 곳은 어디였을까? 지금까지 내가 여행한 나라는 모두 26개국. 가장 먼저 머리에 떠오르는 것은 첫 번째 단독 여행을 나선 인도. 당시, 돈을 많이 들이지 않는 여행이 진정한 여행이라고 믿고 있던 나는 약 1개월의 총예산으로 4만엔(약 52만원)을 잡았다. 호텔·식비·교통비 모두 포함해 하루 약 1천 300엔(1만 7천원) 정도 되는 셈이었다. 식사는 당연히 허름한 포장마차에서였다. 한 접시에 35엔 하는 매우 괴로운 맛의 카레를 세 끼 연속으로 먹자, 여행이 끝날 무렵에는 카레를 보는 것조차 역겨웠다. 귀국 후에도 한동안은 카레를 입에 댈 수가 없었다.

그때 그 카레만큼 싫은 것은 아니지만 최근 매년 방문하고 있는 몽골의 요리 또한 적지 않은 골칫거리임에 틀림없다. 몽골의 주식은 밀이나 쌀도 있지만 역시 양고기가 주인공이다. 모든 요리에 양고기가 사용되며 그것이 들어가지 않으면 요리 축에 끼기도 어렵다. 채소도 조금은 들어가지만 불과 얼마 전까지만 해도 몽골인들은 '채소는 가축이 먹는 것'이라 생각한 육식 민족이었다. 그들에게 채소는 그저 덤으로 넣은 재료일 뿐으로, 일본 요리에 나오는 파슬리와 같은 존재다. 조미료라고는 소금이 유일하고 기름을 너무 많이 사용해 고칼로리 식단 일색이다.

몽골인은 아시아인 중에서는 으뜸가는 공격형 민족인데, 씨름 등

순발력이 필요한 스포츠에 유독 치중하는 것도 식생활과 무관치 않을 것이라 생각한다.

유목민의 게르에 기거해 보면 거의 매일 양고기를 넣은 우동을 맛보게 되는데, 짠맛의 우동에 양의 비계가 둥둥 떠 있어 요리라는 표현이 부끄러울 정도다. 그것을 매일매일 계속 먹어야 한다. 게다가 이것이 과연 사람이 한꺼번에 먹는 분량일까 싶을 정도로 그 양이 엄청나다. 게다가 간신히 다 먹고 나면 몇 번이나 더 먹기를 강요당한다. 행여 시간을 끌다 면발이 국물을 빨아들여 불어터지기라도 하면 아무리 먹어도 그 양이 절대 줄어들지 않는다. 말 그대로 고문이 따로 없는 것이다.

언제나 나를 고민하게 만드는 몽골 요리 중에서도 가장 대표적인 것이 돌구이 양고기 요리인 '허르헉'이다. 양 한 마리를 잡아 일단 먹기 쉽게 자른 후 큰 솥에 채소와 구운 돌을 함께 넣어 천천히 구워가는 요리인데, 몽골에서 한 마리의 가격은 약 3천~4천엔(약 4만~5만 2천원). 어떤 나라에 따라선 값싸다 할 수 있지만 몽골에서는 시골 유목민의 월수입을 넘는 고가의 요리이다. 평소 유목민들은 양 한 마리를 잡으면 살점을 육포로 만들어 매일 조금씩 먹는 것이 일반적이다. 반면 한 마리를 통째로 사용하는 허르헉은 현지인조차 마음대로 먹을 수 없는 매우 사치스러운 요리. 그러나 큰 솥에 수북한 양고기를 먹고 또 먹다 보면 인도의 카레 수준으로 보고 싶지 않은 요리가 된다.

어느 날 아는 유목민의 게르를 방문하니 한 마리의 양을 무리에서 떼어내어 허르헉 용도의 제물로 동여매 놓고 있었다. 가까이 다가가 보니 줄을 풀려고 발광하던 양이 더 이상 도망칠 수 없다는 것을 알아차렸는지 점차 얌전해지면서 슬픈 눈동자로 이쪽을 살폈다. '이 녀석, 죽을 것을 아는 구나…' 평상시 '메에 메에' 하며 무리 지어 뛰놀던 천진한 눈동자들에게 익숙한 나로선 충격 그 자체였다. 마치 '나, 먹히는 거야?'라고 묻는 것처럼 느껴지기도 했다.

순진무구한 양의 행동 중 특히 기억나는 것이 있다. 언젠가 출룻강에서 낚시를 하고 있었을 때의 일이다. '메에~ 메에~!' 나무 그늘에

어디에선가 나타난 길 잃은 양.

서 이쪽을 살피는 한 마리의 양이 있었다. '응? 왜 이런 곳에 양이 있지?' 신기해하며 나도 재미로 '메에~메에~'라고 응답해 주었다. 그러자 반갑다는 듯이 이쪽으로 다가오는 것이 아닌가.

아무래도 무리에서 이탈한 길 잃은 양인 듯했다. 평상시에는 사람이 가까이 다가가면 도망치는 습성이 있는데, 녀석은 몹시 불안했던지 마치 아이가 엄마의 곁으로 달려오듯 나의 발밑까지 다가왔다. 무리 짓는 놈들일수록 외로움을 잘 탈 타는 법. 혼자 있는 것보다는 사람이라도 함께 있는 게 좋았던 걸까?

그런데 녀석의 순진한 태도와는 달리, 내 머릿속에 잠시 흉계가 떠올랐다. '출룻강 주변에는 늑대도 많은데 이대로 두면 어차피 늑대에게 습격당하겠지. 그 전에 내가 먹어 버릴까? 후후후….' 하지만 잠시 고개를 흔들고 그냥 낚시에 열중하면서 이동을 했다.

그런데 양이 계속 내 뒤를 따라 왔다. 내가 '메에, 메에'라고 부르면 마치 화답하듯 자기도 '메에, 메에' 하며 계속 뒤따라 왔다. 캐스팅을 하기 위해 잠시 멈춰 서면 안심하고 풀을 뜯다가도 내가 걷기만 하면 당황해 하는 걸음으로 뒤쫓아 오곤 했다. 녀석의 엉뚱하고도 단순한 행동에 호기심이 잔뜩 일었으나 나중에는 그마저도 귀찮아 그냥 걸음을 재촉했는데…. 그렇게 길 잃은 양은 처음 만난 지점으로부터 약 3km 떨어진 캠프 장소까지 나를 따라왔다.

"아, 곤란하구만. 어떻게 하지? 이거 정말 먹어 버릴까?"

농담 반 진담 반으로 몽골인 운전수에게 물어보니 빙긋이 의미 깊은 미소를 지어 보였다. 자신을 두고 그런 대화가 오가는 줄도 모르는 녀석은 그 순간에도 우리들과 떨어지려 하지 않았다. 몇 킬로를 함께 걸어와서 그런지 나도 어느새 정이 들어 녀석이 살짝 귀엽다는 느낌도 들었다.

일행들을 졸졸 따라다니는 게, 귀여우면서도 참 맛있을 것 같기도 하고···.

여간 애물단지가 아니다. 조금만 눈을 떼면 이렇게 냄비에 머리를 처박는다.

물론 그런 느낌은 오래 가지 못했다. 저녁 식사 준비를 하는데 녀석이 완전 훼방꾼 노릇을 해댔다. 양이라는 동물은 무리가 이동을 멈추어 따로 떨어질 염려가 없어지기만 하면 오로지 먹는 생각뿐인 듯했다. 요리를 위해 잘라 둔 채소에 입을 대거나, 냄비에 주둥이를 깊이 처박아 요리 중인 스프를 뒤집기도 했다.

모두의 인내심이 급기야 한계에 다다랐다. "이 녀석, 비켜!" 장작으로 머리를 때리기도 하고, 몽골인 운전수는 녀석에게 억지로 술을 먹여 의식을 잃게 하려고도 했다. 그러나 아무리 야단을 쳐도 녀석의 만행은 그칠 줄을 몰랐다. 화를 내면 금방 허둥지둥 도망치다가도 겨우 10초가 지나면 까마득히 잊은 듯 다시 못된 짓을 시작했다. 게다가 그렇게 혼쭐이 나고도 캠프로부터 결코 멀어지려고 하지 않았다. 그러고 보면 양들은 '무리 짓는 것'이 곧 '살 길'이라 생각할 테고, 그런 관점에서 무리로부터의 이탈, 즉 죽느니 학대 받는 쪽을 택하는 것이 너무도 당연할지도 몰랐다.

그렇게 이틀이나 우리의 캠프에 눌러 앉아 온갖 나쁜 짓을 일삼던 놈이 드디어 위기에 몰릴(?) 뻔했다. "이 녀석, 더 이상 안 되겠어. 곧 울란바토르로 데려가 정육점에다 팔아 치워버리자!" 하고 의견을 모으던 중, 다행히 주인을 만나게 되어 말썽꾸러기 놈을 안전하게 되돌려 보냈다.

아무튼 그때의 운 좋은 양과 비교해 지금 허르헉이 될 양은 그 운명이 너무도 달라 보인다. 지금 눈앞의 양은 마치 자신의 죽음을 받아들이는 인간과도 같은 달관의 눈빛을 띠고 있는 것이다. 양이라는 동물에 대해 전에 없던 경의가 느껴졌다.

길 잃은 양은 결국 주인 손에 이끌려 집으로 돌아갔다.

드디어 죽음의 순간이 왔다. 유목민 두 명에게 붙잡혀 아등바등 마지막 저항을 시도하는 양의 몸부림에 아랑곳없이 소름 끼치는 '해체쇼'가 시작되었다. 양의 가슴에 칼을 꽂아 15cm 정도 찢고는 그 사이로 손을 집어넣어 심장의 동맥을 잡아 당겼다. 양은 '궤꿱' 하는 작은 신음 소리와 함께 마침내 눈에 초점을 잃었다. 곧 다리가 경직되

'허르헉'(양의 돌구이 요리)을 위해 제물로 바쳐지는 양.

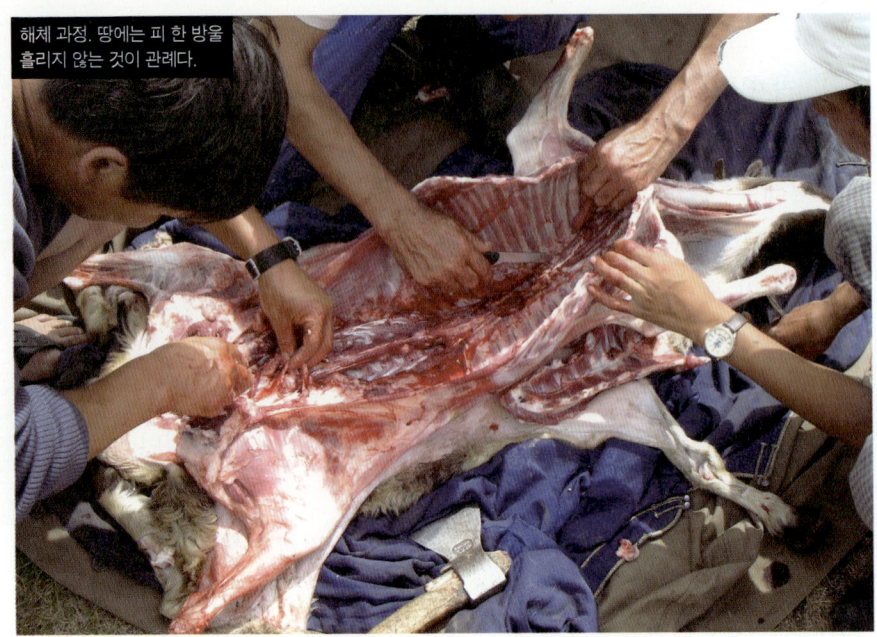

해체 과정. 땅에는 피 한 방울 흘리지 않는 것이 관례다.

고 입에서 거품이 빠져나왔다.

몸통의 가죽을 벗기고 다리를 뚝뚝 꺾고는 내장을 덥석 잡아 대야에 던졌다. 피는 한 방울이라도 대지에 떨어뜨려선 안 된다는 유목민들의 관례대로, 모든 피는 컵으로 퍼내어져 양동이에 따라졌다.

이 같은 해체 과정을 지켜보며 나는 곰곰 생각해 보았다. 가게 안에 깔끔하게 진열된 고기만 보게 되는 일본과 이런 기괴한 광경을 태연하게 아이들까지 지켜보는 나라인 몽골—, 과연 어느 쪽이 더 진실하다고 말할 수 있을까? '먹는 것'이 곧 '생명을 죽이는 것'으로 직결되는 유목민 생활. 그런 몽골에서 동물학대란 말은 아무래도 사치일 것만 같았다.

이윽고 한 마리의 양이 단순한 고기 덩어리로 변했다. 큰 솥에 고기를 잘게 썰어 넣고 감자와 양파 그리고 뜨겁게 구운 돌을

해체 작업이 끝나자 부위별 고기 조각들이 한데 담겼다.

집어넣어 30분 정도면 허르헉 요리가 완성된다. 솥뚜껑을 열자 증기와 함께 고소한 냄새가 자욱하게 퍼진다. 부근에 사는 다른 유목민들도 우르르 몰려와 허르헉 앞에 모였다. 냄비에 흘러넘치듯 가득한 양고기 덩어리. 나에겐 온통 속이 메스꺼운 광경이

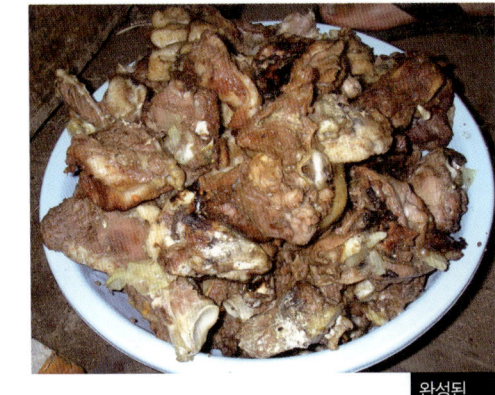

완성된 '허르헉' 요리. 몽골 유목민들이 좋아하는 특식이다.

지만 고기를 정말 좋아하는 몽골인에게는 그야말로 풀코스 고급 요리다. 모두들 정신없이 먹어치워 눈 깜짝할 사이에 뼈만 남았다. 그 옆에는 잘려나간 양의 머리가 원망스러운 눈빛으로 굴러다니고 있었다. 진정 이곳이 몽골이구나 생각되는 식사 시간 한때였다.

●● 찬거리가 궁하면 뱀도 갈매기도

　몽골 요리에 대한 개인적 푸념을 계속해 몽골인들에게는 결례가 될 수도 있다. 하지만 초원에서 겪은 특별한 요리들은 두고두고 잊을 수 없는 추억들이다.

　기본적으로 강변에서 텐트 생활을 하는 경우 낚시로 잡은 물고기를 최우선적으로 요리하게 된다. 그러나 물고기가 낚이지 않아 어려움을 겪는 일도 자주 발생한다. 이런 상황이 되면 포획한 것은 무엇이든 일단 먹고 보자는 식의 극단적 행동도 따르게 된다. 그 사례로 한 번은 뱀을 먹은 적도 있다. 출룻강 주변에는 특히 독사가 많이 서식하는데, 공격성도 낮고 사람이 가까이 가면 도망치는 경우가 대부분이어서 그들에게 물려 죽을 가능성은 낮다. 그러나 유목민들의 말에 의하면 어쩌다 물리면 상처 부위가 크게 부어올라 꽤 험한 꼴을 당하는 일도 종종 있다고 했다. 처음엔 흠칫했지만 어쩌다 독사 한 마리를 잡는 데 성공했다.

똬리를 틀고 위협하는 촐롯강변의 독사.

우선 머리를 잘라내고 강물에 정성스럽게 씻은 후 칼로 배를 갈랐다. 내장을 꺼낸 후 보드카와 간장으로 만든 소스에 장시간 담가두었다가 꺼내어 숯불 위에 올린다. 이때 가죽을 벗기지 않고 그대로 구워야 그 외형부터가 기괴한 별난 요리가 된다. 완성된 구이는 마치 덜 마른 건어물마냥 궁상스럽기 짝이 없지만 맛은 그다지 나쁘지 않다. 다만 너무 가늘다보니 먹을 것이 별로 없고 등뼈 때문에 먹기가 귀찮다는 것이 흠이다. 결론적으로 말해 굳이 위험을 감수해가며 먹을 정도는 아니라는 점 밝혀둔다.

몽골에서 먹어본 또 하나의 별난 요리는 갈매기다. 몽골은 바다가 없는 나라이지만 왠지 모르게 갈매기가 자주 보인다. 특히 물가에서 낚은 물고기를 손질하고 있노라면 뭔가를 얻어먹으려는 듯 갈매기들이 날아든다.

한 번은 네 마리의 갈매기가 멀찍이서 우리들의 물고기를 노려보고 있었다. 그때 갑자기 엉뚱한 생각이 번쩍 들었다. 갈매기를 낚아보고 싶다는 생각에 물고기의 내장을 꺼내 물가의 돌 위에 수북하게 올려놓았다. 내장 안에는 은밀하게 낚싯바늘을 숨겼다. 물론 그 바늘은 15m 정도 떨어진 장소에 둔 낚싯대에 낚싯줄로 연결되어 있었다. 아니나 다를까, 내가 자리를 뜨고 얼마 지나지 않아 네 마리의 갈매기가 일제히 내장을 목표로 날아들어 후끈한 먹이 쟁탈전이 시작되었다. 곧바로 낚싯대가 휘어지면서 한 마리의 갈매기가 허공에서 허우적거렸다. 그

낚시로 잡은 갈매기를 요리하는 중.

갈매기 요리 시식. 이 세상에 갈매기요리가 왜 없는지 알게 된다.

후의 과정은 잔혹하게 비칠 수 있으므로 여기선 생략하기로 한다.

그때 우리는 세상엔 왜 갈매기 요리가 없는지를 처음으로 알게 되었다. 당연한 이야기겠지만 그것은 갈매기 고기가 너무도 맛이 없기 때문일 것이다. 아니, 맛은 둘째 치고 먹을 것 자체가 없다는 이유가 더 클 수도 있다. 털을 뽑고 내장을 꺼낸 후 끓는 스프에 넣어도 보았지만 등 근육 약간을 제외하곤 먹을 부분이라곤 아무 데도 없었기 때문이다.

이런 우리들의 요리 결과를 몽골인들은 미리 알고 있었던 것일까? 그들은 결코 손을 대려고도 하지 않았다. 언제나 우리가 요리할 때면 멀리서 둘러앉아 얼굴을 찡그리며 바라보고만 있었다. 다양한 요리 방법에 익숙한 일본인에 비해 시골 몽골인들의 혀는 모험을 싫어하는 듯했다. 하기야 내가 몽골 요리의 평가에 인색하듯 그들도 내 요리에 대한 평가가 인색했다. 특히나 내가 그곳에서 처음 시도한 기괴한 요리를 오히려 '일본 요리'라고 오해하는 이도 있었을 것이다. 그런 나머지 그들은 세계에서 일본 요리가 가장 맛없다고 생각했을지도 모른다.

오래 된 이방인이 본
몽골, 몽골 사람들

●●● 다국적 낚시 일행들, 출룻강에 출사표!

　2008년 8월 하순, 수도 울란바토르에 체류하며 휴식을 취하던 중 말레이시아와 싱가포르에서 9명의 낚시인이 찾아왔다. 중화계 말레이시아인 '와이론' 씨가 그의 친구이자 비디오 카메라맨인 '호' 씨와 함께 몽골 낚시 투어를 기획, 7명의 손님을 데리고 찾아 온 것이다. 목적은 당연히 대물 타이멘낚시였고, 그 과정을 말레이시아의 낚시잡지에 소개하고 DVD까지 제작할 요량이었다. 몽골 가이드를 부탁 받은 나와 두 명의 몽골인 운전수를 더해 4개국 총 12명의 출룻강 탐사대는 그렇게 꾸려졌다.

　우리들은 두 대의 지프에 나눠 타 울란바토르를 출발했다. 영어·중국어·말레이어가 난무하는 차 내 분위기는 과연 다민족국가로부터 온 사람들다웠다. 거기다 일본 유학 경험이 있는 와이론 씨는 일본어에도 능통했다. 대화를 나누는 언어가 너무 난삽해지자 여행하는 동안의 공용어를 영어로 협의하기에 이르렀다. 다만 몽골인 운전수는 몽골어밖에 모르기 때문에 필요할 때마다 내가 몽골어로 번역 전달하기로 했다. 마치 초등학생의 소풍 버스와 같은 떠들썩함으로 우리들의 차는 출룻강을 향하고 있었다.

　하지만 그 시끄럽던 차 안도 이동 이틀째에 이르러 침묵 무드로 변하고 말았다. 피로에 지쳐 그 누구도 말하려 하지 않았기 때문이다. 그도 그럴 것이 말레이시아나 싱가포르는 교통망이 잘 정비된 나라인 데 비해, 포장도로가 드문 몽골의 초행길이 고역일 수밖에. 길 아닌 길을 '덜커덩!' '우당탕!' 달리는 대초원의 여행이 너무도 가혹했을 것이다.

출룻강 앞에 거의 다다라서야 정신을 차리기 시작한 낚시광들. 채비를 준비하고 너도 나도 절벽을 내려가 곳곳으로 흩어졌다. 나는 DVD 촬영을 1차 목적으로 하는 와이론 씨와 카메라맨, 그리고 중화계 말레이시아인 '데니스' 씨와 함께 이전에 130cm 넘는 타이멘을 두 마리나 낚은 비장의 포인트로 이동했다.

카메라맨의 준비 신호와 함께 와이론 씨가 제1투를 날렸다. 포인트는 흰 거품이 일 정도의 급류에 실개천이 흘러드는 합수 지점으로, 두 줄기 흐름이 복잡하게 얽히고설키는 장소다. 수중에 가라앉은 큰 바위가 만들어 내는 흰 거품의 역류에 루어를 투입하기 시작한 와이론 씨. 불과 몇 번의 캐스팅으로 입질을 받았다. "왔다!" 하는 함성과 함께 그의 낚싯대가 크게 휘어졌고, 곧이어 타이멘이 수면으로부터 공중제비를 돌 듯 튀어 올랐다. 강한 흐름을 타고 하류 쪽으로 돌진

'와이론' 씨가 비디오카메라 앞에서 93cm 타이멘을 낚아 올렸다.

하는 타이멘에게 이끌려 와이론 씨가 필사적으로 낚싯대를 세우며 대항을 한다. 멋진 솜씨로 얕은 여울까지 유도해 마침내 손에 넣은 것은 93cm짜리 중대형급 타이멘!

카메라 앞에서 자랑스레 타이멘을 쭉 내민 자세로 인터뷰에 응하는 그를 지켜보면서 나는 일단 안도의 숨을 내쉬었다. 캐스팅에서 랜딩에 이르기까지의 모든 과정을 카메라에 정확히 담아 DVD 촬영은 그야말로 쾌조의 스타트였다.

플라이에 잘 낚이는 그레일링. 길고 넓은 아름다운 등지느러미가 특징.

일단 마음의 여유가 생긴 우리는 한층 더 상류로 거물을 찾아 올랐다. 도중에 플라이낚시를 하는 데니스 씨를 만났다. 몽골에서의 첫 손맛으로 레노크를 끌어 올린 그는 만면에 미소를 가득 지어보였다. 나도 옆 자리에 서서 60cm 정도의 레노크를 연달아 올려 저녁 반찬거리를 조달했다. 그런 다음 두 번째 비밀 포인트에 도착했는데, 40여m 간격을 두고 촬영 팀과 함께 뒤따라 오던 와이론과 호 씨의 모습이 보이지 않았다. 완만한 물 흐름이 갑자기 격류로 바뀌는 곳으로, 떠내려 오는 작은 물고기들을 노리는 타이멘이 모이는 훌륭한 포인트인데…. 두 번째 타이멘의 촬영지로 최적지인데….

한참을 기다려도 와이론 일행이 나타나질 않아 어쩔 수 없이 데니스 씨에게 캐스팅을 권했다. 하지만 물살이 너무 강한 탓인지 플라이로는 포인트 공략이 쉽지 않아 그가 나에게 포인트를 양보했다. 그때까지 가이드 역할에 충실하고자 조심스러웠던 나는 그의 양보가 너무 반가웠다. 갑자기 승부욕이 불타기 시작했다. '7투 이내로 승부를 짓겠다!' 혼자 속으로 럭키 세븐을 선언하며 제1투를 날렸다. 2투, 3투, … 5투. 나의 예고가 끝나가던 6투째에 드디어 일이 벌어졌다. 가까운 바위 그늘에 루어를 떨어뜨려 최초의 액션을 가하는 그야

비디오카메라가 없는 사이, 필자가 올린 육중한 116cm 타이멘.

말로 '원 액션'의 순간, '첨벙!' 하는 소리와 함께 수면을 가르는 큰 머리가 튀어나왔다. 순간적으로 챔질을 하자 녀석이 얕은 여울에서 '철썩철썩' 몸을 좌우로 흔들면서 물 흐름이 강한 유심부로 돌진하는가 싶더니 갑자기 머리를 돌려 하류 쪽으로 줄행랑을 쳤다. 놈에게 끌려가듯 하류로 걸음을 옮기는 한편, 물 흐름이 완만한 쪽으로 끌어들였다. 이윽고 놈의 머리가 가장자리 방향으로 돌려졌고 거리도 가까워졌다. 마지막 강한 릴링과 함께 낚싯대를 힘껏 세우자 얕은 수면 위로 놈의 모습이 완전히 드러났다. 재빨리 다가가 랜딩그립을 끼워 넣는 순간, "타케, 축하해!" 하며 데니스 씨가 달려왔다. 함께 계측한 고기의 크기는 116cm! 배가 유난히 불룩한 살찐 타이멘이었다.

의기양양 캠프로 돌아오니 일행들이 저녁 준비를 하고 있었다. 와이론 씨에게 우선 물어 보았다.

"어디로 사라졌어요?"

"아니, 너무 지쳐서…. 호 씨가 그만 돌아가자며 말을 안 듣잖아."

이른 철수를 한탄하듯 설명하는 와이론 씨에게 "실은…" 하며 디

촬영 이튿날, 카메라 앞에서 105cm, 11kg 타이멘 포획 과정을 다 보여준 필자.

지털카메라를 꺼내 보였다. 내가 낚은 116cm짜리 타이멘 화면을 본 와이론 씨는 분한 듯 또 한 번의 쓴웃음을 지었다. 같이 있었더라면 이 카메라에 와이론 씨의 영상이 담겼을 거라고 위로했지만, 그에게 진짜 위로가 되지는 못한 듯했다.

다음날도 물고기의 활성도가 높아 우리들은 차례로 타이멘을 손에 넣었다. 나 또한 카메라 앞에서 105cm, 11kg짜리 타이멘을 걸어 입질부터 랜딩까지를 확실히 담았다. 그렇게 모두 7마리의 타이멘을 영상에 담은 데 이어 3일째의 낚시를 마무리할 무렵엔 총 11마리 타이멘을 확보하는 등, 촬영은 대성공작이었다.

기분 상쾌한 4일째 아침, 강으로부터 3km 떨어진 유목민의 게르로 향했다. 와이론 일행에게 '깜짝 파티'를 열어주기 위해서였다. 유목민 친구인 '간볼트'가 미리 한 마리의 양을 통째로 잡아 몽골에서 가장 호화스러운 허르헉 요리를 준비하고 있었다. 간볼트는 모두가 잘 보라는 듯 빙그레 웃으며 양의 가슴에 칼을 꽂았다. '메에~' 하는 단말마의 절규와 함께 사지가 늘어진 양의 가슴 속으로 손이 들어가 동맥을 뜯어냈다. 불쌍한 양은 다리를 한 번 '움찔' 하고는 마지막 숨이 끊어졌다.

말을 탄 유목민 친구 '간볼트' 씨.

사실 내가 기대한 것은 일행들의 겁에 질린 표정이었는데 너무나 잔혹해 차마 쳐다볼 수가 없었던지 모두가 어디론가 사라지고 없었다. 간볼트도 조금 낙담한 표정이었지만 부인과 함께 솜씨 좋게 작업을 진행시켜 나갔다.

간볼트가
요리해 준
양고기를
먹고 대호평.

한 시간 후 간볼트의 부인이 요리의 완성을 알리자 모두들 어디선가 우르르 몰려 나와 맛있는 음식 앞에 섰다. 큰 솥에 흘러넘치듯이 가득한 양고기 덩어리는 정말 호쾌해 보였다. 웅대한 자연 풍경 속에서 먹는 요리 중에 맛없는 것이 있으랴만, 우리 모두는 아주 기분 좋게 볼이 미어지도록 양고기를 양껏 입에 넣었다.

●● 몽골에서는 싸우지 않는 게 상책

배가 터지도록 고기를 먹고선 이제 술을 마시기 시작할 때였다. 한 대의 오토바이가 폭음을 울리면서 초원을 질주해 이쪽을 향해 다가오고 있었다. 이윽고 그 모습이 보이는 순간, 불길한 예감이 들었다. 그 남자의 이름은 '타우그스룬'. 최근 나와의 사이가 매우 나빠진 데다, 평소 술에 취하면 트집을 잡고 소동을 일으키기로 유명한 유목민 아저씨였다. 사연을 이야기하자면 다소 길어지지만, 그와의 첫 인연도 어느덧 7년 전으로 거슬러 올라간다.

2001년 9월, 처음 몽골을 방문한 나는 말을 빌려 타고 츨룻강을 여행하고 있었다. 무려 100km 거리를 말 위에서 흔들거리며 방랑하던 어느 날 밤, 피로와 추위에 지쳐 한 채의 유목민 게르에 머물게 되었다. 그 게르의 주인이 바로 타우그스룬이었다. 당시에는 술을 적당히 마시고 얼굴도 용감해 보이는 조용한 신사였다. 나를 극진하게 대접해 준 것은 물론, 돌아갈 무렵엔 2명의 딸 가운데 하나를 나에게 주겠다며 "내년에는 꼭 딸을 데려가라"고 할 정도였다. 나는 내심 2명의 딸을 비교해 보기도 했다. 동생은 전형적인 칭기즈칸 얼굴의 넓적한 모습인 데 비해, 언니는 머리카락도 길고 화장을 하면 상당히 예뻐 보일 것 같다는 생각이 들었다.

어쨌거나 그의 제의는 나를 그들과 같은 유목민으로 인정해 주는 것 같아 기분이 나쁘지 않았다. 그래서 매년 출룻강을 방문할 때마다 그의 게르를 방문해 오랜 시간 술잔을 나누는 사이가 되었다. 그런데 만날 때마다 확연히 그의 주량이 늘어난 것으로 느껴졌고, 사람을 대하는 태도 또한 알코올 중독자 수준에 가까워져 있었다. 그것이 신경 쓰이면서도 우리들의 우정은 그런 대로 계속 되었다. 적어도 내가 낚시투어 안내를 시작하기 전까지는.

오랫동안 '나홀로 여행'을 계속하던 나는 2005년 뜻밖의 제의를 받아들이고 말았다. 어느 날 울란바토르에서 현지 여행사 사장과 잡담을 나누던 때였다. 문득 사장이 나에게 한 가지 제안을 했다.

"그간 몽골의 경험을 살려 낚시투어를 해 보면 재미있지 않겠나?"

"예? 아아, 그거 재미있을 것 같은데요!"

그때 깊이 생각해보지도 않고 슬쩍 동의한 것이 발단이었다. 그 뒤로 이야기가 진척되어 그에게 숙박이나 자동차 준비에 관한 협력을 받게 되었고, 인터넷에서 손님을 모집하는 형태의 그저 단순한 낚시투어가 시작됐다. 손님을 모셔야 하는 안내자의 입장이 되다보니 멋대로 혼자 여행을 하던 때와는 달리 조과를 최우선으로 삼게 되었다. 물고기의 활성이 높은 포인트만 찾다 보니 자연스레 타우그스룬의 게르 주변으로부터도 점점 멀어지기 시작했다.

그러던 어느 날 문제의 발단이 생겼다. 그 해 9월 말, 몽골인 운전사 2명과 함께 출룻강을 찾았을 때다. 도착 첫날에 133cm짜리 대물 타이멘을 끌어 올려 모처럼 기분이 하늘을 찌를 듯했다. 아는 유목민이 권하는 술을 그대로 다 마시다가 결국 운전사가 나를 둘러메고 캠프까지 돌아오는 상황이 발생했다. 텐트 안에서 13시간이나 늘어져 있다가 겨우 정신을 차렸을 때에는 이미 한밤중이었다. 텐트 밖으로부터 남녀가 무엇인가 속삭이는 소리가 났다. 남자는 바로 나의 운전사였다. '여자는 누구지? 이런 곳에 어떤 여자가?' 하고 잔뜩 의아

2005년 만추(晩秋) 무렵에 필자가 낚은 133cm 타이멘.

한 나머지 텐트 틈새로 밖을 살그머니 내다보았다. 그리고 깜짝 놀랐다. 문제의 여자는 타우그스룬의 딸, 얼굴이 넓적했던 바로 그 둘째 딸이었다. 뭐라고 아는 척할 겨를도 없이 두 사람은 내가 엿보는 줄도 모르고 그대로 초원 위에서 합방을 시작했다. 그들의 섹스는 너무도 짧을 만큼 간단명료했다. 물론 숨 죽여 엿보던 나에게는 매우 긴 시간이었다. 어쨌거나 여기서 중요한 것은 내가 고용한 운전사가 타우그스룬의 딸에게 손을 댔다는 사실이다. 앞으로 그를 마주할 자신이 없었다.

그 후로도 자주 출룻강에서 타우그스룬과 얼굴을 마주쳤지만 내가 어색해 먼저 자리를 피했다. 아무것도 모르는 그로서는 당연히 불쾌했을 것이다. 그러던 2007년, 어느 유목민으로부터 그가 내 목숨을 노리고 있다는 얘기를 전해 들었다. '설마 자기 집에 얼굴을 내밀지 않는다는 이유만으로 살인을 저지를까?'라고 대수롭지 않게 여기려 애썼다. 그런데 실제로 그는 술에 취하면 나의 텐트로 찾아와 이전의

유목민 집에서 술에 취해 쓰러진 사람, 누굴까?

캠프에서 썸씽을 일으킨 '문제'의 운전기사.

태도와는 달리 엉뚱한 트집을 잡으며 소동을 일으키곤 했다. 결국 7년간의 우의가 이렇게 변해버리고 말았는데….

그 타우그스룬이 흙먼지를 날리며 달려와 지금 우리들 앞에 선 것이다. 거칠게 오토바이를 세운 그는 나를 한번 힐끗 쳐다보고는 인사도 않고 게르 안으로 불쑥 들어갔다. 술이 잔뜩 취한 모습이었다. 나쁜 예감이 들어 가슴이 철렁 내려앉았다. 아니나 다를까. 게르 안에서 '꺄악!' 하는 간볼트 부인의 비명 소리가 울렸고, 우리가 놀라 일어섰을 때 벌써 그는 우리들 앞에 버티고 서 있었다. 그의 손에는 식칼이 제대로 잡혀 있었다.

"나는 칭기즈칸이다!"

식칼을 든 그가 괴성을 지르며 나를 향해 돌진해 왔다. 반사적으로 자세를 바로 잡아 임전 태세를 취하는 순간, 간볼트가 뛰어들어 타우그스룬을 가로막았다. 간볼트는 날뛰는 그의 손을 붙잡고 식칼을 빼앗아 내던졌다. 그리고는 당사자들끼리 잘 해결해 보라며 물러섰다.

절체절명의 위기는 벗어났지만 타우그스룬의 분노는 그치지 않았다. 간볼트의 손을 뿌리치고선 금방이라도 나에게 달려들듯 고래고래 고함을 질러댔다. '아, 귀찮다!' 하는 생각이 들어 그냥 피하려다 일단은 와이론 씨 일행에게 피해가 미치지 않도록 한적한 장소로 그를 데려갔다. 식칼을 빼앗긴 그는 단순한 술주정꾼에 불과했다. '그냥 한 방 먹일까?' 잠시 망설여지기도 했지만 이내 마음을 고쳐 잡았다. 외국에서의 싸움은 승패를 떠나 결국은 외국인이 피해를 보게 마련이기 때문이다. 현지 언어에 능통하지 않은 외국인의 정당방위가 초원 사회에서 통할 리 없고, 더욱이 작은 부락에서는 경찰도 현지인의 편을 들 것이 너무도 뻔했다. 결국 흥분 상태의 그를 끈기있게 달래는 수밖에 달리 도리가 없었다.

어느 정도의 소란으로 기분이 가라앉았는지, 아니면 제풀에 지쳤는지 그가 차츰 이성을 되찾아갔다. 그러더니 갑자기 보드카를 찾기 시작했다. 그렇게라도 기분이 풀리기를 기대하며 지프에 있던 보드카를 갖다 줬다. 하지만 어젯밤에 마시다 남긴 보드카 병에는 술이 3분의 1밖에 남아 있지 않았다. 그것을 꼬투리 삼아 갑자기 태도가 돌변한 그가 이번엔 돈을 달라며 나를 또 위협하기 시작했다. 사람들 앞에서 돈을 건네는 것이 내키지 않아 그를 게르의 구석진 곳으로 끌고 가 지갑에 있던 2만투그릭(약 2만원)을 내밀었다. 나의 손에서 빼앗듯이 돈을 거머쥔 그가 눈짓 한 번 없이 오토바이에 올라타더니, 뒤도 돌아보지 않고 초원의 저쪽으로 사라져 갔다.

사태가 안정되어 안도의 한숨을 돌리니 와이론 씨가 수고했다며 나의 어깨를 두드렸다. 호 씨는 "몽골인은 모두 저런 놈뿐인가!" 투덜대며 얼굴을 찌푸렸다. 나는 "Sometime!"이라고 짧게 중얼거리며 억지웃음을 지어 보였다. 그때까지 아무 말 없이 지켜보고 있던 몽골인 운전사 '쟈야'가 격노한 모습으로 입을 열었다.

"이런 터무니없는 일을 당하다니! 경찰에 고발하겠어!"
"타케, 저 녀석은 너무 심해! 그를 감옥에 보내야 해!"

간볼트의 부인도 그를 거들었다. 하지만 나는 더 이상 일이 복잡해지는 것이 싫었다. 설사 경찰에 신고한다 해도 이런 시골 유목민들의 사건은 애매하게 마무리 될 것임이 뻔했다. 이전에 엔비시가 술주정꾼에게 도끼로 맞아 머리가 깨졌을 때에도 결국 경찰이 움직이지 않았다고 들었다. 그가 3일 동안이나 생사를 헤매었음에도 불구하고 말이다. 괜히 신고를 했다가 타우그스믄이 감옥에 들어가지 않았을 경우, 과연 그는 어떻게 할까? 그때는 아마도 진짜 살인을 저지를지 모를 일이다. 운전사에게 부탁하듯 조용히 넘어갈 것을 종용했다.

한 바탕 소동에 지쳐 버린 우리는 축 늘어진 마음으로 강가로 되돌아왔다. 캠프에 도착한 후로도 좀체 흥분이 가라앉질 않았다. 이제 더 이상 낚시 손님을 안내하지 말아야겠다는 생각이 들었다. 이제까지의 몽골 여행 경험을 바탕으로 나 혼자 당하는 봉변쯤은 스스로 해결할 수 있지만, 손님들 앞에서 다시 그와 같은 사람이 앞뒤 분간 없이 날뛰기라도 하면…. 생각만으로도 골치가 아팠다.

●● 드디어 기록 경신! – '대초원의 여행' 끝나다

그러나 당장은 어쩔 수가 없었다. 와이론 씨의 여행 일정이 조금 더 남아 있었기에 몸과 마음을 다시 추슬렀다. DVD 촬영은 어느 정도 성공적이었지만 딱 한 번 더 카메라 앞에서 대물을 잡게 해주고 싶었다. 내가 '귀鬼'라는 별칭을 붙여 그 희소가치를 부여하고 있는 110cm 이상의 타이멘을 와이론 씨의 품에 안겨주는 것이 나의 마지막 목표였다. 그리고 또 하나, 아직 타이멘을 낚지 못한 데니스 씨, 그리고 말레이시아의 루어 용품 회사 사장인 '티안' 씨에게도 여기까지 온 보람을 느끼게 하고 싶었다. 결국 남겨진 반나절 동안 내가 가이드로서 해야 할 일은 그렇게 그 두 가지로 좁혀졌다.

4명의 일행과 함께 마지막 대물을 찾아 하류 쪽으로 걷기 시작했다. 캠프로부터 하류 지역은 군데군데 토사 붕괴가 이뤄져 상류에 비해 길이 훨씬 더 험했다. 뒤따르는 손님들이 가쁜 숨을 몰아쉬었다. 네 군데 포인트를 공략했지만 타이멘의 입질은 없었다. 계속된 일행들의 낚시에 물고기들의 경계심이 촉발한 듯한 느낌도 들었다. 이런 저런 생각으로 이곳저곳 뒤지다 보니 어느덧 2km 정도를 걸었나 보다. 드디어 나의 단골 포인트에 닿았다. 평균 조황이 가장 꾸준한 장소로, 강폭이 갑자기 좁아져 물살이 격류를 이루는 데다 암벽 산에서 무너진 내린 큰 돌무덤 주위로 또한 역류가 형성되는 곳이기도 하다. 대물 타이멘이 은거하기에 최적의 여건으로, 최근 2년 사이 110cm 넘는 놈으로만 두 마리, 1m 넘는 것들은 수없이 낚은 포인트가 바로 이곳인 것이다.

"여기서 나오면 반드시 대물입니다. 마지막 찬스일지도 모르니 최선을 다하세요!"

내가 와이론 씨에게 말하자 호 씨가 카메라의 스탠바이를 외쳤고, 긴장한 표정의 와이론 씨가 포인트 앞으로 다가 섰다. 그리고 내가 예고한 일이 바로 1투에 벌어졌다.

와이론의 루어가 큰 바위 사이로부터 조금 위쪽에 떨어졌고 물 흐름을 따라 역류 지점을 부드럽게 통과했다. 바로 그때 그의 낚싯대가 크게 휘어졌다. 휘청거리는 낚싯대의 휨새만으로도 상당한 대물이라고 추측되는 상황. '부탁이야, 제발 잡아 줘!' 나의 기도에도 아랑곳 없이 격렬한 물살을 타고 하류 쪽으로 내달리던 타이멘의 모습이 어느 순간 잠잠해져 버렸다. 와이론의 낚싯대도 갑자기 긴장을 잃고 막대기처럼 쭉 펴지고 말았다. 너무도 어이가 없어 강바닥에 털썩 주저앉는 와이론 씨.

충격이 너무 컸던지 와이론과 호 씨는 대물 타이멘을 단념해 버리고 아예 레녹크 사냥에 정신을 팔았다. 그간 타이멘에 너무 전념한 나머지 레녹크 영상을 카메라에 충분히 담지 못한 이유도 작용했을 것이다.

나는 그들과 헤어져 데니스와 티안 씨 2명을 데리고 한층 더 하류로 향했다. 포인트란 포인트는 이 잡듯이 샅샅이 뒤지며 차례로 공격해 갔지만 입질은 전무였다. 돌밭을 걷는 데 익숙하지 않은 2명은 피로에 지쳐 걷는 속도가 자꾸만 느려졌다. 그들로선 타이멘이 어려운 어종이라 생각하겠지만 사실 타이멘은 활성이 높을 때면 루어를 비교적 간단하게 무는 물고기이다. 다만 포식 시간대가 워낙 변덕스러워 예측이 어려울 뿐, 얼마나 많은 포인트를 열심히 공격하는지가 성

고생하던 '데니스' 씨가 처음 타이멘을 올렸다.

패의 키워드라 해도 과언이 아니다. 때문에 활성이 높은 시간대의 타이멘을 찾기 위해 걸음을 서둘러야 하는데, 그들의 얼굴에는 점차 의심의 빛이 역력했다.

'이대로는 가이드로서의 체면이 완전 구겨지는데….' 스스로 초조해지기 시작할 때였다. 마침내 데니스 씨에게 대망의 타이멘이 걸렸고 무사히 랜딩까지 이루어졌다. 계측하니 95cm! 나쁘지 않은 크기였다. 그는 "타케, 땡큐!"라며 만면의 웃음과 함께 나의 손을 세게 쥐었다.

그가 마치 어린애처럼 떠들며 사진 촬영을 하고 있을 때였다. 티안 씨가 강물을 향해 허둥지둥 끌려가며 무언가 큰 소리로 외치고 있었다. 쫓아가보니 그가 잔뜩 구부러진 낚싯대를 붙들고 안간힘을 쓰고 있었다. 당황하는 그를 침착하라고 진정시키는 한편, 고기를 얕은 여울 쪽으로 유도하도록 재촉했다. 마침내 타이멘이 손에 잡히자 티안씨는 넋이 나간 사람처럼 바닥에 털썩 주저앉았다. 약 5km 거리를 힘들게 걸은 두 사람 모두가 이날 처음으로 나에게 웃는 얼굴을 보여준 순간이었다. 그제서야 마음이 놓였다.

"타케, 여기서부터는 너 혼자서 가! 우리들은 이미 충분히 만족했어. 쉬엄쉬엄 낚시를 하면서 우린 캠프로 돌아갈 게!"

흥분을 가라앉힌 2명의 손님이 말했다. 당일, 거의 낚싯대를 휘두르지 않고 가이드에만 전념한 나에게 그들이 자유를 준 것이다. 당연히 감사의 뜻을 전하는 동시에 곧 따라갈 것을 약속했지만 나의 걸음은 한층 더 하류로, 하류로 향하고 있었다. 온통 수면이 쥐 죽은 듯 조용할 정도로 한 마리의 작은 물고기조차 보이지 않았지만 가이드의 신분에서 해방되어 혼자 자유로이 낚시를 즐길 수 있게 된 만족감 때문이었을까…. 그렇게 두 명과 헤어진 장소로부터 1km를 더 내려와 지금까지 익혀둔 마지막 포인트에 도달했다. 홀가분한 마음으로 이곳저곳 몇 차례 두들겨 본다. 소식이 없다. 레녹크 한 마리조차 걸려들지 않는다. 오늘은 안 되는 날인가 보다 하고 그만 단념해 버렸다. 더 아래쪽은 절벽에 막혀 길이 끊어진 곳으로, 할 수 없이 상류로 되돌아갈 수밖에 없었다.

낚싯대를 휘두르며 내려오던 것과는 되돌아가는 길은 지루하고도 힘들다. 게다가 지치기도 했다. 공복과 갈증을 안고 고도 2천m의 계곡 돌밭을 걷자니 낚시는 이미 안중에 없었다. 이윽고 두 명과 헤어진 지점으로 돌아왔는데 그들은 이미 떠나고 없었다. 혼자 그렇게 또 한참을 걷자니 길 가운데에 휴지가 흩날렸고, 가까이 다가가 보니 흉하게도 대변 덩어리가 보였다. 올 때는 이러지 않았는데…. 두 명 중 누군가가 볼일을 보고 지난 것 같아 은근히 약이 올랐다. '풀숲으로 조금 이동해 볼일을 보던지 했어야지, 누가 밟으면 어떡하려고?' 하지만 풀숲까지 갈 여유조차 없을 만큼 급했을지 모른다는 생각을 하니, 실실 웃음이 나왔다. 급기야는 한바탕 크게 웃어버렸다.

이제 그들을 굳이 따라잡을 필요 없이 '낚시나 하며 천천히 올라가자' 하고 마음 먹었다. 어차피 일몰까지만 캠프로 돌아가면 될 테니까. 게다가 대변이 남겨진 장소 부근은 예전에 107cm짜리 타이멘을 낚았던 포인트로, 한두 시간 전 이곳으로 내려올 때도 탐색을 한 곳이기도 하다. 그리고 예측컨대 두 명 중 어느 한 쪽은 상대가 볼일을 볼 때 낚시를 시도했음 직했다. 그렇게 되면 이곳은 오늘 두 번이나 공략한 장소가 되는 셈이다.

아무래도 고기가 없을 확률이 높았지만 물속 지형이라도 잘 살펴두자는 생각으로 바위 위로 기어올랐다. 격류 속으로 큰 바위가 두 개 튀어나와 흰 거품이 일면서 물 흐름이 다소 완만해지는 여건. 대형급들이 몸을 쉬는 모습이 종종 눈에 띄던 곳이다. 그 광경을 떠올리며 물속을 예의 주시하는데 아니나 다를까! 한순간 흰 거품 아래로 붉은 꼬리가 힐끗 보였다. '아, 있다!' 재빨리 대형 루어를 던졌다.

루어가 두 개의 바위 사이로 정확히 떨어졌다. 낚싯줄이 늘어지지 않을 만큼의 장력을 유지해 준다. 루어가 자연스레 물 흐름을 타고 거품 속으로 보기좋게 빨려든다. 바로 그때 타이멘의 등지느러미가 보인다 싶더니 '덥썩!' 루어가 씹히는 진동이 전해졌다. '아~!' 그런데 그만 그것으로 끝나고 말았다. 루어가 너무 컸던 탓일까? 회수한 루어에서 큰 이빨 자국만 확인하고 루어를 아래 단계의 작은 것으로 바꿨다. 심호흡을 크게 하고는 두 번째 루어를 날렸다.

루어가 떨어진 곳은 첫 번째와 똑같은 지점. 역시 똑같은 궤적을 그리며 흰 거품 속으로 빨려 들여가는 순간, '털컥!' 하는 충격과 함께 낚싯대가 휘청 꼬꾸라졌다. 그 순간 갑자기 움직임이 없는 듯하더니 낚싯대를 힘껏 세우자 흰 거품에서 거대한 그림자가 몸을 비틀었다. 깜짝 놀라 부리나케 릴을 감아 돌리는 데도 불구하고 놈이 유심부의 강한 흐름 속으로 파고들기 시작한다. 마치 아무 일 없다는 듯 유유히….

녀석의 몸짓에 놀라 낚싯대와 릴을 움켜쥔 손에 더욱 힘을 가해 끌어들이자 녀석도 드디어 성질이 났는지 수면을 박차고 솟구쳐 올랐다. 가슴이 철컹 내려앉는 사이, 녀석도 다시 수면 아래로 머리를 처박고는 온 몸을 비틀면서 하류 쪽으로 돌진해 간다. 강변에 무수히 구르는 돌에 발이 채이면서도 그 그림자를 따를 수밖에…. 가쁜 숨을 몰아쉬며 40m 정도 따라갔을까. 녀석이 마지막 힘을 쥐어짜듯 세 번째 도약을 시도하려다 그 회전력에 낚싯줄을 몸에 감고선 더욱 몸부림을 친다. 행여 몸에 감긴 낚싯줄이 강바닥 바위에 스칠까봐 가슴이 오마조마한데, 얕은 여울 쪽으로 머리를 돌리려는 내 의지와는 상관없이 놈은 자꾸만 하류 쪽으로 줄행랑을 친다. 릴링하는 손에 더욱 힘을 가하며 계속 따라가다 보니 놈의 저항이 점점 약해지는 느낌이다.

드디어 물가 쪽으로 녀석이 머리를 돌렸다. 그 순간 저항을 포기한 것인지 몸체까지 옆으로 누인 모습. 후다닥 달려가 거구를 안아 들고서 풀숲으로 뛰었다. 드디어 발밑에서 용틀임을 해대는 거대한 타이멘. 나의 기록이 또 경신되는 순간이었다.

용맹스런 얼굴과 붉게 물든 거대한 체구를 바라보면서 기쁨이 용솟음쳤지만 여느 때처럼 표현할 기력이 없었다. 대낮의 식칼 소동과 점심을 거른 공복으로 육체적·정신적 피로가 겹친 때문이었다. 그리고 또 한 가지-. 몽골 여행 자체에 완전히 지쳐 버린 나머지 극심한 정신적 고갈마저 음습했다. 길고 긴 몽골의 여행을 끝내고 싶었다.

캠프로 향하는 발길이 그 어느 때보다 무거웠고 고민 또한 깊어갔다. 8년간의 추억이 흐르는 출릇강을 바라보며 '끝났다!'고 중얼거리기도 했다. 하지만 나의 독백은 거칠게 불어오는 차가운 몽골 바람에 곧바로 흩날려 사라졌다.

유목민의 습격을 어렵게 해결하고 체력과 정신력 모두 지쳐 있던 그 날, 필자에게 우아하게 안긴 137cm 짜리 타이멘. 이 한 마리로 초원의 여행을 끝냈다.

출룻강의 모비딕, 137cm짜리 타이멘의 위용. '전설의 고기'라는 예찬에 걸맞은 자태다.

Picture Gallery 몽골

초원의 여름 축제인 '나담'. 남자의 세 가지 유희라 일컫는 활·승마·씨름 3종목 경기로 이루어진다. 어린이도 훌륭하게 참가한다.

몽골 유목민들은 우유로 여러 가지 제품을 만든다. 젖짜기는 여성과 어린이 몫이다.

유목민 남자가 "술 마시지 않을래?"라며 유혹하고 있다.

비가 멎은 초원에 무지개가 걸렸다. 몽골의 여름은 비의 계절, 연간 강수량의 대부분이 여름에 집중된다.

Picture Gallery 몽골

여행 도중 발견한 초원에 버려진 해골. 황량한 벌판에 나뒹구는 해골이 왠지 이상하다거나 무섭지 않았다. 초원에는 언제 건 죽음이 가까이 있다. 사람도 죽으면 동물과 마찬가지로 썩어 사라질 뿐이다. 나는 그 잔해를 주운 것에 지나지 않는다. 이 사람에겐 어떤 사연이 있었을까? 지금은 아무 말도 없다. 살아있는 동안만이 의미가 있다.

단애를 흐르는 출룻 강 상류 지역. 1m를 넘는 대어가 서식하리라곤 생각조차 할 수 없는 소규모의 흐름이지만, 절벽 위에서 보면 대어의 그림자가 직접 목격되기도 한다.

말을 탄 유목민의 안내로 출룻강 오지로 향한다.

강변 큰 바위에 새겨진 벽화. 사슴·토끼·늑대로 보이는 이 그림을 현지 유목민은 800년 전에 그려진 것이라고 했지만 정확한 근거는 없다.

소몬강의 목제 다리 난간에서 곡예를 해 보이는 필자.

유목민 꼬마가 필자의 캠프에 놀러왔다. 작은 체구에 거대한 소를 데리고서.

해외 낚시잡지에도 등장하는 필자. 한 잡지로부터 '조어낭인(釣魚浪人)'이란 별명을 얻었다.

329

Picture Gallery 몽골

몽골의 괴어는 역시 노던 파이크(맨위)와 타이멘으로 대표된다.

110cm가 넘는 타이멘을 물고기(魚)의 귀신(鬼)으로 부르기도 했다. 이 타이멘이야말로 귀신 사이즈라고 부를 만하다.

5 아마존
Amazon

고대의 철갑병鐵甲兵 피라루쿠

머나먼 지구 뒤편, 꿈에 그리던 아마존!

아마존이 드디어 미소를 지을 때

정글의 파이터와 어자원 창고 라고아Lagoa

아마존 최후의 표적 – '고대의 철갑병' 피라루쿠

안녕, 나의 아마존. 다시 언젠가!

브라질

머나먼 지구 뒤편,
꿈에 그리던 아마존!

● ● 브라질에 도착했으나… 아마존은 아득히 멀고

학생시절에 한 번, 당돌하게 아마존으로의 여행을 꿈 꾼 적이 있었다. 당시 아마존의 낚시 비디오를 여러 차례 반복해 보던 나에게 있어 아마존은 꿈결 속의 낚시천국으로 생각되었다. 그러나 당시의 나는 당연히 낯선 이국을 여행할 능력도 없고 실행할 형편도 아니었다. 결국 이 꿈은 오래도록 이룰 수 없었다. 그렇지만 지금 돌이켜 생각하면 그때 진정으로 가고 싶다는 생각이 절실하지 않았던 것일지도 모른다. 어린 시절 키운 '꿈'은 스스로 접지 않고 오래오래 그 의지를 간직하다 보면 언젠가 실현가능한 날이 오기 마련인 것을…. 옛 아마존에 대한 동경을 떠올리며 정신을 차려 보니 어언 8년여 세월이 지나 있었다.

지금이다! 오랫동안 동경하면서도 단지 게을러 이루지 못했던 꿈을 이제 이루자! 그렇게 생각한 2003년, 나는 겨울이 시작되는 아키타秋田에서 남미 브라질로 향하는 비행기에 몸을 실었다.

하지만 일본에서 브라질은 지구 반대편 뒤쪽. 정녕 머나먼 거리였다. 야간버스와 전철과 점보제트기 2대를 갈아타고서 남미 제일의 대도시 상파울루에 내려선 것은 아키타의 집을 나선 지 꼭 34시간 후였다. 편도 2만여km, 지구를 반 바퀴를 도는 대장정 끝에 비행기는 상파울루 교외의 과룰료스Guarulhos 국제공항에 호쾌한 폭음을 내며 착륙했다. 긴 여행의 피로와 불안한 발걸음으로 트랩을 내리니 해발 800여m의 대지는 태양에 가려운 듯 반짝반짝 빛났고 고원의 건조한 바람은 기분 좋게 살랑거렸다. 될 대로 되라는 식의 다소 무계획적인 여행이었지만, '아마 잘 될 거야!' 하는 여느 때와 같은 자신감이 끓어올라 나는 담배연기를 고원의 바람에 시원하게 실어 보냈다.

그러나 도착 즉시 그 자신감은 곧바로 흔들리고 말았다. 올라탄 택시는 비교적 잘 정비된 도로를 폭주족 같이 무지막지하게 질주하기 시작했다. '과연 아이르톤 세나(전설적인 F1레이서)가 태어난 나라로구나!' 하고 감탄하고 있으니, 드라이버는 콧노래를 섞어가며 한층 더 스피드를 올려 그야말로 F1레이서를 방불케 하며 차례차례로 다른 차를 앞질러 갔다. '인구수만큼의 F1레이서가 있다'라고까지 지적 받는 브라질인의 운전은 일본에서 이제 막 도착한, 아직 면역이 되어 있지 않은 나를 놀라게 하기에 충분했다. 도착 즉시 브라질 운전기사의 난폭 세례에 첫 거리 풍경을 즐길 여유도 없이 나는 상파울루의 중심부로 내몰렸다.

닳아서 반들반들해진 한 브라질 택시의 타이어.

식은땀을 흘리면서 도착한 곳은 리베르다데 지구. 남미 최대의 동양인 거리이자, 많은 일본계 이민자들이 사는 지역이다. 일본어 간판이 줄지어 서 있고 도로에는 새빨간 '토리이鳥居(일본 신사神社의 대문)'까지 우뚝 솟아 있을 정도다. 현지어인 포르투갈어를 한 마디도 못하는 나로선 이곳에서만큼은 아무런 불편이 없겠구나 생각하면서도 한 세대 전의 일본 시골 같은 풍경을 보는 것 같아 조금은 실망하면서 싸구려호텔 앞에 섰다. 그런데 그 이름 또한 생뚱맞게도 '호텔 이케다'이다. 이민 온 이케다 씨가 경영하는 호텔이란 뜻일 텐데, 왠지 모를 이질감이 느껴져 씁쓸레한 기분이었다.

허름한 방 안에 큰 짐을 들이고 나니 긴 여행 끝의 피로가 온 몸을 짓눌렀다. 삐걱삐걱 소리 나는 침대에 나자빠져 한동안 무의식 상태

리베르다데 지역의 일본계 이민자 밀집 거리 풍경.

에 젖었다. 나리타공항에서 탑승 전에 맞은 황열병 예방주사의 부작용일까? 두드러기 같은 것이 온 몸에 돋아 기분마저 우울해진다. 어렵사리 브라질에 도착했다고는 하나 곧바로 낚시를 할 수 있는 것도 아니다. 지금부터 '낯선 땅'에서 '모르는 말'을 익혀 가며 '아직 한 번도 본 적 없는 물고기'를 낚지 않으면 안 되는 것이다. 아마존은 아직도 아득하게 먼 곳으로 생각되어 마음이 자꾸만 어둡게 가라앉는다. '아, 아득한 아마존이여! 어서 빨리 나에게 미소 지어 줘!'

그러나 도착 당일, 나의 초조함과는 정반대로 눈 깜짝할 순간에 사태가 진전되었다. 기분 전환으로 맥주라도 조금 마실까 하고 호텔 방을 나왔을 때다. "안녕하세요!" 하는 경쾌한 목소리에 뒤돌아보니, 초로의 일본인 같은 남성이 싱긋 미소 짓고 있었다. 그의 이름은 K씨. 35년 전 일본에서 브라질로 건너와 원두커피 농장을 경영했으며 현재는 금융 관계의 일에 종사하고 있다고 했다. 낯선 나라에서 일본어가 통하니 자연스레 대화가 길어졌다.

"무슨 일로 브라질에 왔습니까?"

"낚시가 목적입니다. 아마존의 괴어를 낚고 싶어서요!"

그러자 K씨가 자기도 낚시를 아주 좋아한다면서 두 눈이 가늘어질 정도로 웃음을 지어 보였다. 그리고선 쉼 없이 그의 낚시 무용담이 풀어헤쳐졌는데, 아마존에서 거대한 메기를 끌어 올렸던 대목에 이르러서는 그 스케일이 너무도 커 나는 뇌세포가 녹아들듯 그의 이야기에 넋을 잃고 있었다.

만난 지 2시간 후, 우리들은 호텔에서 걸어 10분 정도 거리의 어떤 빌딩으로 향했다. 일본 교포가 운영하는 인재파견 회사인데, 이 회사의 사장 또한 낚시광이라고 했다. 나는 판타날Pantanal 습원에 서식하는 황금빛 도라도Dorado에 관한 이야기를 듣고 싶었다. 사무실 안쪽의 별실을 통해 잠시 후 사장이 나타났다. 풍채 좋은 그는 마치 마피아 영화에 등장하는 보스와 같은 분위기로 부담 없이 말을 걸 수 있는 느낌은 아니었다. 하지만 외모와는 달리 어조는 온화하고 느긋했다. 머나먼 조국 일본에서 온 나를 환대해 주는 한편, 1년 전 파라과이에서 낚시할 때 찍었다며 도라도의 사진첩을 책상 위에 펼쳤다. 사진첩을 넘기니 대형 도라도를 얼마나 많이 낚았는지 마치 어시장의 고기처럼 널어놓고 찍은 사진이 내 눈을 의심케 했다. 안절부절 못한 나는 서둘러 속마음을 풀어놓았다.

"사장님! 실은 저도 판타날에서 도라도를 낚고 싶습니다!"

그러나 사장으로부터 돌아온 말은 나를 아연실색케 했다.

"자네 말이야, 지금 판타날은 전면 금어기간이야. 앞으로 2개월은 낚시를 할 수 없다고!"

이게 뭔 일이냐? 꿈에서도 아른거리는 황금 물고기 도라도! 낚시를 하는 것 자체가 불가능하단 말인가? 이런 사실조차 모른 채 머나먼 지구 반대편 저쪽에서 이곳까지 날아 왔단 말인가…. 너무 분하고 내 자신이 너무 미웠다.

사장실을 나온 후로도 한참동안 망연자실, 고개를 떨구고 걷는 내가 안쓰러웠던지 K씨는 상파울루에서 제일 큰 낚시점을 안내해 주었다. 일본인 교포가 경영한다는 낚시점은 다양한 상품들이 눈길을

아름다운 자태와 가공스런 뚝심으로 아마존을 대표하는 피코크배스.

끌었다. 미국 제품과 브라질 제품 중심으로, 한쪽 벽이 루어로 가득 메워져 있을 정도였다. 일본에서 만들어진 최신 릴도 진열장 안에 죽 줄지어 있었다. 그러나 나는 낚시도구에 눈길이 갈 리가 없었다. 초대형 수조에서 우아하게 헤엄치는 피코크배스Peacock bass에 온통 눈길을 빼앗기고 있었다.

피코크배스는 남미에서도 가장 인기가 높은 게임피시로 나에게 있어서 도라도와 함께 아마존에서 가장 낚고 싶은 괴어 중의 하나였다. '아, 빨리 낚시하고 싶다.' 나는 수조 앞에서 못이 박힌 듯, 아직 행선지마저 결정하지 못한 자신의 상황에 한숨을 쉬었다. 잠시 후 가게에 대단한 사람이 나타났다. 그의 이름은 윌슨. 교포 2세로 일본어에 당연 능숙했다. 그는 앨범을 꺼내며 아마존 오지인 루즈벨트강을 이야기하기 시작했다.

루즈벨트강은 전 미국대통령 루즈벨트가 방문한 것으로 그 이름이 붙었다. 아마존강의 지류인 마데이라강Rio Madeira을 거슬러 오르는 지점에 위치하는 지류권 중의 지류에 해당하는 곳이다. 정글을 뚫어 터놓은 강변에는 낚시숙소가 한 채 있을 뿐, 유역의 대부분이 사람조차 살지 않는 미개척지대. 소수의 낚시꾼 밖에 방문한 적이 없는 비경의 요새라고 했다.

세계 3대 거대 메기 종류 중 하나인 피라이바Piraiba를 비롯한 피코크배스 천국일 뿐만 아니라, 송곳니가 아랫입술에서 비정상일 만큼 돌출 한 괴어 페슈카쇼로Peixe cachorro, 새빨간 꼬리지느러미가 아름다운 거물 메기 종류인 레드테일 캣피시 등등, 윌슨의 앨범에는 오랫동안 내가 동경해 온 괴어들이 총망라되어 있었다. 그런데 윌슨 씨가 뜻밖의 제안을 했다.

"가까운 시일 내에 3명의 브라질인과 낚시를 갈 계획인데 합류하는 것은 어때?"

그 제안을 즉석에서 덥석 물어버린 것은 두 말할 필요도 없었다.

그로부터 10여일 후, 나는 '포르투베이료'라고 하는 작은 마을에 도착했다. 브라질 국내이지만 상파울루에서 제트기를 2번 갈아타고 4시간 남짓 걸린 거리였다. 일본 국토의 약 23배에 달하는 브라질의 광대함에 새삼 놀라지 않을 수 없었다. 포르투베이료는 아마존의 한가운데에 위치하는 마데이라강 기슭에 있는 시골마을. 비행기에서 내리니 수도 상파울루와는 완전히 다른 공기가 흘렀다. 끈적거리는 습기가 피부에 착 달라붙는 열대우림 특유의 바람, 밀림에 둘러싸인 어슴푸레하고 어딘지 음산한 마을 분위기. 아, 드디어 아마존에 왔구나 하는 느낌이 강하게 와 닿았다. 곧바로 세스나로 갈아타고 루즈벨트강으로 향했다.

●● 두근거리는 가슴, 드디어 아마존에 서다

공항에서 맡긴 짐을 기다리고 있는데 초로의 브라질인이 말을 걸어왔다. "쟈포네, ☆★○×◇▼~, 페스카★○×◇." 포르투갈어를 거의 알아들을 수 없었지만 '일본인'과 '물고기'라고 하는 단어로 미루어 루즈벨트강 조행 참가자 중의 한 사람인 것을 알았다. 숙달된 제스처를 섞어가며 엉터리 회화로 상대하고 있으니, 다른 브라질인 2명도 합류했다. 두 명은 영어가 능숙했기 때문에 서로의 소개가 시작되었다.

브라질인 동행자 3명을 소개하면 다음과 같다. 우선 나에게 처음 말을 걸어 온 사람이 '죠'. 이탈리아계인 것 같았고 밝고 천진난만하기 이를 데 없었는데, 아이가 그대로 어른이 된 것 같은 할아버지였다. 그리고 죠 씨의 조카 '프란시스코'. 많이 먹고 크게 웃는 사람으로 무슨 일에도 야단스럽고 시끄러운 남자였다. 게다가 레슬러와 같은 거한으로 동작 하나하나가 너무도 커 이 사람을 말로 표현할 때는 무조건 '대大'라는 수식어를 붙여야 마땅했다. 마지막은 흑인계의 '마샤드'. 과묵한 표정에는 지성이 느껴지기도 했지만 때때로 '씨익' 하고 혼자 웃을 때면 그 모습이 조금 무섭기조차 했다. 그는 거물 메기낚시에 비정상적일 정도의 집념을 불태우는 남자였다.

드디어 루즈벨트강으로 출발할 때가 다가왔다. 작은 세스나에 짐을 가득 싣고 낚시인 네 명과 파일럿이 올라타니 비행기 안은 발 디딜 곳이 없어졌다. 거구의 브라질인들에게 둘러싸여 꼼짝을 할 수 없는 데다 푹푹 찌는 더위까지 겹쳐 제대로 숨조차 쉬기 어려웠다. 정말 이대로 비행기가 뜰 수 있을까? 내심 두근거리는 가슴을 쓸어내리는 사이, 세스나의 엔진은 정말 용감하게도 신음소리를 지르며 활주로를 힘차게 달리기 시작했다. 그리고 그때, 푹푹 찌는 기내로 상

정글과 도시를 잇는 교통수단인 6인승 세스나.

쾌한 바람이 날아들었다. "우우, 시원하다!" 바람이 불어오는 방향을 쳐다보니 더위를 참지 못한 프란시스코가 조수석의 도어를 열어놓고 있었다. 때마침 이륙하는 순간에 이를 본 파일럿이 화를 내는 바람에 창문이 도로 닫히고 말았는데, 불안한 마음이 도무지 가시지 않았다.

포르투베이료 마을이 조금씩 멀어지면서 이윽고 세스나는 짙푸른 정글 바다 위를 날았다. 우리들은 햇빛을 받아 빛나는 구름 위에 앉아 흔들흔들 휘청휘청 춤을 추었다. 때때로 엔진 회전음이 약해져 움찔 놀라기도 했지만, 파일럿은 무선을 사용해 대화에 열중이어서 크게 걱정할 바는 아니었다. 눈 아래로 펼쳐지는 짙푸른 나무는 한 점의 틈도 없이 빽빽이 우거져 지평선 저 너머까지 끝없이 계속 되고 있었다. '초록의 마경魔境'이라고 표현해야 할 대정글이었다.

작은 세스나에 짐이 가득 실려 꼼짝달싹도 할 수 없는 상황.

'이곳에서 추락하면 구조대가 오기도 전에 짐승에게 잡아먹히겠구나. 아니지, 이런 곳에 구조대가 온들 착륙이나 할 수 있을까…'.

그러나 이때까지만 해도 불안감보다는 미지의 세계에 대한 기대감이 웃돌고 있었다.

2시간 후 세스나는 밀림 안에 뻥 뚫린 광장 같은 곳을 찾아내 일행들을 풀었다. 생각만큼의 흔들림 없이 안착했지만 우리들의 착륙 지점은 나무들을 베어 낸 자리에 흙을 다져놨을 뿐, 활주로라고 부르기에는 너무나 대담한 장소였다. 세스나로부터 뛰어내리자마자 기다렸다는 듯 내리쬐는 햇볕, 후끈한 열대우림의 공기가 몹쓸 환영식을 해댔다. 삽시간에 땀투성이가 된 몸으로 초목이 덩굴처럼 뒤얽힌 정글을 뚫다 보니 어느덧 숙소가 있는 자리가 나타났다.

오랜 세월 꿈속에 그려 오던 아마존 조행이 드디어 실현되려 하고 있었다. '마침내 왔구나!' 하는 생각으로 우선 가슴이 벅차올랐다. 그 기쁨에 복받쳐 허둥지둥 제일 먼저 숙소부터 탐색했다. 객실은 나무

루즈벨트강 기슭의 정글에 둘러싸인 낚시숙소.

들을 맞대어 만든 간단한 구조였지만 에어콘과 샤워실이 완비된 데다, 냉장고에는 맘껏 마셔도 될 만큼의 맥주가 즐비하게 늘어서 있었다. 또한 식당 안 벽면에는 이곳을 거쳐간 낚시인이 포획해 촬영한 대물 사진이 빽빽하게 장식돼 있어 치솟는 기대감을 더욱 고조시켰다. 죠 씨와 프란시스코의 이탈리아계 콤비 또한 마음이 들떠 마치 소년처럼 까불며 떠들고 있었다. 브라질 국민 중에도 아마존을 보지 못하고 일생을 끝내는 사람이 많다고 하니, 아마존은 그들에게도 역시 아득히 먼 별세계인 것이다.

천진난만한 우리 3명을 거들떠보지도 않고 메기낚시 전문 꾼 마샤드는 혼자 말이 없었다. 방 한쪽 구석에서 묵묵히 낚시할 준비를 하고 있었다. "저기, 마샤드 씨! 혹시, 혼자 몰래 나가려는 거 아냐?" 하고 농담을 걸었더니, 식사 후 곧바로 나가자고 했다. 서둘러 나도 준비에 착수했다.

앞서 그의 태클을 들여다보니 투박한 지깅낚싯대에 거대한 릴, 100파운드(내구 중량 45kg)급 라인에다가 메기에게 씹혀 끊어지는 것을 막기 위한 와이어 리더, 그리고 끝에는 그냥 거대하다고 표현할 수밖에 없는 엄청난 크기의 바늘이 매달렸다. 괴물 상어라도 낚을 무지막지한 장비로 보였지만 아마존에는 100kg이 넘는 초대형 메기가 서식한다고 하니, 그저 표준 장비에 불과하겠거니 생각되기도 했다.

이번 여행을 루어낚시에 목적을 둔 나는 아마존 메기낚시를 위해 태국 여행 중에 구입한 500바트(약 2만원)짜리 싸구려 낚싯대와 통신판매로 역시 염가 구입한 8천엔(약 10만원)짜리 스피닝릴을 준비한 것이 고작이었다. 그냥 급한 대로 사용할 수 있을 정도의 궁상맞은 장비에 내심 불안을 느끼면서도 서둘러 준비를 마쳤다.

●● 갈수록 초조해지는 고행의 메기낚시

간단한 식사를 마친 후 우리들은 2대의 보트에 나눠 올랐다. 드디어 출발 신호! 나는 메기 전문 꾼인 마샤드와 함께 숙소로부터 5km 정도 떨어진 하류 포인트로 달렸다. 도중에 강물이 몹시 거친 격류로 변해 보트가 크게 흔들렸다. 튕겨나가지 않도록 바닥에 몸을 바짝 엎드린 채 '어휴, 여기서 전복되면 삐라냐의 먹이가 되는 게 아닐까?' 하고 불안해했지만, 이윽고 보트는 느긋하게 흐르는 본류로 나왔다. 강폭은 200m 정도. 진녹색의 물 흐름이 복잡하게 얽혀 소용돌이치고 있었다.

서둘러 20cm 정도 되는 물고기의 몸통을 반으로 잘라 꿴 미끼를 힘껏 원투했다. 채비는 30m 정도 날아가 '텀벙' 하고 호쾌하게 착수, 물 흐름을 타면서 점점 바닥 아래로 가라앉았다. 입질을 기다리는 동안은 이렇다 할 것 없이 한가하지만, 사람 크기의 메기가 회유해 올 것을 상상하니 무조건 긴장을 늦출 수도 없었다. 뚫어져라 낚싯대 끝을 응시하는 동안 적막한 강 위에는 나의 심장 고동 소리만이 울렸다.

역시나 메기는 생각처럼 그렇게 간단하게 잡히지 않았다. 비장의 포인트까지 왔으니 잡는 것은 시간 문제라고 들떴던 나의 낙관이 잘

못이었다. 미끼를 갈아 꿰고 포인트를 이동하는 등 여러 가지 시도 끝에 그래도 입질을 보기는 했다. 1시간에 1회 정도씩, 잊을 만하면 입질이 오는 정도였다. 그런데 드물게 오는 입질도 문제지만 도무지 챔질 타이밍을 파악하지 못한 나는 이날 하루 내내 메기의 농락에 완패를 당하고 말았다. 결국 낚싯대를 3대나 펼친 마샤드가 소형 메기 한 마리를 낚아 올린 것으로 어느덧 일몰을 맞았다.

캄캄한 정글을 작은 회중전등으로 비추며 귀로를 서둘렀다. 나의 눈에는 단지 새카만 풍경 밖에 비치지 않는데도 인디오 출신의 선장은 거침없이 보트를 몰았다. 그 놀라운 시력에 새삼 감탄하는 동안 어느덧 숙소 앞 모래사장에서 보트가 멈췄다.

보트에서 내려 짐을 옮기려고 무심코 보니 모래사장 위에 검은 그림자 같은 게 어른거렸다.

'통나무인가? 아닌데, 뭔가 조금 움직였는데….' 숨을 죽이고 살펴보니 뭔가 움직이는 물체임에 틀림없었고, 그것은 놀랍게도 길이 3m가 넘는 거대한 악어였다. 깜짝 놀란 그 상황에서도 나는 반사적으로 낚싯대를 들어 악어 코앞에 루어를 떨어뜨렸다. 그 순간 오히려 악어란 놈이 더 놀랐는지 굉장한 기세로 강으로 돌진하더니 '철벅철벅' '첨벙덤벙' 부리나케 물속으로 사라져 갔다. 그 가공할 위력에 그만 나는 혼비백산하고 말았는데, 그 후 인디오에게 따끔한 경고를 받은 것은 말할 필요도 없다. 아마존 악어 종류인 카이만은 성품이 온순해 인간을 덮치는 일은 드물다 했지만, 밤중에 모래사장에 혼자 나서는 짓은 절대 말아야지 하고 나는 마음속으로 맹세했다.

이틀째 낮이 지나자 메기낚시도 대충 요령을 알게 되었다. 처음에 '콕' 하는 작은 입질이 오고 그 후 천천히 낚싯대가 끌려 들어간다. 한 박자 쉬었다가 혼신의 힘을 다해 챔질하면 되는 것이다. 결국 이날, 아마존의 첫 사냥감으로 '쥰지아'라고 부르는 메기 종류를 올렸다. 아마존의 메기로는 소형급에 속하는 80cm짜리였지만 사이즈에 어울리지 않는 강렬한 손맛이 나를 잔뜩 흥분시켰다. 오랜 줄다리기 끝에 그로테스크한 줄무늬 모양의 메기를 잡았을 때, 아마존에 온 보

아마존의 첫 사냥감으로 '쥰지아'라고 부르는 80cm 짜리 메기를 올렸다.

람이 있구나 생각했다. 그러나 본심으로는 이것이 아마존에 온 보람의 전부라고는 도저히 생각되지 않았다.

그날부터 나의 불만은 조금씩 축적되고 있었다. 도무지 루어낚시를 할 수 없다는 이유 때문이었다. 나와 팀을 이룬 '메기선생' 마샤드의 메기에 거는 정열이 보통 아니었다. 한 번 미끼를 투입하면 한시도 낚싯대를 놓지 않았고, 입질에 집중하는 동안은 거의 한 마디 말도 하지 않았다. 게다가 예비 채비를 2벌씩이나 투입하는 꼼꼼한 시도가 이른 아침부터 일몰까지 계속되었다.

"거대한 메기낚시야말로 남자의 낚시야! 루어낚시는 아이들의 장난에 불과한 것이지!"

이것이 마샤드의 지론이고 보면 당연히 그에겐 루어낚시용 태클이 있을 리 없었다. 게다가 숙소에는 보트가 두 척뿐으로, 죠 씨와 프란시스코 이탈리아계 콤비가 타고 남은 한 척의 배에 메기선생과 한 팀이 된 나는 오로지 메기낚시 밖에 다른 선택사항이 없었다. 사실 세계의 담수어 보고라 불리는 아마존에서 메기 종류는 가장 대형급 낚시어종으로 한번쯤은 사람 크기의 메기를 잡아보고도 싶었다. 그러나 루어낚시를 즐기는 나의 입장에서 정녕 노리고 싶은 대상어는 루어를 쫓는 공격적인 물고기들인 것이다. 그래서 나의 당초 목표는 서둘러 대형 메기를 잡고, 그 후부터는 본격적인 루어낚시로 피코크 배스나 송곳니 괴어인 페슈카쇼로를 노리는 것이었다. 그런데 루어낚시는커녕 생미끼 낚시의 메기조차 잘 잡히지 않으니…. 꼼짝없이 기다리기만 해야 하는 메기낚시에 그만 질려 보트 위에서 나는 맥주를 마시며 괴로움을 달래고 있었다.

그러던 어느 순간 나의 호기심이 번쩍 발동한 계기가 찾아왔다. 메기선생이 새로운 미끼로 교환하기 위해 채비를 회수하던 때의 일이다. 보트로부터 불과 2m까지 감아 들인 미끼에 검은 그림자가 수중에서 사납게 달려들었다. 낚싯대가 휘청 구부러지고 강렬한 저항에 대응하는 메기선생. 그러나 곧바로 바늘이 빠져 버렸다. "카쇼하(페슈카쇼로의 현지명)였어!"라고 한 마디 던지고 난 메기선생은 전혀 개의치 않는 듯 새로운 미끼를 준비하기 시작했다.

"아니, 그놈이 바로 송곳니 물고기였다고요?"

나는 곧 바로 루어용 낚싯대를 쥐고 크랭크베이트를 던졌다. 아직은 멀리 가지 않았을 것이다. '꿈에 그리던 괴어가 이 근처에 있다….' 나는 보트 위에서 방향을 달리해 가며 주변 일대를 샅샅이 노렸다. 그러자 어느 순간 강렬한 입질과 함께 낚싯대가 꼬꾸라졌다. 너무 흥분해서 기억이 가물가물할 정도. 발밑까지 띄워 올렸을 때, 분명히 송곳니가 보였다. 그러나 그것으로 끝! 수면에 얼굴을 한 번 비친 놈은 곧바로 몸을 뒤집어 영영 줄행랑을 치고 말았다. '아~악!?' 보트 위에서 나는 절규를 했다. 메기선생이 "저런 것은 시시해. 언제든지 잡을 수 있어!" 하고 위로해 주었지만 나의 쇼크는 너무도 컸다. 본격적인 루어낚시를 시도하고 싶은 생각이 간절했지만 메기선생은 더 이상 아무 일도 없었던 것처럼 자신의 낚싯대를 응시하는 나머지 한 마디 말도 하지 않았다.

그 후 메기선생의 낚싯대에 대물이 걸렸다. 만월같이 크게 원을 그리는 낚싯대와 비명을 울려대는 릴 드랙 소리. 5분가량의 공방전 끝

레드테일 캣피시를 안고서 만면에 미소를 띠운 메기선생, '마샤드' 씨.

  에 올라온 놈은 꼭 90cm에 달하는 레드테일 캣피시였다. 빵빵하게 부풀어 오른 배, 강렬한 체구에 붉은색으로 물든 꼬리지느러미, 요기가 감도는 듯한 모습에 잠깐 넋을 잃고 쳐다봤다. 그러나 나의 머릿속은 온통 '송곳니 괴어' 페슈카쇼로로 가득 차 있었다.
  "타케, 너도 메기낚시를 진지하게 즐겨 봐! 피라이바는 더 굉장하다고! 와하하~!"
  숙소로 돌아오던 도중, 메기선생은 평소와 다르게 매우 들떠 있었다. 그도 그럴 것이 메기선생도 그 한 마리를 낚을 때까지 오랜 시간 고전을 했고, 그만큼 초조감이 따랐을 것이기 때문이다. 오랜만에 보는 까다로운 남자의 웃는 얼굴이 싫지는 않았지만, 내일 또다시 시작될 고행의 메기낚시를 생각하니 갑자기 울고 싶어졌다. 설마 꿈에도 그리던 아마존에 와서 이런 수행과 같은 낚시를 계속해야 하다니…. 밀림에 저물어가는 석양을 응시하며 나의 아마존은 이렇듯 메기로 끝나는 걸까 생각하니 스스로 초라하기 짝이 없었다. 처음으로 눈길에 담은 아마존의 석양은 그렇듯 아름다우면서도 슬픈 빛깔이었다….

브라질

아마존이 드디어 미소를 지을 때

● ● **혼자 정글 속으로… '아마존의 불꽃'을 만나다**

해가 밝아오는 것과 동시에 나는 낚싯대를 한 손에 들고 숙소를 뛰쳐나와 홀로 강변에 섰다. 전날 저녁 식사시간에 인내의 한계점에 이른 나는 드디어 선언을 했다.

"숙소에 같은 금액을 지불하고 있으니까, 내일부터 반나절 동안은 루어로 피코크배스를 노린다!"

그러나 메기선생은 나를 바보 취급하듯 그저 웃기만 할 뿐, 아예 상대를 하려들지 않았다. 그래, 맞기는 하다. 확실히 아마존의 초대형 메기는 궁극적 타깃임에는 틀림없다. 그러나 생미끼를 이용한 메기낚시는 가이드인 인디오가 대신 해주는 것에 지나지 않는다. 그가 포인트를 선정하고 낚시꾼은 정해준 장소에 채비를 넣고 나머지는 멍하니 기다리는 일뿐이다. 그러니 나는 내 자신의 물고기를 자력으로 낚고 싶은 것이다. 정글 숲을 혼자 헤쳐서라도, 악어든 아나콘다가 덤비든 스스로 극복하면서…. 나는 혼자 정글로 들어갔다.

한동안 발길을 재촉하니 루즈벨트강의 지류가 나왔다. 강이 대지의 높낮이차이로 가라앉아 큰 소沼를 형성하고 있었다. 한눈에 보아도 멋진 포인트였고, 수면에서 '첨벙첨벙' 작은 물고기들이 무언가에 쫓겨 갈팡질팡하는 모습도 보였다. 재빨리 톱워터 루어를 캐스팅해 액션을 가하니, 수면을 찢으며 격렬하게 무언가가 튀어나왔다. 넋을 잃고 사정없이 릴을 감아들였다. 수십 초가 지났을까. 한 마리 피코크배스가 모래사장에 드러누웠다.

"와우~ 해냈다!"

혼자 강변에서 절규했다. 사실 이보다 훨씬 더 큰 피코크배스를 또 낚게 되지만 처음 올린 '첫 고기의 기쁨'에 비교될 수는 없다. 나는 마음속으로 계속 외쳤다. '드디어 아마존에서 내 손으로 물고기를 잡았어! 메기 따위 엿이나 먹어라!' 이렇듯 흥분을 가라앉힐 사이도 없이 무아지경 상태로 루어를 계속 던졌다. 어느덧 해가 높이 솟아오르고부터는 톱워터가 성능을 발휘하지 못해 수심 깊은 지점을 향해 크랭크베이트를 때려 넣자 피코크배스가 차례차례로 수면을 난무했다. 40~50cm급의 소형 사이즈였지만, 격류 속에 서식하는 개체는 유영력이 대단해 격렬한 저항으로 나를 안달나게 만들었다. 피코크배스가 수면을 난무하는 모습을 일컬어 일찍이 어느 작가가 '아마존의 불꽃'이라 표현한 것을 읽은 적이 있는데 확실히 그대로였다.

슬슬 피코크배스를 대신해 블랙삐라냐가 섞여 나왔다. 바늘을 빼려고 펜치를 입에 밀어 넣으면 놈은 '큐우~큐우' 하는 울음소리를

'아마존의 불꽃'이라 불리는 피코크배스. 50cm에 불과한 크기이지만 첫 만남이라는 점에서 의미가 컸다.

내며 예리한 이빨로 펜치를 물어뜯었다. 만약 놈에게 물리기라도 하면 살점이 '싹둑' 잘려나간다 생각하니 등골이 서늘해졌다. 이 같은 삐라냐의 습격이 계속됨에 따라 루어가 차례차례로 너덜너덜해져 갔다. 강인한 턱 힘에 플라스틱 루어 몸체가 씹히고 깎이고 바늘 또한 구불구불 비틀어졌다. 루어가 물고기의 잇자국으로 너덜너덜하게 변해가는 과정을 너무도 좋아하는 나는, 이빨이 무시무시한 삐라냐가 잡힐 때마다 상처가 더해가는 루어를 들여다보며 야릇한 쾌감에 더욱 휩싸여 갔다.

이날 하루의 낚시로 요 며칠간의 울적함이 모두 날아갔다. 숙소로 돌아온 나는 오랜만에 밝은 기분으로 늦은 아침식사를 먹었다. 하지만 더 기쁜 소식이 기다리고 있었다. 아침식사를 끝내고 정글을 10분 정도 걸어 상류쪽 선착장에 도착했을 때였다. 여느 때처럼 메기선생을 따라 보트에 오르려 하니 그가 입을 열었다.

"타케, 오늘부턴 죠와 함께 투쿠나레(피코크배스의 현지명)를 노리라고! 나는 프란시스코와 함께 메기를 노릴 거야."

나의 맥 빠진 기분을 알고 세 명이 배려를 해 준 것이었다.

'아마존의 맹수' 삐라냐 중에서도 가장 크게 성장하는 '블랙삐라냐'.

●● 심기일전, 열광의 날들이 시작되다

서둘러 강 상류를 거슬러 올랐다. 옆에 앉은 죠는 언제나처럼 즐겁게 노래를 흥얼거리고, 낚싯대 끝에 매달린 톱워터 루어도 덩달아 흔들흔들 춤춘다. 마침내 보트로 피코크배스를 본격적으로 노리게 된 것이다. 20여분 달리니 포인트 도착. 울창한 나무에 둘러싸인 수면은 쥐 죽은 듯 고요해 최고조의 분위기다. 침입자들에게 놀란 마카크원숭이가 '갸아갸아'라고 울어대며 그 정적을 깬다.

인디오 출신의 보트맨은 "이곳 피코크배스의 사이즈는 40~50cm로 소형급 중심이지만 개체수는 많다. 하지만 우기가 시작되면서 늘어난 강수량으로 인해 고기들이 물가에 가라앉은 수초나 고사목 안에 들어가 있을 것이다. 그러니 낚시하기가 좀 힘들 것이다"라고 길게 조언을 했다. 그러나 그 말에 나는 아랑곳하지 않았다. 아마존에서 마음껏 루어를 던질 수 있는 것만으로도 충분히 행복하니까….

보트는 강기슭으로부터 15m 정도 거리를 유지하며 조용히 안쪽으로 나아갔다. 잠시 동안 상파울루에서 구입한 브라질 제품의 펜슬베이트를 던졌다. '카랑카랑' 하는 명확한 소리를 내며 수면을 스케이팅하는 모습이 일본제 배스용의 복잡한 움직임과는 달리 매우 심플했다. 이런 타입의 루어가 피코크배스에게 더욱 효과적일 것으로 생각되었다. 크게 강으로 뻗은 나무뿌리 밑으로 루어를 떨어뜨린 후 정확하게 액션을 가해 당기면, 뒤쪽에 노란색 물체가 추격해 오는 것이 눈에 들어온다. 직후에 수면이 갈라지고 낚싯대가 끌려들어간다. 물고기는 종횡무진 내달리며 울트라 C클래스(체조에서 가장 어려운 난이도)의 점프로 저항을 하지만 머지않아 나에게 항복하고 만다. 빛바랜 황색의 불규칙한 세로줄무늬가 아로새겨진 '반디라'라고 부르는 피코크배스 종류이다.

피코크배스는 종류가 매우 다양하다. 사진의 고기는 현지에서 '반디라'라고 이름 불렀다.

시간이 흐르자 톱워터 루어에는 반응이 없어졌다. 펜슬베이트에서 플로팅미노우로 바꿨다. 물가에 아슬아슬하게 떨어뜨린 후 장애물 속에 숨어있는 물고기를 꾀어내는 두뇌 싸움이 시작되었다. 낚시가 다소 까다로워진 반면에 피코크배스는 끊임없이 잡혔다. 그 모두가 아름답고도 힘이 넘쳤다. 나는 이런 낚시를 하고 싶었던 것이다. 아마존의 오지에서 나는 환희에 젖었고 죠의 노랫소리도 강물 흐르듯 끊임없이 흘렀다.

마음껏 피코크배스를 즐긴 나는 보트맨의 권유에 따라 파쿠Paku라고 하는 새롭고도 진귀한 물고기를 노리게 되었다. 파쿠는 럭비공과 같은 타원형 몸집에 작은 얼굴과는 달리 눈동자가 몹시 큰 것이 특징이다. 한 마디로 언밸런스한 모습이어서 빈말이라도 멋지다고는 말할 수 없는 물고기이다. 잡식성으로 루어에도 드물게 잡히긴 하지만 주로 물가에 대기하고 있다가 익어서 떨어지는 나무열매 등을 먹고 산다. 낚시하는 방법은 바늘에 거봉포도알 크기의 열매를 꿰어 수면에 '퐁당' 떨어뜨리기만 하면 된단다.

그러나 이게 말처럼 쉽지가 않다. 약 10m 거리의 포인트에 열매 미끼를 던지되 나무에서 낙하하는 열매처럼 자연스럽게 연출해야 하는데, 너무 힘주어 던지면 바늘에서 열매가 맥없이 떨어져 나가버린다. 그렇다고 너무 가볍게 살짝 던지면 포인트에 닿지 않는다. 그 미묘한 가감을 표현하기 어렵지만, 어쩌다 포인트에 제대로 떨어뜨리기만 하면 그야말로 한 마리 낚은 것이나 다름없다. 맛있는 음식을 기다리고 있기라도 한 듯 파쿠가 곧바로 입질을 하는데, 낚싯대 끝에 둔한 중량감이 전해지면서 엉성한 낚시방법과는 아주 달리 신경이 곤두서는 아슬아슬한 싸움이 시작된다. 놈의 유영 속도가 워낙 빠른 데다가 지구력 또한 지칠 줄을 모른다. 게다가 애교스런 둥근 체형으로 상상하기 어려울 만큼의 화려한 '문살토 점프Moon salto Jump(공중을 두번 돌면서 몸을 비트는 점프)'를 해대는 것도 놈의 장기자랑 가운데 하나다. 실랑이 끝에 올라온 파쿠를 손에 쥐고 바늘을 빼내려다가 또 한 번 놀라고 말았다. 입술이 뒤집힌 모양으로, 마치 사람처럼 이

모양과는 달리 파이팅이 화려한 '파쿠'. 수면 위로 도약할 때는 마치 원반이 하늘을 나르는 듯했다.

빨이 노출되어 있는 게 아닌가! 그래서 사람처럼 열매를 잘 먹는 것일까…. 어쩌면 미친 말과 같은 어벙한 얼굴이었지만 유별난 것을 좋아하는 나에게는 아주 기쁜 한 마리였다.

 그렇게 하루가 끝나려 했다. 붉게 물들기 시작한 서쪽 하늘을 바라보며 평온한 기분으로 귀로에 올랐다. 브라질에 도착해 처음으로 가장 맛있는 담배 연기를 길게 내뿜었다. 죠 역시 맥없는 얼굴로 노래하고 있었다. 우리들은 하루 종일 정신없이 놀아 자신도 몰래 지쳐버린 어린아이 같았다.

 보트는 급류 지역으로 거대한 암반이 군데군데 보일 듯 말 듯한 지점을 통과하고 있었다. 이런 장소는 피코크배스나 페슈카쇼로의 최고 포인트이다. 보트맨 또한 "여기는 꼭 나온다고!"라고 중얼거렸다. 죠가 먼저 허둥지둥 낚시 준비를 했다. 역시 우리들은 어쩔 수 없는 낚시광! 해가 질 때까지 한 번 더 승부를 걸기로 했다.

 나는 하루를 마감하는 기분으로 보기 좋게 수면을 작렬시키고 싶

펜슬베이트를 공격한 '쟈쿤다'라는 희귀어.

어 톱워터 루어를 선택했다. 미국 제품인 슈퍼스푸크를 암반이 얼굴을 내민 얕은 여울에 던져 격렬하게 액션을 가하자 입질이 곧바로 왔다. 50cm급의 피코크배스가 앞뒤 두개의 바늘에 한꺼번에 걸려들었다. 그야말로 1투投 2수首의 더블히트! 그런데 사진을 찍으려고 허둥지둥 하는 사이에 그만 놓치고 말았다. 회수한 루어를 손에 드니 바늘이 휘어 부러져 있었고, 루어의 눈도 덜렁하니 떨어져 나가고 없었다.

갑자기 의지가 불끈 솟아난 나는 루어를 브라질 제품의 미노우로 바꾸었다. 수면 위로 돌출된 바위 틈새로 형성된 와류渦流 지점을 향해 루어를 정확히 던진 후 격렬한 액션을 가하자 뭔가 줄이 엉키는 듯한 급작스런 입질이 따랐다. 있는 힘껏 챔질을 하는 동시에 부리나케 줄을 감아들여 바위로부터 격리시키기 위해 애썼다. 하지만 놈은 믿을 수 없는 힘으로 낚싯줄을 당겼다. 바위에 낚싯줄이 스치라도 하면 단숨에 끊어져 버릴 것이다. 드랙을 조금씩 조이자 놈도 저항을 멈추기 시작했다. 그러다가 마치 수중으로부터 발사된 미사일처럼

아마존에서 가장 빠른 물고기로 꼽히는 '비쿠다'. 엄청난 도약으로 낚시인을 매료한다.

한 마리 괴어가 수면을 뛰쳐 올랐다.

"비쿠다다!"

보트맨이 소리를 지르는 사이, 물고기는 두 번이고 세 번이고 도약을 거듭하며 길길이 날뛰었다. 보트 주위를 돌며 마구 설쳐대는 놈을 겨우 보트 위로 끌어올렸을 땐 또 한 번 놀라지 않을 수 없었다. 입이 한참 튀어나온 비쿠다Bicuda라는 고기는 마치 백악기 후기의 익룡인 테라노돈Pteranodon을 연상시킬 만큼 괴기한 모습이었다. 아마존의 괴어 열전은 이렇듯 꼬리에 꼬리를 물었다.

낚시를 끝내고 숙소로 돌아오자 주방장이 블랙삐라냐를 손질하고 있었다. 어떤 요리가 나올까 기대하고 있는데, 뜻밖에도 삐라냐 회가 나왔다. 게다가 간장과 와사비도 준비돼 있어 나는 오랜만에 일본의 맛을 즐겼다. 삐라냐 회는 잔뼈가 많긴 했어도 맛은 좋았다. 맥주가 더해지고 서로의 잔이 부딪쳤다. 덩달아 빙빙 돌기 시작하는 무수한 별을 올려다 보며 차례차례로 캔을 비우고 있으니 죠가 다가왔다.

그는 티셔츠를 걷어 올린 채 잔뜩 찡그린 얼굴이다. 왜 그러냐고 물어보니 먹파리에 물렸다는데, 그러고 보니 온몸에 붉은 반점 투성이다. "으아, 징그러워!" 100군데도 넘을 것 같은 반점을 바라보며 하루 종일 상반신 알몸으로 낚시를 하던 죠가 갑자기 가여워 보였다. 그토록 먹파리가 공격하는 것도 몰랐을 정도로 우리는 하루 종일 낚시에 빠져 있었던 것이다. 명콤비 낚시광 우리들에게 내일은 어떤 열광이 기다리고 있을까?

●● 천공을 관통하는 '송곳니 괴어' 페슈카쇼로

이튿날 아침. 하늘 가득 비구름이 덮인 가운데 우리는 이슬비 속에서 낚시를 시작했다. 그러나 아마존만큼은 전날과 변함없이 우리들에게 미소를 보여주었다. 낚시를 시작하자마자 폭발적 조과가 따랐다. 격류 지역에서부터 계속된 수초가 무성하게 우거진 후미진 장소. 불과 수 미터 범위인데도 피코크배스가 연신 루어를 덮쳤다. 사이즈는 모두 50cm 안팎이었지만 우리들은 강렬한 손맛에 놀라 어쩔 줄을 몰랐다. 그러나 잦은 입질에 비해 손에 쥐는 숫자는 적었다. 대부분 루어에서 떨어져 나간 것이다. 바늘이 고기 입으로부터 빠져나온 것이 아니라 헤드셰이킹의 명수인 피코크배스가 스스로의 입술을 억지로 잡아 찢기 때문이었다. 루어를 교환할 때마다 바늘이 차례차례 휘어져 준비한 루어가 거의 소모되고 있었다. '이러다 루어가 바닥나면 어쩌지…?' 낚시꾼은 행복하고도 사치스러운 고민을 안게 되었다.

거친 이빨의 블랙삐라냐가 덮칠 때마다 루어의 상처도 깊어갔다.

한 시간 정도의 줄기찬 입질에 그만 질려버린 우리들은 격류 쪽으로 보트를 몰았다. 별다른 생각 없이 기슭을 향해 롱 개스팅을 했을 때, 수

면이 솟아오르는 것과 동시에 강한 충격이 손에 전해졌다. 단번에 낚싯대가 휘어져 하마터면 강물에 빠뜨릴 뻔했다. 드랙을 풀어주려고 했지만 그 틈을 주지 않고 괴물은 수면을 가르며 공중으로 치고 올랐다. 전날 잡은 놈보다 분명 한 단계 더 커 보인 비쿠다Bicuda. 격렬하게 헤드셰이킹 하면서 도약하는 모습이 정녕 강물에서 춤추는 익룡과 다름없었다. 그런데 그 황홀한 광경에 잠시 홀려 나도 몰래 낚싯줄에 가한 힘이 느슨해진 사이, 그 순간을 놓치지 않고 익룡은 바늘을 털어버리고 말았다. 루어를 회수해 보니 바다 대물용 바늘이 휘어져 있었다. 이상하게도 분하다는 생각이 조금도 들지 않았다. 아마존의 괴어에 압도당했다고 스스로 시인하고 싶었다.

이런 경험을 할 수 있고 이런 고백을 할 수 있는 곳이 세상 그 어느 천지에 또 있으랴? 낚시의 낙원, 아마존에서 나는 참으로 행복한 낚시꾼이었다.

괴어에게 항복을 선언한 후, 바위 지대에 보트를 접안시키고서 점심을 먹었다. 보트맨이 방금 전에 낚은 피코크배스를 익숙한 손놀림으로 조리했다. 내장을 꺼내고 소금을 뿌려가며 그냥 모닥불에 굽기만 한 원시적인 요리인데도 어찌 이토록 맛있는 걸까? 죠도 살점을 움켜쥐고서 무아지경으로 뜯어먹고 있었다.

모닥불 소금 구이를 위해 손질을 마친 피코크배스.

식사를 끝낸 우리들은 각자의 생각대로 시간을 보냈다. 보트맨은 손낚시로 소형 메기를 노리고, 죠는 나무에 해먹을 매달아 낮잠을 잤다. 한시도 가만히 있지를 못하는 나는 기웃기웃 주변 탐색에 나섰다. 커다란 바위에 뛰어 올라 수면을 바라보며 물고기가 있음직한 곳을 추측하던 중 발밑을 보고는 깜짝 놀라 뒤로 물러섰다. 지금까지 그 어느 도감에서도 본 적이 없는 뱀 종류인데, 적·백·흑이 섞인 요염한 줄무늬로 보아 분명 독사 같다는 생각이 들었다. '이놈에게

독을 품고 있음을 알리는 경계색, 딱 독사 같아 보였는데….

물리면 바로 가겠지!' 하고, 흠칫흠칫 놀라며 나뭇가지로 찌르고 있는데 보트맨이 오더니 뱀을 보자마자 사정없이 돌로 내리쳤다. '찍' 하는 한심한 소리와 함께 빈대떡이 되어 버린 독사. '그래도 그렇지, 그리 심하게 하지 않아도 될 것을….'

각자의 휴식을 끝낸 뒤 우리는 새로운 대물을 찾아 하류로 향했다. 하지만 오전과는 상황이 완전히 바뀌어 거의 입질이 없었다. 노래하는 죠가 이 지역에서는 대형급에 속하는 60cm짜리 피코크배스 한 마리를 낚았을 뿐 더 이상의 입질이 없어 포인트 이동을 반복했다. 아침의 비구름은 어느덧 자취를 감추고 하늘은 활짝 개어 강렬한 햇빛을 쏟아부었다. 작열하는 뙤약볕에 우리들의 움직임은 시간이 흐를수록 둔해 갔지만 낚싯대를 휘두르는 손은 조금도 쉴 줄을 몰랐다.

그때 돌연, 메기선생과 프란시스코를 태운 보트가 다가왔다. 메기선생의 입가에 묘한 미소가 흐르는 것이, 뭔가 기분 좋은 일이 있은 모양이다. 잔뜩 웃으며 건네주는 비디오카메라를 들여다보니 이게 무슨 일인가? 카메라 속에는 충격의 영상이 담겨 있었다. '우와~!' 탄성이 터져 나오게 만든 고기는 실로 어린이 크기에 달하는 거대한 쟈우Jahu였다. 피라이바와 함께 아마존을 대표하는 대형 메기 종류인데 큰 놈은 100kg이 넘는다. 쟈우는 그래서 '사람 잡아먹는 메기'로 묘사되기도 한다. 나는 선망과 질투가 뒤섞인 복잡한 기분으로 메기선생을 축복했다. 마음속으로는 '이 양반, 일부러 자랑하러 온 거 아냐?'라고 생각하면서.

나와 죠는 당연히 대물 메기로 목표를 바꾸었다. 서둘러 메기의 미끼로 쓸 작은 물고기 몇 마리를 낚아 올려 포인트로 향했다. 낚시를 시작하자마자 죠가 먼저 타이거쇼벨노우즈Tiger shovel nose catfish를 히트시켜 출발이 좋았다. 어딘가 얼빠진 듯한 얼굴과 아름다운 얼

필자와 단짝을 이룬 '죠' 씨가 얼룩말처럼 생긴 메기 종류인 '타이거쇼벨노우즈'를 낚아 들었다.

룩말 모양이 대조적인 진귀한 모습의 메기를 바라보면서 '다음은 내 차례다' 하고 뚫어져라 낚싯대를 응시했다. 한동안 긴장감이 감도는 침묵의 시간이 흘렀다.

두 번째 미끼를 투입한 직후, 갑자기 낚싯대가 눌리듯이 크게 구부러졌다. 냉정하게 한 박자 기다렸다가 뒤집듯이 크게 챔질을 했다. 고기가 놀라 달아나기 시작했다. '큰 놈이다. 그런데 뭔가 다르다. 메기가 아닌 것 같은데….' 파워는 있지만 메기 특유의 중압감이 없었다. 묘한 심장의 고동을 느끼면서 슬슬 근처까지 끌어내자 일순간 은빛 어체가 '번쩍' 하고 솟았다. '페슈카쇼로다!' 흥분한 나는 있는 힘껏 보트 아래까지 끌어당겨 단번에 뽑아 올렸다.

이렇게 해서 8년간 동경해 오던 '송곳니 괴어' 페슈카쇼로를 손에 넣었다. 아래턱에 불필요하다고 생각될 만큼 크게 돋아난 송곳니는 약육강식의 아마존을 상징하는 흉기 바로 그것이었다. 아마존 낚시에 있어 페슈카쇼로는 거물 메기인 쟈우Jahu에게 감히 명함도 못 내밀

잡아라고 말한다. 하지만 아무래도 좋았다. 나는 오래도록 목적한 괴어 종류 한 마리를 또 안겨준 아마존에 거듭 감사의 인사를 올렸다.

아래턱에 발달한 송곳니가 무시무시한 아마존의 괴어 '페슈 카쇼로'. 격류 지대를 회유하면서 칼과 같은 송곳니로 사냥감을 일격에 해치운다.

'송곳니 괴어'를 또 한 마리 낚아 기분이 최고조!

●●● 운이 따르지 않는 대물, 최후의 30분 기회

　드디어 루즈벨트강의 마지막 날을 맞았다. 오늘의 파트너는 다시 맺은 메기선생 마샤드 씨. 그가 낚은 거대한 메기 '쟈우'에 열 받아 그의 제자로 입문하게 된 것이다.

　똑 같이 의욕에 불타오른 제자와 스승은 이른 아침부터 아무 말도 없었다. 오로지 입질만을 기다렸다. 보트맨이 선정한 마지막 결전의 무대는 강물이 크게 굽이쳐 물 흐름의 변화가 심한 곳으로, 정체 모를 괴물이 꼭 잠복하고 있을 듯한 분위기였다. 숨을 죽이고 낚싯대를 잡아먹을 듯 한시도 눈을 떼지 않았다. 이날의 집중력은 여느 날보다 더 지독하여 가히 '투혼'이라 부를 만했다.

　투혼을 불사르는 만큼이나 갈증이 심해 아주 잠깐 낚싯대를 홀더에 끼워 세워놓고 콜라로 목을 축였다. 항상 그렇듯, 하필 그때 입질이 왔다! 릴에서 '지이이익~' 하는 소리와 함께 낚싯줄이 엄청난 기세로 풀려나갔다. 낚싯대가 이내 수중으로 빨려 들어갈 기세로 확 구부러졌다. 드랙을 강하게 세팅해 두었는데도 불구하고 정체를 알 수 없는 괴물은 너무도 쉽게 낚싯줄을 끌어당기며 멈출 기색을 보이지 않는다. 황급히 낚싯대를 들어 올리려 하는데, 엄청나게 당기는 힘으로 말미암아 홀더에서 낚싯대를 빼낼 수가 없다. 보트맨이 날 듯이 달려와 둘이서 낚싯대를 겨우 뽑아 들었다. 그 사이 낚싯줄이 얼마나 풀려나갔는지 거의 바닥을 드러내고 있는 상태. 다급한 나머지 배운지 얼마 되지도 않은 포르투갈어로 "나다!"(없어!)라고 소리쳤다. 이에 보트맨이 시동을 걸어 고기의 추적에 들어갔다.

　보트가 고기와의 거리를 줄이는 동안, 나는 풀려져나간 낚싯줄을 죽어라 하고 되감았다. 강 중심부까지 쫓아가서야 낚싯줄의 잔량이 충분히 회수되었고 고기는 보트 바로 밑에 위치하고 있었다. 메기선생이 끊임없이 "침착히!" 하고 외쳐댔다. 하지만 정작 침착하지 못하고 보트 위를 우왕좌왕하는 쪽은 메기선생이었고, 나는 삐걱거리는 낚싯대를 붙든 채 물속으로 빨려들지 않으려 온 이를 앙다물었을 뿐이다. 바닥에서 당기는 엄청난 힘으로 보아 초대형급이 틀림없었다. 보트맨도 옆에서 "쟈우, 쟈우!" 하고 중얼거렸다.

그런데 돌연 악몽의 순간이 찾아왔다. 한동안의 격렬한 파이팅을 견뎌내고 이제는 놈을 수면에 띄우기만 하면 된다고 생각하던 그때, 낚싯대가 갑자기 가벼워졌다. 그리고 훌러덩, 텅빈 채비만 돌아왔다. '딱 한 걸음 남았었는데….' 나는 그 자리에 털썩 주저앉아 너무도 분한 마음에 한참이나 고개를 들지 못했다.

점심식사 후 태클을 보다 강력한 것으로 교체하고 또다시 같은 포인트로 향했다. 오전에 내가 사용한 낚싯대는 너무 부드러워서 메기의 딱딱한 입에 바늘을 관통시키기가 곤란했다. 대물을 놓쳐 침울에 빠진 내가 보기에 안쓰러웠던지 프란시스코가 자신의 예비 낚싯대를 빌려주었다. 동작도 크지만 마음씨 또한 넓은 그에게 감사하며 마지막 남은 반나절 시간에 최후의 승부를 걸었다.

먼저 고기를 낚은 쪽은 낚싯대를 3대나 펼친 메기선생이었다. 우람한 몸집을 자랑하는 100cm짜리 레드테일 캣피시. 메기선생은 상기된 표정으로 메기를 끌어안았다. 그리고선 나더러 카메라 셔터를 누르게 했다. 몇 컷의 사진에 만족하더니 이번엔 자신의 메기를 나에게 억지로 떠안기며 카메라를 대신 들었다. '브라질인은 아름다우리만큼 자신의 기쁨을 상대방에게도 강요하는구나….' 카메라의 셔터 소리가 울릴 때마다 나는 억지웃음을 띄웠다. 일본 낚시인은 자신이 낚은 물고기가 아니면 사진에 들어간들 결코 기뻐하지 않는 편인데…. 손에 든 메기의 중량감도 그렇거니와 북받쳐 오르는 패배감을 견디기 어려워 나는 속으로 메기선생을 원망하고 있었다.

그로부터 아무 일도 일어나지 않는 시간이 속절없이 흘렀다. 근처에 어둠이 깔리기 시작해 머지않아 이 강에서의 낚시가 끝나려 하고 있었다. 초조와 체념의 감정이 머릿속을 어지럽혔다. 그때 보트맨이 마지막으로 포인트를 바꾼다고 했다. 내심 점 찍어둔 장소가 있는 것 같았다.

마지막 30분. 그런데 포인트가 영 시원찮아 보인다. 지금까지의 메

1m짜리 '레드테일 캣피시'를 낚아 들고 자랑하는 메기선생 '마샤드' 씨.

기 포인트와는 달리 물살이 밋밋한 데다 겉보기에도 아무런 특색이 없다. 별다른 기대 없이 미끼를 드리우고 입질을 기다린다. '최후의 순간'이라는 표현은 이야기 속에서나 벌어지는 사건일 뿐, 낚시의 세계에서는 거의 존재하지 않는 '희망사항'일 경우가 많다. 그런데 나에게만 유독 잡히지 않던 레드테일 캣피시 한 마리가 낚였다. 메기선생의 100cm짜리에 비해선 보잘 것 없는 70cm 정도의 소형급이지만 드디어 나도 한 마리 올렸다는 생각에, 더욱이

메기선생이 건네준 고기를 들고 억지로 포즈를 취한 필자.

마지막 기회를 승리로 장식했다는 점에서 이루 말할 수 없는 감정이 북받쳐 올랐다. 어둠에 싸여가는 루즈벨트강의 주변 경치와는 대조적으로 새빨갛게 물든 피라라라(레드테일 캣피시의 현지명)의 꼬리지느러미가 나의 눈에 불을 지펴주고 있었다.

드디어 필자도 어린이 키만한 '레드테일 캣피시'를 낚아 들었다.

    이튿날 아침, 우리들을 태운 세스나는 밀림 위로 날아올랐다. 열심히 낚시하고, 마시고, 떠들고, 함께 잠자던 나날들. 양탄자처럼 펼쳐진 초록빛 비경, 추억 속에 길이 남을 낚시의 낙원이 점점 멀어지고 있었다.
    포르투베이료에 도착한 그 날 밤 우리는 아쉬운 이별을 했다. 죠 씨 일행은 상파울루로, 나는 아마존 유역의 대도시인 마나우스 Manaus로 다시 날아올랐다. 포르투베이료의 시가지 불빛이 희미하게 멀어져간다. 창밖의 어둠을 멍하니 바라보며 루즈벨트강에서의 나날들을 떠올린다. 지금까지 세계 여러 나라를 여행하면서 헤아릴 수 없는 이별을 반복해 왔지만 이토록 외로움이 느껴지는 건 처음이다. 초등학생 시절 여름방학이 끝나 버렸을 때의 기분이 이랬던가! 개성미 넘치는 유쾌한 3인조와 기뻐하고 고뇌하며 밤새워 술 마시던 나날들-, 다시 한 번 되돌릴 수는 없을까?

브라질

정글의 파이터와
어자원 창고 라고아Lagoa

●● 구세주 더벅머리 아저씨와의 만남

마나우스Manaus에 도착해 새벽부터 억수로 내리기 시작한 비가 그치기를 기다려 변두리 작은 항구에서 배를 탔다. 거대한 피라루쿠Pirarucu가 서식한다는 라고아Lagoa(포루투칼어로 작은 호수)를 찾아가는 길이다. 여기서부터 아마존강을 종단해 마데이라강Rio Madeira 유역의 정글을 향해 남서쪽으로 진로를 잡게 될 것이다.

20분 정도 파도에 흔들리니 짙은 커피색 물빛이 돌연 밀크커피색으로 바뀌었다. 이상한 것은 두 개의 다른 물빛이 서로 섞이지 않고 아득한 하류로 계속된다는 점이다. 그런데 바로 이곳이 탁한 물의 본류인 소리몬에스강Rio Solimões에 흑갈색을 띤 네그로강Rio Negro이 합류해 아마존강이 되는 지점이다. 이 이상한 색깔의 물 흐름은 여기서부터 수십km나 계속되는데, 이 또한 아마존이 간직한 신비이기도 하다.

물색이 탁한 소리몬에스강(왼쪽)과 맑은 네그로강(오른쪽)의 물줄기가 합류되는 지점의 아마존강.

이윽고 마데이라강의 지류로 들어섰다. 물가에서 놀던 악어 무리들이 선박의 엔진 소리에 놀라 차례차례로 강으로 뛰어들고, 배로부터 불과 30여m 떨어진 거리에선 핑크돌고래가 수면을 가르며 인사를 한다. 점차 인간의 거주구역으로부터 멀어져 야생의 세계로 진입하고 있다는

마데이라강 지류권 언덕의 숙소에서 내려다 본 전망. 가끔 핑크돌고래가 수면을 가른다.

신호다.

마나우스를 출발한 배는 6시간이나 달려 피라루쿠가 많이 서식한다는 작은 마을에 도착했다. 마을이라고는 하지만 강가에 몇 채의 수상가옥이 떠 있을 뿐, 대자연의 적막감이 고스란히 녹아 있는 분위기였다. 게다가 상륙 후 숙소라고 들어와 보니 낙담 천만이다. 루즈벨트강의 낚시숙소에 있던 침대·에어컨·냉장고 따위는커녕 일상 생활용품마저 없는 데다, 가건물 오두막 활용품이라고는 해먹 하나가 유일하게 매달려 있을 뿐이다. 점수를 조금 준다면 오두막이 주위보다 조금 높은 곳에 위치해 강을 조망할 수 있다는 정도. 그러나 무엇보다 중요한 것은 피라루쿠에 관한 정보인데, 주민들을 붙잡고 이 고기에 대해 아무리 물어봐도 '글쎄요?' 일색이다.

흐르는 강물을 내려다보며 '후유~ 터무니없는 곳을 찾아왔구나!' 하고 한숨을 짓고 있자니, 물살을 힘차게 거슬러 오르는 핑크돌고래

시야에 들어오는 곳 모두가 일급 포인트라 가슴이 두근거린다.

들이 '그래, 잘났어!' 하고 놀려대는 것만 같았다.

숙소 주변엔 길 같은 것이라곤 없고 사람들의 교통수단은 '카노아'로 불리는 작은 배가 전부였다. 도착 다음날이 되도록 나는 대들보에 묶인 해먹에 흔들리며 생각에 잠겼다. '우선은 보트를 확보해야 한다. 보트 없이는 낚시가 불가능할 거야…' 이런 생각에 잠겨 강변을 바라보는데 수상가옥 옆으로 엔진이 달린 작은 배 한 척이 묶여 있었다. '아하!' 하고 생각나는 바가 있어 혼자 씨익 웃으며 달렸다.

수상가옥 안을 들여다보니 더벅머리 아저씨와 그의 딸이라고 생각되는 '보니타(미소녀)'가 의자에 걸터앉아 있었다. "보아타르지!"(안녕하세요!) 하고 남자에게는 눈길도 보내지 않고 보니타에게 인사를 하자 빙그레 미소를 지어 보낸다. 낚시를 못해 울적했던 기분이 단숨에 날아가고 나도 몰래 '헤헤헤…' 하는 수줍은 웃음이 새어 나왔다. 그리고선 방 안을 한 바퀴 휭 둘러보다가 그만 뒤로 나자빠질 뻔했다.

아니, 저게 뭔가? 벽에 걸려 있는 저것, 낚싯대 아닌가! 게다가 낚싯대 끝에는 미국 제품의 톱워터 루어까지 매달려 있다! 이럴 수가…? 정글 오지에서 뜻하지 않게 낚시도구를 발견한 나는 흥분을 주체할 수 없어 다짜고짜 아저씨에게 말을 걸었다. "페이세, 페스카?

그란데 투쿠나레? 무이트 본? 오파!"-번역하자면 "물고기, 낚시? 큰 피코크배스? 매우 좋습니까? 놀라워!"라는 뜻의 매우 엉망인 포르투갈어이다. 그러나 어쨌든 뜻이 통했고, 나는 더벅머리 아저씨와 의기투합해 그날 오후부터 매일같이 함께 낚시를 다니게 되었다.

만난 지 2시간 만에 아저씨가 조종하는 보트는 굉음을 울렸고 한참을 달려 강 본류에 이어진 거대한 라고아(호수)로 들어갔다. 황홀한 주변 경치를 곁눈질하면서 서둘러 루어를 골라 임전태세에 돌입했다. 라고아 주변 곳곳에는 수몰 나무와 고사목 등의 장애물이 존재해 한눈에도 일급 포인트가 즐비한 분위기였다.

더벅머리 아저씨는 작은 나무들이 난립한 얕은 여울 지점을 겨냥하는 듯 브라질제의 톱워터 루어를 꺼내 들었다. 루어를 들여다보니 물고기 이빨자국 투성이로 도장이 거의 벗겨져 나간 상태. 원래의 색깔이 무엇이었는지 짐작조차 알 수 없을 정도로 너덜너덜해진 루어였다. '이 아저씨, 낚시 좀 하는 모양이구나!' 생각한 나는 당분간 그의 낚시하는 방법을 관찰하기로 했다.

힘껏 낚싯대가 휘둘려졌고 '풍덩!' 하고 루어가 큰 소리를 내며 착수했다. 캐스팅 자세는 매우 엉성해 보였지만 루어는 정확히 포인트에 떨어졌다. 30m의 거리를 계속 공략하는데 한 번도 실수가 없다. 일반 낚시인들처럼 루어가 떨어질 거리를 예상하고 휘두르는 힘을 가감하는 것이 아니라, 보기 드문 동체시력으로 포인트 지점에 루어가 지나는 순간 낚싯줄을 잡아 억지로 핀 포인트에 떨어뜨리는 것 같았다. 더욱 놀라운 것은 액션을 가하는 방법. 아주 격렬한 저킹의 연속으로 루어가 서서 헤엄치는 상태를 연출시킬 뿐만 아니라, 무수한 나무 사이를 요리조리 미끄럼 태우듯 루어를 끌어들여 눈 깜짝할 사이에 보트 위로까지 회수시켰다. 격렬하고도 재빠른 솜씨가 아무리 봐도 일반적인 톱워터 낚시에서는 생각할 수 없는 낚시방법이었다.

그의 스타일에 자극을 받은 나는 약간은 안절부절못하는 자세로 캐스팅을 개시했다. 또한 그의 루어 작동법까지 의식해 항상 해오던 그 이상으로 강한 액션을 넣었다. 잠시 후 나무 사이를 요리조리 빠

아마존의 터줏대감 '실버아로와나'가 첫인사를 했다.

져 나오는 루어 뒤쪽으로 무언가 졸졸졸 다가오더니 '철푸덕!' 하고 물었다. 바늘에 걸리자마자 움직임은 둔해도 '첨벙첨벙!' 수면을 온통 휘젓는 고기는 아무래도 낯선 모습이었다. 난생 처음 보는 물고기의 이름은 '실버아로와나Silver Arowana'.

 양손에 움켜쥐고서 어체를 찬찬히 들여다봤다. 한 마디로 진화가 덜 된 이 고대어는 아마존에서도 특별하게 아름다운 물고기로 여겨졌다. 큰 비늘이 빽빽이 박혀 마치 갑옷을 두른 듯한 몸체에 크게 찢어진 입과 동그란 눈, 턱에는 2개의 수염이 턱하니 달린 모습인데, 저절로 만들어진 생물이라기보다는 누군가 만들어 낸 것 같은 개성미 넘치는 풍모였다.

 그때부터 나의 캐스팅이 현란해졌다. 항상 그렇지만 나는 '잡힌다!'라고 확신이 가는 장소에서는 캐스팅이 나도 모르게 정확해 진다. 거리는 30~40m. 연안의 장애물을 핀 포인트로 지속적인 공략을 벌였다. 정글에서 뻗어 나온 작은 콧부리의 옆으로 루어를 통과시켰을 때 드디어 사건이 벌어졌다. 갑자기 '텀벙!' 하는 소리가 들렸다.

마치 사람이 물속으로 뛰어든 것 같은 소리에 그만 머릿속이 새하얗게 되었다. 그러나 두 팔은 습관적으로 반응해 낚싯대를 강하게 뒤로 젖히듯 세웠다. 동시에 물고기가 호수 바닥으로 내달리기 시작했고, 강렬한 힘에 당황하는 그 짧은 순간, 갑자기 반전한 물고기가 급부상하여 수면을 가르고 뛰어 올랐다. 공중에서 춤추는 고기-, 노랗게 물든 커다란 실루엣을 보고서 지금까지 내가 낚은 피코크배스보다 압도적으로 큰 놈이라는 사실을 직감했다. 그 사이, 낚싯대는 무력하게도 한계에 가깝게 휘어져 있었다. 몇 번이고 보트 앞까지 끌려왔다 싶으면 그때마다 도망치고…. 초조함이 극에 달했을 즈음, 비로소 녀석이 나의 손에 들어왔다.

"그란데 투쿠나레 아스!"(아주 큰 피코크배스아스로군!) 하며 아저씨가 탄성을 울리며 내민 오른손을 나는 강하게 붙잡았다. 75cm짜리 대물! 그것은 현지어로 '거대함'이란 의미를 붙여 특별히 '아스'라고 부르는 피코크배스 종류였다. 이 종류는 피코크배스 중에서도 최대급으로 성장하며 선명한 노란 체색에 3개의 검은 띠를 두른 것이 특

피코크배스 중에서도 가장 크게 성장하는 '아스'.

징. 안구가 불타오르듯 짙은 빨강색인 점도 인상적이었다.

　물에 슬그머니 놓아주었더니 무늬도 선명하게 몸을 뒤집으며 호수 바닥을 향해 맹렬한 스피드로 돌아갔다. 한숨 돌린 후 루어를 찬찬히 살펴보니 강도 90파운드에 달하는 스플릿링이 흉하게 구부러져 있었다. 루즈벨트강보다 훨씬 어영이 짙은 것 같았다. 첫날부터 대물을 손에 넣은 나는 그 어느 곳, 그 어느 때보다 들떠 있었다.

●● 남자의 훈장, 악어 맨손잡기

　모기의 습격만 아니면 숙소는 실로 극락의 요람 같았다. 천정에 묶인 해먹이 전부인 침실이지만 카이피리냐(브라질제 사탕수수 술)에 취해 흔들흔들, 피코크배스의 도약을 생각하며 혼자서 싱글벙글…. 정글 오지에서 낚시꾼이 보내는 밤, 이 외에 도대체 그 무엇이 더 필요할까? 흔들리는 해먹에 묻힌 나는 어느덧 깊은 잠에 빠져들고 있었다.

　이튿날 아침, 굉장한 소리에 놀라 일어났다. '갸아아아~!' 정글 저 깊은 곳에서 끊이지 않고 들려오는 소리, 마치 점보제트기가 날아가는 것 같은 굉음이었다. 더벅머리 아저씨 집을 찾아가 소리의 정체를 물어보니 마카크원숭이란다. '원숭이라니? 킹콩 아니고?' 이렇게 짐짓 상상을 하는데, 돌연 부엌에서 킹콩과 같은 호탕한 모습의 여성이 나타났다.

　아저씨가 소개해 준 그 킹콩(?)은 그의 아내였다. 나는 그녀가 가지고 온 커피를 홀짝거리면서 그녀와 이제 15세 된다는 둘째딸을 비교해 보았다. 쭉 뻗은 손발에 큰 눈동자가 매력적인 딸과 시커먼 살집이 무섭게까지 느껴지는 어머니-. '마치 미녀와 야수로구나!' 생각될 정도로 피붙이 부모와 자식의 모습이 너무도 딴판이었다. 그러나 그 자리에 18세 되는 큰딸이 나타났을 때, 나는 비로소 알 수 있었다.

　큰딸은 어딘지 둘째딸의 아름다운 모습이 남아 있는 듯 하면서도 군살이 조금 눈에 거슬릴 정도의 몸매로, 이미 아줌마의 징후를 보이고 있었다. 앞으로 10년쯤 지나면 어머니와 같은 아마조네스로 변신해 버릴 것이라고 간단히 상상할 수 있었다.

문명세계와는 달리 오지에 사는 여성은 노화가 훨씬 빠르다. 오두막집 세 명의 여자들로부터 아마존 여성의 진화(어쩌면 퇴화?) 과정을 본 나는 '아~ 아마존의 화려함은 그 생명이 짧은 것인가!' 하고 마음속으로 한탄했다. 아마존에서 신부를 얻는다면 15세가 적령이겠다는 바보 같은 생각도 하면서 아저씨를 따라 전날의 라고아로 향했다.

태양은 벌써 머리 위에 위치해 라고아 주변은 작열하는 태양으로 온통 불구덩이 같았다. 그래도 어제와 같은 폭발적 조황은 아니지만 아로와나와 피코크배스가 끊임없이 톱워터 루어에 반응했다. 힘껏 루어를 날려 수면에 떨어지자마자 격렬하고도 명확하게 액션을 넣는다. 그러면 수면이 거칠게 갈라지면서 물고기가 뛰어 오른다. 이런 낚시는 그 어느 곳에서도 바랄 수 없다. 나는 이곳에서 낚시의 즐거움을 처음 느끼기라도 한 듯 마음껏 즐겼다.

어느덧 해가 지고 만족감에 젖어 숙소를 향해 보트를 달리고 있을 때였다. 아저씨가 돌연 보트 엔진을 멈추더니 물가에 무성한 수초 방향을 가리켰다. 그곳을 응시하니 수중에 오렌지색의 빛이 2개 줄지어 있었다. '이크, 악어다!' 실은 내게 있어 악어는 '낚시 외도의 왕'으로 자리매김 되고 있을 정도로 보기만 하면 잡고 싶은 생각을 버리지 못하곤 했다. 당연히 1.5m 정도 되는 그 악어를 째려보며 루어의 선택을 고민했다. 그러나 아저씨가 빨리 던지라고 재촉하는 바람에 이미 낚싯줄에 묶여 있던 톱워터를 그대로 사용했다.

거리를 잘 가늠하여 던진 루어는 최적의 위치에 떨어졌다. 정성스레 액션을 주면서 루어를 악어의 코 끝으로 통과시키는 순간, 악어가 덥석 루어를 물었다. 그리고선 단번에 삼켰다. 낚싯대를 세우며 있는 힘을 다해 챔질을 했다. 그런데 챔질이 너무 강했던 탓일까? 낚싯줄이 순간적으로 끊어져버렸다. 그러자 아저씨가 재빠르게 루어를 던졌다. 곧바로 그의 낚싯대가 둥글게 휘어졌고 '첨벙첨벙, 풍덩!' 악어는 몸을 뒤채며 엄청난 힘으로 저항했다. 그러나 아저씨는 냉정하게 낚싯대를 다뤄가며 악어를 보트 옆으로 끌어들였다. 악어의 몸통이 보였을 때 나는 내 눈을 의심했다. 방금 전에 내가 뜯긴 루어가 악어의 다리에 걸려 있는 게 아닌가. 더욱 놀라운 것은 아저씨의 루어가 또 나의 루어를 걸었다는 사실이었다. 그가 손짓발짓으로 상황 설명을 해댔다.

"너의 훅킹이 너무 세서 루어가 악어의 입에서 빠져나와 다리에 걸렸던 거야! 그래서 내가 루어를 날려 너의 루어를 회수한 거야! 와하하하하!"

악어의 다리에 걸려 떨어져 나간 필자의 루어를 '아저씨'가 다시 걸어 올리는 결정적 순간의 사진.

믿을 수도 안 믿을 수도 없는 더벅머리 아저씨의 말에 한동안 머리가 혼란스러워 나는 이렇게 중얼거렸다. '아마존 남자, 정말 무시무시하구나….'

그날 저녁 나는 아저씨 집에서 식사 대접까지 받았다. 정글에서 포획한 물고기요리를 즐기면서 이런 놀라운 솜씨의 낚시인을 만날 수 있게 된 것에 행복함을 느꼈다. 그러나 내가 악어를 놓친 사실이 억울해 "내일도 악어를 낚자고요!" 하며 손짓발짓으로 아저씨에게 계속 애원했다. 그는 약간 곤란한 표정으로 한참을 생각하더니 저녁식사 후 곧장 나를 이끌고 악어사냥으로 인도했다.

어둠에 싸인 라고아는 낮과는 사뭇 다른 양상이었다. 기분 나쁠 정도로 으스스한 분위기…. 아저씨가 시도하는 악어사냥은 그저 맨손으로 때려잡는 방식인데, 먼저 물가를 라이트로 비추어 가며 악어를 탐색하는 것으로부터 작업이 시작되었다. 악어의 눈동자에 빛이 닿으면 어둠속에서 오렌지색으로 반사되므로 간단히 발견할 수 있었다. 그리고 목표가 정해지면 보트로 가까이 다가가 30여m 앞에서부터는 엔진을 멈추고 손으로 노를 저어 조용하게 표적에 근접하는 것이다. 포획하는 사람은 보트 앞쪽에서 몸을 내밀어 악어의 목덜미를 단단히 잡는다.

아저씨는 대단한 민첩성으로 90cm 정도의 소형 악어를 포획했다. 자랑스레 악어를 들어 올리더니 나를 향해 도발적인 웃음을 보냈다. 그리고선 말했다.

"다음은 네 차례야!"

나는 놀랍기도 하고 호기심도 발동해 말없이 머리를 끄덕이는 것으로 화답을 했다. 깜깜한 수면에서 반짝거리는 무수한 눈을 주시하면서 너무 큰 놈이 선택되지 않기를 빌었다. 1m 전후가 적당하겠지…. 1.5m를 넘는 놈은 손으로 잡기는 힘들 테고, 2m를 넘으면 위험할 것이라고 스스로에게 타일렀다.

아저씨가 천천히 보트를 젓기 시작했다. 2개의 눈동자가 점점 가까워졌다. 거리가 5m 정도에 이르자 악어의 윤곽이 어둠속에서도 확연히 드러나 보였다. 크기는 약 80cm. 라이트가 비치자 당황해서인지 도망은커녕 꼼짝도 하지 않는다. 아저씨의 노 젓기가 한층 더 신중해지고 나의 긴장감은 꼭지점까지 오른다. 순간, 악어와 시선이 마주쳤다. 깜짝 놀라 가슴이 철렁 내려앉으면서도 자신을 방어하기 위한 선제공격이라도 하듯 나도 몰래 두 손이 쭉 나갔다. "이얏! 잡았다!" 두 손으로 목을 꽉 조르고 철렁데도 악어는 전혀 날뛰지도 않고 너무도 얌전해 오히려 내 쪽에서 맥이 빠질 정도였다.

살그머니 들어 올린 새끼 악어의 입에는 날카로운 송곳니가 줄지어 나 있어 잔뜩 겁을 주는 데 비해, 동글동글한 두 눈망울이 다이아몬드처럼 반짝이는 것이 실로 귀엽기조차 했다. 살그머니 물에 놓아주었더니 지금까지의 얌전함은 어디로 가고 거짓말처럼 수면을 헤치며 굉장한 속도로 어둠속으로 사라졌다. 아저씨가 잘했다는 듯 웃는 얼굴로 나의 어깨를 두드렸다. 나는 그의 웃는 얼굴에서 더 없이 포근하고 행복한 순간을 느꼈다.

맨손으로 사냥한 귀여운 새끼 악어. 무시무시하게도 최대 3m 정도까지 성장한다.

> 브라질

아마존 최후의 표적
- '고대의 철갑병' 피라루쿠

●● 드디어 피라루쿠 Pirarucu 출현!

숙소 옆에는 한 그루 거목이 강을 내려다보듯 우뚝 서 있고 오래된 해먹이 매달려 있다. 낚시를 떠나기 전 나는 이곳에서 하루의 전략을 짠다. 오늘은 어떤 놈을 겨냥할까, 루어는 무얼 사용할까…. 마카크원숭이의 울음 소리에 잠을 깬 오늘도 이런 생각에 잠겨 있는데, 저 아래 강변에 나타난 아저씨가 엄지를 세운 손을 흔든다. 출발하자는 신호다. 우리는 망고와 커피로 빈 속을 채우고 의기양양하게 보트에 오른다. 아마존에서의 나의 하루는 이렇게 시작된다.

이날은 숙소 앞을 흐르는 강 하류쪽으로 내려갔다. 1시간 정도 풀 스피드로 달리자 강이 크게 굽이치면서 정글에서 뿜어져 나온 물이 모여드는 만곡彎曲 지형이 나타났다. 가장자리는 수심 50cm 정도의 얕은 여울지대로, 큰 나무가 군데군데 돌출되어 있는 것이 낚시 포인트로는 적격이었다. 대물마저 예상되는 1급 포인트에 나를 인도한 아저씨가 스스로도 대견스러운지 '어~흠!' 하고 만족스런 신음을 흘렸다.

나는 조금 긴장하면서 톱워터 루어를 던져 보냈다. 한 번, 두 번, … 한동안 캐스팅을 하는데도 수면은 쥐 죽은 듯 조용한 그대로였다. 톱워터를 불러들이고 바이브레이션 플러그로 바꿔 보냈다. 장애물 너머로 멀리 던진 후 큰 나무 옆을 빠듯하게 통과시킬 때였다. 갑자기 낚싯대가 '푹' 하고 처박히면서 손잡이 부분까지 휘어들었다. 미끄러져 나가는 낚싯줄을 손가락으로 누르며 크게 세 번을 챔질하자 거대한 피코크배스가 수면을 껑충 뛰어올랐다. "우아~악, 크다!" 보지 말 걸 그랬나? 그러나 도착 첫날 잡은 75cm보다는 확실히 크다는 생각에 가슴이 터질 듯 부풀어 올랐다.

한 차례 공중제비를 한 피코크배스는 착수와 동시에 수면을 가르며 마구 찢어버릴 듯 미쳐 날뛰었다. 겨우 한 차례 보트 옆으로 끌어와 랜딩그립을 내미는 순간, 단번에 몸을 반전시켜 바닥 아래로 돌진하더니 꾸물꾸물 잠수함처럼 멀어져간다. 불안한 마음에 심장이 부풀어 터질 것만 같다. 지금쯤이면 낚싯줄이 놈의 이빨에 꽤나 쓸렸을 텐데…. 단시간에 승부를 짓지 못하면 결국 낚싯줄이 터지고 말 것이다.

초조감이 더해가는 비상사태에도 불구하고 아저씨가 갑자기 웃기 시작했다. "너, 브랑코(흰색)다!" 하며 나의 얼굴을 손으로 가리키기까지 했다. 지나친 긴장에 나의 안면이 창백했던 탓인데, 그러나 수면 위로 다시 한 번 피코크배스가 떠올랐을 때는 그의 웃음소리가 뚝 그쳤고 눈동자마저 '번쩍' 빛났다. 어느 순간 낚싯줄을 손에 쥔 그는 재빠르고 정확하게 랜딩그립을 고기 입에 넣었다. 번쩍 들어 올려

머리에 돌출된 혹으로 산란기 수컷의 위용을 과시하는 대형 피코크배스(78cm, 6.5kg). 필자의 최고 기록이 될 뻔했는데….

진 피코크배스를 보며 나는 중얼거렸다. "무이트 그란데!"(너무 커!) 이마 위로 불쑥 솟은 혹의 크기로 자신의 존재감을 자랑하는 대형 피코크배스가 아저씨의 팔에 안겨 있었다. 계측 결과는 78cm, 6.5kg. 상상하지 못한 대물에 우리는 얼굴을 마주하고 크게 웃었다.

나는 이 한 마리로 자만심에 휩싸였다. 이제 모든 것은 끝났다, 더 이상 아마존에 미련 가질 필요가 없어졌다고까지 생각했다. 의기양양 숙소로 돌아가는 길, 나는 점심 먹을 생각만 하고 있었다. 그런데 아저씨가 갑자기 보트를 세우더니 번득이는 눈으로 근처를 둘러보았다. "아저씨, 도대체 뭐에요?" 그런데도 대답이 없어 나도 주변을 두리번거렸다. 보트가 멈춘 장소는 숙소로부터 불과 500m 거리. 움푹 들어간 만곡 지형의 가장자리는 작은 나무들이 무수히 서 있어 얼핏 포인트로 괜찮아 보였다. 게다가 빨리 캐스팅해보라는 아저씨의 재촉까지 잇따랐다.

엉겁결에 루어를 던지자 도착 첫날, 첫고기로 올린 '아마존의 고대어' 아로와나Arowana가 단번에 루어를 물고 늘어졌다. 루어를 던질 때마다 낚이는 데다가 78cm짜리 피코크배스를 낚은 다음이라 낚시를 계속할 생각이 나지 않았다. 태양마저 벌써 머리 위로 솟아올랐고 또한 점심시간이 되었다. '아, 배고파….' 보니타가 만들어주는 점심을 상상하니 입 안에서 군침이 배어 나왔다.

바로 그때 '철퍼덕!' 하는 파열음과 함께 바로 눈앞의 수면이 찢어졌다. 수면 위 허공에서 햇빛을 받아 은색으로 빛나는 거대한 물체를 보고서 아로와나 아닐까 생각했는데, 아저씨가 고개를 가로저으며 한 마디로 잘라 말했다. "피라루쿠!" 그렇다면 아저씨는 이 녀석을 찾고 있었던 걸까? 78cm짜리 피코크배스로 아마존의 괴어 낚시는 이제 모두 섭렵했노라 거드름 피우던 마음이 한순간에 사라졌다.

콜라로 목을 적시고 호흡을 가다듬었다. 두근거리는 가슴을 억제하면서 피라루쿠가 호흡을 하러 튀어 오른 수면 근처를 바이브레이션 플러그로 열심히 뒤지기 시작했다. 몇 번째 캐스팅이었을까? 수면에 착수한 루어가 바닥까지 가라앉기를 기다렸다가 천천히 감기

선착장 '아저씨'가 낚아 올린 75cm, 6kg의 피코크배스.

시작하는데 갑자기 낚싯대가 휘어 들었다. 순간적으로 슬쩍 챔질을 했다. 그런데 별다른 감각 없이 그저 무거운 느낌뿐이다. '수몰 나무에 걸린 건가?' 생각하면서 릴링을 잠시 멈췄다. 그러자 분명 움직이는 물체가 느린 속도이긴 하지만 강하게, 그리고 좌우로 흔드는 느낌이 전해졌다. 순간적으로 '아, 걸었다!'는 확신이 들면서 다시 한 번 강하게 챔질을 하려는데 '아이쿠!' 늦었다. 낚싯대에 전해지던 중량감이 사라져버렸다. 아저씨는 아쉬운 듯 "피라루쿠…, 무이트 그란데…"하며 중얼거렸다. 나의 첫 챔질이 너무 약했던 나머지 피라루쿠의 딱딱한 입에 바늘이 제대로 바늘이 박히지 않은 것 같았다. 결국 피라루쿠와의 첫 대결은 이렇게 완패로 끝나고 말았는데….

손에 넣은 대물과 놓친 대물의 가치를 생각하며 숙소로 돌아왔다. 땀으로 삶은 것처럼 물걸레가 된 티셔츠를 벗어 던지고 샤워를 하려는데 공교롭게도 고장이다. 숙소의 샤워는 강물을 모터로 퍼 올려 사용하는데, 설비가 낡아 종종 멈춘다. 슬쩍 아저씨 댁을 떠올려 보지만 그곳은 아예 샤워장이 없다.

수상 가옥의 샤워란 눈앞의 강물로 곧장 뛰어드는 것이다. 그곳은 곧 저녁 반찬거리인 삐라냐를 낚는 장소이기도 한데, 아이들이 그곳에서 자주 물놀이를 하는 것이다. 삐라냐가 연달아 낚이는, 그 무서운 삐라냐가 우글거리는 곳에서 말이다. 아마존강을 건너는 소가 삐라냐 무리의 습격을 받아 순식간에 백골이 되는 비디오 영상이 떠올라 나로선 공포의 목욕시간이 아닐 수 없는데 아이들은 태연히 물장난을 하는 것이다.

그러나 실제 삐라냐는 겁쟁이로, 피 냄새에 급격히 반응할 뿐, 설사 물에 빠지더라도 이쪽에서 위험신호를 발하지 않는 한은 안전하다고 한다. 그래서 나는 여기저기 몸을 들여다보며 혹시 상처라도 있지 않나 꼼꼼히 살핀 후 평소보다 활기찬 움직임으로 몸을 씻는 것이 버릇처럼 되었다.

●● 번쩍거리는 두 눈으로 악어가 째려보다

다음날부터는 오로지 피라루쿠를 찾아 돌아다녔다. 하지만 복잡하게 뒤얽힌 라고아에서, 또 남획으로 개체수가 극단적으로 줄어든 피라루쿠를 찾아내기는 쉽지가 않았다. 우리들은 여느 때처럼 이른 아침부터 라고아를 들락거리며 수면에 떠오르는 피라루쿠를 찾아 돌아다녔다. 하지만 쓸데없이 시간과 가솔린만 낭비하는 것 같았다.

더위에 지치고 실망감에 빠져 멍하니 앉아 있자니 호수 한가운데에 떠 있는 폭 30m 정도의 작은 섬이 갑자기 눈길을 끌었다. 가장자리에 말라죽은 거목이 몇 그루 늘어서 있고, 그 가지마다에 두루미 비슷하게 생긴 새까만 새들이 무리를 짓고 앉았는데, 놈들이 쏟아낸 하얀 색깔의 분뇨가 물 위에 떠 있는 것도 보였다. '옳거니, 저곳이다! 새의 분뇨가 떨어진 저곳에 작은 물고기가 모여들 테고, 수심 깊은 곳에 웅크린 피코크배스 등의 육식성 어류가 먹잇감을 찾아 저곳을 노리게 되겠지!' 하고 속으로 쾌재를 불렀다.

어디를 겨냥할까 하고 차분히 살펴보니 작은 섬 기슭으로부터 1m 정도 떨어진 수면 위로 그루터기 하나가 보란 듯이 얼굴을 내밀고 있다. 수심이 꽤 얕아 보이지만 장애물에 안전하게 몸을 숨기고서 지나가는 작은 물고기를 포식하는 피코크배스들은 놀라울 정도로 얕은 곳에 있는 경우가 종종 있다. 그래 바로 저기다! 가벼운 펜슬베이트를 날려 그루터기 조금 옆에 떨어뜨렸다.

 루어가 정확히 그루터기 옆을 통과할 때였다. '퍽!' 하고 주변에 매복해 있던 피코크배스가 입질을 했다. 강하게 챔질을 하자 수심 얕은 물가에서 '철벅 철벅!' '첨버덩 텀버덩!' 온통 물보라를 튀기며 내달렸다. 낚싯대가 휘청 구부러질 정도로 호수 중심부를 향해 돌진하더니 한 바퀴 불쑥 공중으로 날아올랐다. "그란데!"(크다!) 하고 아저씨가 소리쳤지만 나는 그만 온 몸이 경직되고 말았다. 녀석은 전날 낚은 78cm짜리 피코크배스보다 훨씬 크고, 몸집도 뚱뚱해보였다. 그 실루엣이 분명 원형에 가까웠다. 그런데 녀석이 강바닥으로 처박기 시작해 당황해서 낚싯대를 세우는 순간! 아뿔싸, 낚싯대에 전해지던 생명감이 사라져버렸다.

 "아마도 '오이트키로(8kg)' 훨씬 넘었을 거야!"

 아저씨도 분한 듯 얼굴을 찡그렸고, 나는 말 없이 루어를 들여다보았다. 앞쪽 바늘과 강도 90파운드급 스플릿링이 통째로 나가버렸다. 억울한 생각은 잠시뿐, 새로운 전의가 불타 올라 오히려 온 몸에 생기가 돌았다.

 '여기에 분명 괴물이 있다!'

 점심식사를 끝내기 무섭게 다시 보트에 올랐다. 아저씨에겐 또 다른 비밀 포인트가 있는 것 같았다. 30분 이상이나 풀 스피드로 달렸는데도 멈출 기색을 보이지 않았다. 물보라를 맞으면서 오전 괴물과의 싸움을 곰곰이 떠올렸다. 엄청난 그 유영력을 감당할 수 없었고 낚싯대를 세우기에도 급급했다. 나의 장비로 과연 잡을 수 있을까? 아무래도 이 지역의 괴물들을 상대하기에는 역부족이지…. 선명하게 윤기 나는 낚싯대의 파란색이 어쩐지 퇴색되어 보이기 시작했다.

 이윽고 보트는 강 본류를 벗어나 폭 좁은 수로로 들어섰다. 잠시 저속으로 나아가다 라고아로 연결되는 지점에 이르러 보트가 멈췄다. "여기가 라고아 뻬라냐야!" 하고 아저씨가 자신에 찬 어조로 말했다. 근처를 둘러보니 울창한 정글이 물가에까지 드리워졌고, 30여 m 높이의 나무들에 의해 태양광이 차단된 물가는 왠지 음침한 분위기마저 감돌았다.

이곳저곳 지형을 살피면서 더욱 으슥한 곳으로 나아가니, 한 인디오 남자가 낚시를 하고 있었다. 그는 놀랍게도 낚싯대나 릴을 사용하지 않고 그저 손으로만 루어를 조종하고 있었다. 낚싯줄에 묶은 루어를 빙글빙글 휘두르다가 반동을 이용해 휙 던져 넣고는 손으로 끌어당기면서 액션을 넣는데, 그 모습이 가히 감동적이기까지 했다. 이쪽에서 자기를 처다보고 있다는 걸 의식했는지, 인디오가 자신이 잡은 피코크배스를 힘껏 쳐들어 보였다. 나는 그의 미소에 용기를 얻었고, 인디오보다 훨씬 뛰어난 현대식 낚시장비로 괴물을 잡지 못한다면 나는 정말 바보라고 생각했다.

거리는 약 35m, 강기슭 언저리에 무수히 쓰러진 나무 주변을 차례차례 공략하기 시작했다. 당장은 입질이 없었지만 주변 분위기가 너무 좋아 기대감이 사그라지질 않았다. 많은 나무들 가운데 유독 큰 나무가 옆으로 쓰러져 반쯤 수몰되어 있는 포인트에 이르렀다. 바다 만새기낚시 때 사용하는 대형 펜슬베이트를 기슭 가까이에 떨어뜨린 후 쓰러진 나무 근처로 살살 끌어당겼다. 펜슬베이트가 나무 옆을 통과할 무렵, '울컥!' 수면이 작렬했다. 낚싯대가 휘청거리고 낚싯줄이 공기를 가르는 소리가 기분 좋게 울렸다. 아저씨가 서둘러 노를 잡았고, 물고기를 따라 젓기 시작했다. 물고기와의 거리가 3m쯤으로 좁혀졌을 때 커다란 얼굴이 수면에 떠올랐다. 보트 옆까지 끌어들여 안전하게 들어 올리고 보니 70cm 크기의 피코크배스. 이날 첫 수확 치고는 만족하고도 남음이 있었다. 잠깐 낚싯대를 세워 두고 담배 한 대를 꺼내 물었다. 한 마리 올린 다음에 피우는 담배 맛은 각별한 것이다. 아마존에서 피우는 담배는 더욱 그러하다. 오전에 당한 패배감이 연기와 함께 사라져갔다.

잠시 한가롭게 보트에 흔들리고 있던 그때, 수면에 검은 그림자가

'스스슥!' 하고 가로질러 가는 것이 보였다. "어, 저게 뭐지?" 놀란 눈으로 계속 쫓으니 어렵쇼, 악어 아닌가! 보트로부터 거리는 약 40m. 놈은 아직 우리들을 알아채지 못했다. 뜻밖의 악어를 낚을 찬스가 찾아온 것이다. 나의 '외도 낚시' 1급 대상인 악어를 아마존에서만큼은 쉽게 잡을 수 있을 것이라 생각했는데, 워낙 경계심이 강한 놈이어서 이제껏 기회를 잡지 못했다. 그런데 그 악어가 지금 눈앞에 있는 것이다.

조금 전 피코크배스를 낚은 펜슬베이트를 그대로 던져 악어 앞 3m 지점에 떨어뜨렸다. 루어의 착수음에 놀라지 않을까 걱정했지만 악어는 소리도 없이 스윽 접근하더니 '덥석!' 하고 루어를 물었다. 멈칫거릴 필요도 없이 미친 듯이 릴의 핸들을 감아 무조건 보트 옆까지 끌어들였다. 언제 끌려왔는지 실로 나도 모르는 사이, 갑자기 놈이 눈앞에서 번들거리는 두 눈으로 흠씬 나를 째려보고 있었다. 슬쩍 눈길을 피하며 궁리를 했다. '놈을 어떻게 올리지? 밤중에 맨손으로 잡던 놈보다는 훨씬 커 보이는데….' 아저씨의 도움을 받으러 고

평소 호기심을 자극하던 악어를 드디어 루어로 낚아 올렸다.

선착장 아저씨는 애완동물 쥐듯 익숙한 솜씨로 악어를 붙들고 기념 촬영.

개를 돌리니, 실실 웃기만 할 뿐 꿈쩍을 않는다. 그러더니 두 손으로 목을 조르는 시늉을 한다. '그날 밤처럼 덥석 잡아 봐!'라고 말하는 것 같아 할 수 없이 결심을 했다.

낚싯줄의 텐션을 유지하면서 악어를 보트와 평행이 되도록 유도했다. 그리고는 재빨리 놈의 목을 잡아 단숨에 물에서 뽑아 올렸다. 한순간 '꿰엑, 꿱!' 하며 고개를 흔들며 저항했지만 손가락에 힘을 꽉 넣었더니 이내 얌전해 졌다.

●● 칠흑 같은 밤, 늪지대를 울린 악마의 숨소리

그날 밤 흡족한 기분으로 카이피리냐(사탕수수로 만든 브라질 술)에 취했다. 오랫동안 소원하던 악어를 낚은 것으로, 피라루쿠와 대물 피코크배스에 대한 집착을 일시적으로 잊을 수 있었다. 어느덧 취기가 많이 돌아 이제 그만 잘까 하고 있는데 아저씨가 '부스럭' 나의 해먹으로 다가왔다. 그리고선 어서 가자는 손짓을 했다. '이 밤중에 어딜 가?' 하는 눈빛을 보내자, 아저씨는 마치 장난꾸러기같이 웃으며, 그리고 조금은 거드름을 피우는 듯한 말투로 "피라루쿠!" 하고 대답했다.

나는 뭔가 사건이 일어날 것 같은 예감이 들어 해먹에서 뛰어내려 그의 뒤를 따랐다.

보트가 어둠속을 달리기 시작했다. 아저씨가 비추는 작은 빛만으로는 어디를 달리고 있는지 짐작조차 할 수 없었다. 행선지는 알 길이 없어도 어둠속을 달리는 것 자체만으로도 가슴이 설레었다. 때로는 라이트에 반사된 악어의 눈빛이 암흑 속에서 묘하게 빛났다.

밤낚시 미끼로 사용할 작은 물고기를 창으로 찔러 올리는 선착장 아저씨.

　도중에 보트가 멈췄다. 피라루쿠의 미끼로 쓸 작은 물고기를 잡기 위해서였다. 아저씨가 입에 문 라이트로 수중을 비추더니, 왼손으로는 노를 젓고 오른손에 든 작살로 작은 물고기를 차례차례로 찍어갔다. 중국 기예단도 놀라자빠질 대단한 기술에 내가 놀란 것은 말할 필요도 없다.

　그는 이렇듯 처음 만날 때부터 나를 놀라게 했다. 어느 날인가 '탄바키'라고 하는 매우 맛있는 물고기를 낚으러 가자는 이야기를 했을 때의 일이다. 먹이로 쓸 동물의 살코기가 없어 그가 엽총을 들고 나갔다. "지금부터 새를 잡아올 게!" 하더니 혼자 보트를 타고 사라졌다. 그리고 엔진 소리가 완전히 멀어지기도 전에 또다시 '과르릉' 하는 굉음과 함께 보트가 돌아왔다. '엔진 트러블로 돌아왔나?'라고 생각했는데 웬걸? 그의 손에는 큰 새가 쥐어져 있었다. 그 사이가 불과 5분? 도대체 언제 새를 쏜 것일까? 그는 나에게 있어서 마치 슈퍼맨과 같은 존재였다.

　미끼를 확보한 후 이윽고 도달한 곳은 라고아 지역에서도 가장 후미진 기슭. 갑자기 아저씨가 배에서 내리더니 어서 따라오라는 손짓

아마존의 고급 식용어로 손꼽히는 탄바키의 아종인 '피라칭거'.

을 했다. '아이구, 이 밤중에?' 하고 영문을 묻고 싶었으나 그의 단호한 행동에 한 마디 말을 붙일 수가 없었다.

온갖 수목이 얼기설기 얽힌 정글을 10분 정도 헤쳐 나아가니 갑자기 시야가 트이면서 뜻밖의 수면이 나타났다. 그가 발자국 소리를 죽이며 "여기다!" 하고 속삭였다. 가만히 숨소리까지 죽여가며 주변을 살펴보니 어느 정도 윤곽이 잡혔다. 라고아 주변의 늪지대로, 수몰된 나무와 수초들에 의해 출구가 막혀 고립된 것처럼 보였다. 그렇다면 수중으로는 라고아와 연결되어 있을 테고, 따라서 물고기의 왕래도 원활할 것이다. 더 없이 좋은 포인트라 생각되었다.

그런데 이 울창한 정글 늪지대에서 밤낚시를 하다니? 악어나 아나콘다가 있을지도 모르는데…. 나는 오래 전 TV에서 방영하던 「스네이크 헌터」라는 프로그램을 아주 좋아했다. 10m가 넘는 커다란 뱀을 찾아 정글을 여행하는 프로그램이었다. 사냥 팀의 대장이 밤에 물가에서 아나콘다의 습격을 받아 중상을 입기도 했는데…. 이곳에선 그런 일이 일어나지 않을까?

내심 불안감에 싸여 있을 때, 칠흑 같은 밤의 정적을 깨뜨리는 '푸억!' 하는 소리가 울렸다. "쉿~! 피라루쿠다!" 아저씨가 속삭였다. 그런데 방금 전 그 소리가 마치 악마의 숨소리처럼 생생해 가슴이 온통 방망이질 친다. 놈은 분명 대단한 파워를 가졌다. 나는 어둠에 대한 공포는 이미 잊은 채 낚싯대를 쥔 손에 불끈 힘을 가했다.

아저씨는 이미 작은 물고기를 꿴 채비를 투입하고 있었다. 낚시 방법은 아주 간단해, 수초 가장자리에 채비를 떨어뜨린 후 피라루쿠가 물었을 때 낚싯줄이 적당히 잘 풀려 나가도록 드랙을 느슨하게 풀어 놓고서 그저 기다리기만 하면 되는 것이었다. '이런 식으로 해서 피라루쿠가 잡힐까?' 반신반의하면서 그를 따라 채비를 넣었다. 얼마나 기다려야 할까? 깜깜한 밤, 쥐 죽은 듯 조용한 정글 속에서 알 수 없는 대어의 입질을 기다리는 긴장감은 어떻게 말로 표현할 수가 없다. 때때로 삐라냐라고 생각되는 육식어가 미끼를 건드리는 진동이 낚싯대에 전해져 깜짝깜짝 놀라게 했다.

하지만 그 긴장감은 오래 가지 못했다. 해가 졌다고는 해도 정글은 참기 힘들 정도로 여전히 더웠다. 풀숲에서 숨을 죽이고 있자니 등줄기를 타고 땀이 줄줄 흘러내렸다. 땀 냄새에 모기가 모이기 시작한다 싶더니 삽시간에 '웽웽' 하는 날개소리가 두 사람을 완전히 포위해 버렸다. 이어 노출된 피부는 성한 틈이 없을 정도로 엉망진창 물렸고 급기야는 온 몸이 가려워 미칠 지경이 되었다. 아저씨도 몹시 질린 듯 '보트로 돌아가자'며 팔을 끌어 당겼다. 그렇게 피라루쿠의 밤낚시는 어이없게도 1시간여 만에 종료돼 버렸다.

그러나 그것으로 끝이 아니었다. 그가 보트에 오르더니 "다음 포인트는 괜찮을 거야!" 하면서 다시 시동을 걸었다. '다음이라니? 이 아저씨, 여전히 객기를 부리는 건가?' 모기 물린 데의 가려움과 갑자기 몰려드는 졸음에 만사가 귀찮아졌지만, 그의 자신만만한 태도에 압도되어 또 한 번 기대를 걸어 보았다.

두 번째로 찾은 밤낚시 장소는 폭 25m, 길이 50m 정도로 강 본류

피라루쿠의 미끼로 사용되는 작은 물고기.

에서 크게 후미진 지형이었다. 입구에서 보트를 세운 아저씨가 물으로 내려가더니 3m 길이의 나무 2개를 잘라 와 '꾸욱꾹' 입구 양쪽에 나란히 박았다. 그런 다음 보트에 실린 그물을 내려 양쪽 끝을 나무에 매달았다. 그물로 입구를 봉쇄한 셈인데, 작업을 마친 그는 나를 기슭에 내려놓고서 혼자 노를 저어 물길 안쪽으로 나아갔다. '설마? 피라루쿠를 몰아서 그물로 잡을 생각은 아니겠지?' 마른 침을 삼키며 그의 동태를 지켜보는데, 갈수록 이상한 행동이다. 안쪽 가장자리에 도달한 그가 갑자기 유턴을 하는가 싶더니 이번에는 노를 치켜들고 수면을 두드리기 시작했다. 칠흑 같은 밤에 그 모습이 당연히 보일 리 없고, '텀벙! 텀벙!' 쉬지 않고 울려 퍼지는 소리로 충분히 느낄 수 있었다.

'저렇게 해서 피라루쿠를 잡은들, 과연 즐거울까? 도무지 이해가 되지 않았다. 곁으로 다가가 지켜보고 싶은 생각도 들었지만, 도무지 그 방법으로는 피라루쿠가 잡히지 않을 것 같았다. 그물로 입구를 막았다고는 하나 양쪽으로 틈새가 벌어져 있는 데다, 물 밑 바닥까지 완전히 차단하지 못했기 때문이다. 저건 아닌데, 저건 아닌데 하며 아무리 기다려도 그의 해괴한 행동은 끝날 줄을 몰랐다.

무려 1시간 후, 그런데 아니나 다를까! 아저씨가 쓴웃음을 지으면서 돌아왔다. 가쁜 숨을 몰아쉬는 그의 얼굴이 시뻘겋게 달아올라 있었고, 티셔츠는 땀에 젖어 눌어붙어 있었다. 언제나 슈퍼맨과 같이 빛나 보이던 아저씨의 모습이 갑자기 바보처럼 보이기 시작했다. 그러나 그것은 '피라루쿠, 피라루쿠!' 하고 노래하듯 주문을 해댄 내 탓이었다. 그는 내가 소원하는 피라루쿠를 어떻게 해서든 잡게 해주고 싶었던 것이다. 한밤중에 그렇게 수면을 두들기느라 지칠 대로 지쳐 어깨가 축 늘어진 그의 뒷모습을 보며 철부지 나 자신이 원망스러웠다.

이날 밤, 악마와 같은 그 늪지대의 숨소리와 아저씨의 어깨 처진 뒷모습이 머릿속에서 떠나지 않아 새벽녘까지 잠을 이룰 수 없었다. '피라루쿠는 역시 환상인가…'.

브라질

안녕, 나의 아마존. 다시 언젠가!

●● 마침내 8kg급 거물 피코크배스 포획

즐거운 날들은 눈 깜짝할 사이에 지나간다. 거물 피코크배스와 피라루쿠의 환영에 번번이 놀아나다가 드디어 마지막 날을 맞았다.

 높은 곳에서 강을 바라보며 아저씨가 잠에서 깨어나기를 기다리고 있었다. 오늘의 낚시가 끝나면 내일은 마나우스로 돌아가야 한다. 8년간 동경해 온 아마존, 그 소원을 하나하나 이룬 꿈 같은 시간의 아마존 낚시도 이제 끝내야 할 시간이 다가온 것이다.

 여느 때와 다름없이 아저씨가 손을 흔든다. 출격의 신호다. 비탈 아래로 줄달음치는 나의 발걸음이 그 어느 때보다 빠르다. "본지아!" (안녕!) 그런데 그는 대답이 없다. 씽긋 웃기만 하는 그의 얼굴이 쓸쓸하게 느껴진다. '이 웃음도 오늘로 마지막이구나…'

 보트에 오르기 전후해 흐르던 어색한 분위기는 그때 잠시뿐. 낚시를 시작한 30분 후부터 소나기 입질이 쏟아졌다. 작은 펜슬베이트로 같은 포인트를 집요하게 공략하는 중인데, 수몰 나무 그늘에서 갑자기 뛰쳐나온 피코크배스가 파도를 일으키면서 쫓아와 단번에 집어 삼킬 듯 루어를 습격했다. 불운하게도 후킹이 제대로 안 되었지만 족히 7kg은 돼 보이는 놈이었다. 가라앉았던 투지가 다시 불타올랐다. 이별의 시간을 앞둔 공허감은 잠시 접어두고 마지막 하루에 후회가 남지 않도록, 1투 1투 모든 캐스팅에 혼신을 쏟아 부었다. 그러자 이

마지막 오전 낚시, 60~70cm 피코크배스의 입질이 작열했다.

에 보답이라도 하듯 66cm와 70cm짜리 피코크배스가 잇따라 치솟아 올랐다. 최후를 장식해 주는 크기로는 다소 부족했지만, 그야말로 최후의 선물이 치솟을 것 같은 예감이 내 마음속에서 꿈틀대기 시작했다.

점심시간이 다가왔을 무렵, 쓰러진 나무가 밀집돼 있는 수심 얕은 포인트를 공략하고 있었다. 쓰러진 나무 사이로 루어를 던져 넣고 살짝살짝 머리를 흔들어주는 액션을 가하는데, 살짝 수면이 요동친다 싶더니 '첨벙!' 하고 입질이 왔다. 순간적으로 감아 들여 쓰러진 나무로부터 떼어놓는 데 성공하고 나니, 위기감을 느낀 놈이 머리를 좌우로 흔들며 온통 난리다. 한 차례 수면을 박차고 올라 바늘털이를 시도한 놈이 끝내는 저항을 포기하는데, 생각했던 피코크배스가 아니다. 보트에 올려진 놈은 내가 이곳에서 처음 보고 처음 이름 붙여준 '아마존의 고대어' 아로와나 Arowana. 75cm짜리로 이번 조행에서 낚은 아로와나 가운데 최대어였다.

아마존이 나에게 마지막(?) 선물로 보내준 아로와나를 아마존으로 되돌려 보낸 후 한낮의 휴식을 위해 아저씨의 집으로 돌아왔다. 오전 낚시에 만족한 우리는 한가로이 시간을 보내며 배가 터지도록 점심을 먹고는 가벼운 '시에스타(낮잠)'도 잤다. 오후 3시가 넘어서야 낚시가 시작되었는데, 아저씨의 아들이 보트를 젓고 나와 아저씨는 교대로 캐스팅을 했다. 그러나 두 명 모두는 그저 건성건성 열의가 없었다. 그럴 듯한 포인트가 있으면 서로 양보하며 캐스팅을 반복했다. 그와의 낚시가 이것으로 끝이라고 생각하니 새삼 쓸쓸함이 북받쳐 오르기도 했지만, 나는 느긋하게 흐르는 그 시간을 생생하게, 그리고 진심으로 즐기고 있었다.

그런데 어쩌면 무료할 수도 있는 분위기를 단번에 반전시키는 계기가 왔다. 라고아에서 홀쭉하게 이어진 안쪽 기슭에 이르렀을 때였

아마존의 고대어 '아로와나'도 작별인사를 잊지 않았다.

다. 문득 눈길을 사로잡는 풍경이 펼쳐졌다. 세 그루의 나무가 차례차례 겹쳐지듯이 수중에 쓰러져 복잡한 스트럭처를 형성하고 있었다. 루어를 던지기에 꽤 까다로운 포인트라고 생각되었지만, 가장 안쪽에서부터 루어를 통과시킬 수 있는 열린 지점 한 곳이 눈에 들어왔다. '저런 코스라면 틀림없이 나올 거야!' 순간적인 느낌과 함께 낚싯대를 들었다. 하나, 둘, 정확한 캐스팅을 위해 심호흡을 하는 도중, 나를 쳐다보던 아저씨와 시선이 부딪쳤다. 아무래도 그도 나와 같은 지점을 겨냥하고 있은 것 같았다. 짧은 침묵 속에 그가 턱을 쑥 내밀었다. '네가 던져라!'는 신호였다.

나는 씩 웃으며 소형 펜슬베이트를 스트럭처 가장 안쪽, 굵은 나무뿌리 밑으로 정확히 떨어뜨렸다. 곧바로 액션을 가하여 얼기설기 얽힌 나무에 루어가 걸리지 않도록 이리저리 유도하는 도중, 마지막 장애물을 막 벗어나려는 순간에 이르러 '품!' 하는 소리와 함께 루어가 빨려 들여갔다. 반사적으로 낚싯대를 힘껏 젖히자 팽팽한 중량감이 전해지는데, 낚싯줄을 차고 나가는 방향이 나무들이 얽힌 덤불 쪽이

마지막 오후 낚시에 극적으로 낚인 82cm, 8.2kg 피코크배스가 필자의 기록을 경신시켰다.

다. '이번에도 아로와나인가? 그런데 훨씬 더 큰 것 같다!' 나는 별반 긴장감도 없이 무조건 감아 들였다. 그러자 장애물 지역에서 열린 수면으로 끌려나온 고기가 어느 순간 공중으로 번쩍 뛰어올랐다. 아로와나가 아닌 피코크배스! 그것도 엄청 거물이었다.

그 거대한 몸집이 '철버덕!' 하고 다시 수면에 내리꽂혔을 때 나는 전신이 얼어붙어 한순간 움직일 수도 소리를 지를 수도 없었고, 아저씨는 "그란데!"(크다!)라고 외치다가 곧바로 중얼거리듯 "무이트 그란데!"(엄청 크다!) 하고 고쳐 말했다.

꿈결에 놀라기라도 하듯 거푸 두 차례의 챔질로 바늘이 완벽하게 파고들도록 했다. 그 다음의 기억은 나도 모른다. 정신을 차렸을 때는 보트 옆에 거대한 피코크배스가 큼직한 얼굴을 내비치고 있었다. 랜딩그립을 입에 끼워 넣은 아저씨가 거대한 몸뚱이를 들어 올려 두 팔에 안고선 "와하하하하!" 하고 크게 소리쳤다.

그로부터 피코크배스를 건네받아 나 또한 당당하게 들어보려 했지만 양손이 떨려 생각하는 것처럼 움직일 수가 없었다. 떨리는 손을 애써 억누르며 피코크배스의 입에서 루어부터 빼냈다. 아저씨가 마치 자신이 낚아 낸 것처럼 만면의 미소를 띠며 나를 칭찬했다. '드디어 해냈구나!' 나는 웃을 기력도 없이 기쁨의 미소만 흘려댔다. 계측 결과 마지막 피코크배스의 크기는 82cm, 8.2kg. 아마존은 마지막까지도 이렇듯 나에게 행운을 안겨 주었고, 나는 미소로 그에 답했다.

● ● '챠오, 그란데 아마존!' 더 없이 행복한 시간이 끝나다

이윽고 해가 저물어 아마존 마지막 낚시도 끝났다. 숙소로 돌아온 나는 아저씨와 술을 주고받으며 승리의 여운에 잠겼다. 거물 피코크배스를 낚은 흥분은 시간이 흘러도 안정되지 않았고, 나는 브라질 도착 이래 제일 맛있는 술에 빠졌다.

이상하게 몸은 취한 상태인 데도 정신은 맑았다. 밤하늘을 올려다보니 작은 빛 하나가 북쪽 하늘에서 남쪽으로 날아가고 있었다. '저것이 아마 마나우스발 상파울루행의 비행기일거야. 이틀 후에 내가 타야 할…' 이제는 정말 끝났구나 생각하면서도 엉뚱한 미련 하나가 떠올랐다. '끝내 피라루쿠는 못 낚고 가는구나….' 그런데 그때, 참으로 엉뚱한 제의가 귓전을 간지럽혔다. 아저씨였다.

"내일 아침, 한 번만 더하고 가지! 마지막으로 피라루쿠를 노려보자고! 마나우스는 점심 때 지나서 출발해도 늦지 않아!"

나는 그의 눈을 보고 빙그레 웃었다. 나의 웃음에 그가 더 기쁜 듯, 환한 웃음을 보냈다.

마지막 날 아침, 마카크가 외치는 시간이 되기도 전에 일어났다. 어둠이 채 가시지 않은 선착장으로 내려가니 아저씨는 벌써 출격 준비 중이다. 무엇인가 열심히 챙기는데 여느 때와는 그 종류가 다르다. 폭 25m의 거대한 그물에다, 미끼용 작은 물고기를 잡을 때 사용하던 작살…, 그뿐만 아니다. 우리가 탈 엔진 보트 뒤에 별도의 카노아(작은 배)까지 로프로 묶여져 있다. '이 엄청난 장비, 도대체 아저씨는 무얼 생각하고 있는 것일까?' 뭔가 또 엉뚱한 포획 작전을 개시할 것 같아 잔뜩 궁금했지만 모르고 구경하는 것이 나을 듯싶어 그냥 보트에 올랐다.

이리저리 한참을 돌아다녔지만 역시나 피라루쿠는 발견되지 않았다. 그도 그럴 것이 이곳에서 낚시를 한 지 12일 동안 피라루쿠의 모습을 목격한 것은 딱 두 번이었다. 그런 피라루쿠가 마지막 날이라고 극적으로 나타나 줄 리 있겠는가! 어쩔 수 없어 우리들은 피코크배스를 낚으면서 피라루쿠가 나타나길 기다리는 평소의 작전으로 변경했다.

'이것이 진짜 마지막이다…' 이런 생각을 거듭하며 내가 제일 좋아하는 슈퍼스푸크 루어를 활기차게 던지고 온갖 기교를 다했다. 가끔씩 피코크배스와 아로와나가 번갈아 뛰쳐나와 피라루쿠를 잊게 해 주었다. 아저씨 또한 소프트베이트 타입의 루어를 사용해 50cm 중반의 피코크배스를 끌어 올렸다. 어느 땐 대형급이 너무도 격렬하게 날뛰어 루어의 몸통이 날아가고 뼈대만 남아 돌아오기도 했다. 최후의 최후까지 아마존은 흥분과 경탄을 안겨 주었다. 한 가지만 생략한 채….

해가 점점 높이 솟아 철수할 시간이 가까워졌다. 하지만 초조하지는 않았다. 끝내 피라루쿠가 나타나지 않아도 지금까지의 낚시만으로도 충분하다고 생각했다. 그런데 종료 예정 시간이 한 시간 정도 남았을까? 보트로부터 50m여 거리에서 '첨벙!' 하는 소리가 울렸다. 아저씨가 서둘러 낚싯대를 노로 바꾸어 잡고서 무섭게 저어나가기 시작했다. 기적이 일어났다. 피라루쿠가 나타난 것이다. 이제 남은 것은 내가 기적을 일으킬 차례. 루어를 톱워터에서 크랭크베이트로 바꿔 달고 루어가 닿을 거리에 도달하기를 가만히 기다렸다.

스르르 보트가 피라루쿠의 점프 지점 20m 앞에 멈췄다. 아저씨의 손짓에 따라 크랭크베이트를 날렸다. 한 번, 두 번, … 열 차례 정도 날렸을까? 루어가 떨어진 지점을 살짝 벗어난 수면이 '첨벙!' 하고 또다시 갈라졌다. 놀란 가슴만큼이나 빠르게 루어를 감아들여 파문이 남은 지점으로 급히 루어를 날렸다. '퐁당' 하고 루어가 착수하자마자 릴링을 하는데, 마치 거짓말처럼 '쿠쿡' 하고 낚싯대가 끌려 들어갔다. 운신의 힘을 다해 챔질을 하는 동시에 사정없이 릴을 감았다. '철푸덕!' 하고 수면이 폭발하면서 은린을 번득이는 물체가 솟아올랐다. "피라루쿠다!" 하고 소리치는 순간, 그만 그것으로 끝이었다. 바늘털이에 성공한 피라루쿠다는 흔적도 없이 사라졌고, 바늘만 매단 낚싯줄은 흐느적흐느적 힘없이 릴에 감기고 있을 뿐이었다.

한동안 입을 뗄 수 없었다. 아저씨가 "페케뇨!"(작았어!) 하고 위로해 주었지만 대답조차 나오지 않았다. '이제는 끝났다…' 하는 생각과 함께 한숨만 터져 나왔다.

더 이상 낚시할 기분이 들지 않아 담배를 길게 뿜으며 공허한 시선으로 근처를 멍하게 바라보고 있었다. 그런데 또 그때, 70m 정도 떨어진 작은 골창에서 '첨벙' 하는 소리가 울렸다. 앞선 두 차례의 울림보다 훨씬 더 큰 소리였다. 정신없이 낚싯대를 찾아 들고 일어서는데, 흥분한 나머지 담배연기에 숨이 막혀 콜록거렸다.

이번에는 아저씨가 나를 붙잡아 세웠다. 그리고는 작살을 손에 들고 카노아로 옮겨 탔다. 잠깐 기다리고 있으라는 신호를 보내고는 엄청난 기세로 노를 저어 갔다. '물고기를 몰아서 잡을 생각인가?' 하고 실망했지만, 그렇다고 어쩔 수는 없었다. 이번은 그의 차례인 것이다. 결국 상황을 조용하게 지켜보기로 했다.

무서운 속도로 그 장소에 도달한 그는 그물로 골창을 봉쇄하기 시작했다. 곧이어 봉쇄한 골창 안으로 카노아를 저어 들어가더니 이번엔 작살로 수중을 찌르기 시작했다. 첨벙첨벙 날카로운 작살이 이곳저곳 수면을 뚫었다. 그리고 그물로 둘러싼 공간을 서서히 좁혀 가더니 이윽고 작은방 크기의 공간으로 만들었다.

나는 담배를 피우며, 손에 땀을 쥐며, 숨 죽여 그 광경을 지켜보았다. 바로 그때, 그물로 둘러싸인 공간 안에서 '첨벙!' 하는 소리와 함께 굉장한 물보라가 솟아올랐다. '녀석이었구나!' 아까 그 놈인 듯한 피라루쿠가 그물 안에서 미친 듯 날뛰기 시작했다. 단숨에 목이 타고 가슴이 극한 상황으로 방망이질했다. 나는 담배를 끄고 벌떡 일어섰다. 아저씨는 보다 더 재빠르고 날카롭게 작살을 꽂기 시작했다. 마른침을 꼴깍 삼키며 나는 '그 순간'을 기다렸다.

그러나 갑자기 허망한 생각이 떠올랐다. '그만 두자…, 나는 저 괴물을 내 손으로 잡아야 한다. 그러니까 언젠가 저 녀석을 찾아 다시 오면 되는 거다. 반드시 다시 와야지! 그러니 여기선 그만 두자….'

그러나 이런 나의 생각과는 상관없이 아저씨의 마지막 일격이 가해졌다. 그리고 그의 머리가 이쪽으로 돌려졌다. '성공한 건가?' 그러나 그는 머리를 두어 번 옆으로 가로젓더니 이내 고개를 떨어뜨렸다. 피라루쿠가 그만 그물 틈새로 도망쳐버린 것이었다. 결국 우리들의 피라루쿠 사냥은 이렇게 실패 결국나고 말았다. 하지만 그 실패는 오랜 세월이 흐른 6년 후, 나로 하여금 다시 아마존을 찾게 만든 계기가 되기도 했다.

'아저씨! 나, 약속할게. 언젠가 반드시 돌아오겠어! 또 함께 낚시할 수 있다면, 그때는….'

나를 태울 보트가 선착장에서 기다리고 있었다. 수상가옥 사람들이 모두 나와 작별 인사를 건넸다. 정 많고 고마운 분들이었다. 특히 숙소 주인 '제리' 씨가 그랬다. 실은 나는 이곳의 낚시 재미에 빠져 체류 일정을 하루하루 연장하는 바람에 여행 경비를 바닥내고 말았다. 거의 무일푼 상태였는데, 상파울루까지 가는 여비 300달러를 제리 씨가 빌려 주었다. 현지민들에게는 큰돈이라고 생각되는 금액을 기약 없는 타국의 일본인에게 성큼 내어준 것이다. 만일 그가 없었다면 나는 아직도 아마존에서 살고 있을지도 모른다.

그리고 호탕한 얼굴의 아줌마와 그의 딸 '보니타' 자매…. 다음 이곳을 방문할 때까지는 아마조네스가 되어 있지 않기를 빌고 또 빌었다. 끝으로 아마존과 함께 영원히 내 추억 속에 남을 더벅머리 아저씨, 미스터 '네가오'. 이별의 시간 앞에 오히려 쌀쌀맞게 말도 붙이지 않는다고 생각했는데, 그 아저씨가 돌연 울기 시작했다. 큰 몸을 쪼

그리고 손으로 얼굴을 가리는 모습이 죄송하지만 귀엽기조차 했다. 정말로 모두가 즐겁고 감사한 나날들이었다.

아마존에서 나는 무력했다. '내가 아마존 여행을 했다'가 아니라 '아마존이 내게 여행을 시켜주었다'라고 생각했다. 작은 나를 거기까지 이끌어 준 모든 사람들에게 그래서 더욱 감사를 드렸다.

숙소 주인 제리 씨가 빌려준 300달러로 나는 1개월 반 만에 무사히 일본의 집으로 돌아왔다. 창 밖에 펼쳐진 은빛세계를 바라보노라면 나 자신이 속한 도시가 오히려 낯설고 한숨마저 나오게 한다. 납과 같은 색으로 둔하게 빛나는 하늘과 잎새 없는 가지에 잔뜩 눈을 두른 나무들. 한겨울의 아키타秋田는 색채와 움직임을 잃은 수묵화의 세계일 뿐이다. 아키타인에게는 익숙한 풍경이지만, 아마존의 색깔과 소리와 냄새가 아직도 내게 남아 자꾸만 낯설게 보이는 것이다…. 불과, 아니 벌써 1개월 전의 일인데, 그곳에 있었던 일들이 어제도 오늘도 환영처럼 되살아난다. 다시 찾을 그날을 기다리며 아마존과 그곳 사람들을 향해 거듭 인사를 해 본다.

"챠오, 그란데 아마존! 오브리가도. 아임 페케뇨 타케."

(잘 있거라, 거대한 아마존! 고맙다. 조그만 타케로부터)

6 다시 아마존
Again, Amazon

정글의 황금색 맹호猛虎 도라도

6년만의 꿈 이루려 다시 아마존으로 ●

아마존, 거대한 악어 포획 대작전 ●

파라과이, 브라질
6년만의 꿈 이루려 다시 아마존으로

● ● 술 취한 선장과 황금색 맹호 도라도Dorado

대지를 뒤흔드는 거대한 폭포 앞에 선 나는 '아, 돌아왔구나' 하는 감격에 젖었다. 2009년 여름, 6년 만에 다시 남미대륙을 찾은 나는 브라질·파라과이·아르헨티나의 국경을 거쳐 이곳 이구아수폭포Iguazu Falls 앞에 섰다. 아열대의 밀림에서 분출되는 어마어마한 수량이 폭 4km, 최대낙차 80m를 이뤄 내리면서 세계3대 폭포로서의 위용을 떨친다. 하류로 흐르고 흘러 브라질 남부의 파라나강Rio Paraná과 합류하는 이 이구아수폭포는 아르헨티나와 파라과이와의 국경을 만들고 이윽고는 대서양으로 흘러나간다. 이 수계에 황금빛 찬란한 괴어, 나의 꿈 '도라도Dorado'가 도사리고 있는 것이다.

6년 전 11월, 이 도라도를 노려 브라질을 방문했지만, 시기가 마침 금어기 한가운데였다. 그러한 기초지식도 갖추지 않은 채 일본에서 지구 반대쪽 머나먼 길을 무턱대고 달려갔으니, 그때는 물론 지금까지도 자신의 멍청함이 용서되지 않는다. 낚시도 못하고 눈물을 머금었던 옛 추억이다.

파라과이의 파라나강을 따라 달리는 시골길의 로컬버스는 심하게 흔들렸다. 관광객이라곤 없는 루트이기 때문에 이방인의 얼굴이 당연히 이상하게 보일 것이다. 가끔 현지인이 말을 걸어오는데, 무슨 말을 하는지 몰라 그저 웃음을 지어 보일 뿐 달리 대꾸할 방법이 없다. 손짓발짓의 안타까운 커뮤니케이션, 때로는 마음씨 고운 사람들

아열대 밀림에서 분출된 수량이 80m 낙차를 이루는 이구아수폭포(Iguazu Falls).

의 도움을 받기도 하고, 그냥 바람 부는 대로 흐르다가 행운까지 겹치는 등, 어떻든 목적한 강변의 작은 마을까지 무사히 다다랐다.

이 마을은 어쩌면 6년 전에 올 수도 있었다. 그때 브라질 상파울로의 동양인 거리에서 일본계의 한 주민을 알게 되었는데 낚시를 좋아하는 인재파견회사의 사장이었다. 그로부터 "크리스마스 휴가로 가족과 함께 도라도낚시를 가는데 함께 가지 않겠느냐"는 고마운 권유를 받고서 귀가 번쩍 띄었지만 결국은 함께 하지 못했다. 곧 여행 자금이 바닥 나 무일푼이 되는 바람에 일본으로 억지 귀국을 할 수 밖에 없었다. 그때의 기회를 놓치고 6년의 세월이 흐른 지금에야 이 마을을 찾게 된 것이다.

버스 옆자리에 앉은 친절한 백인 아줌마와 함께 종점에서 내렸다. 커다란 짐을 등에 메고 말도 잘 못하는 외국인이 걱정되었던지 아줌마는 아는 사람의 숙박업소로 데려가 주었다. 간판도 걸려있지 않은 작은 숙소였지만, 안도감에 젖은 나는 짧은 스페인어로 "그라시아스!"(고맙습니다!)를 몇 번이고 반복했다. 그들 스페인어를 겨우 절

세계3대 폭포로 꼽히는 이구아수 폭포수는 이곳으로부터 흘러 브라질 남부의 파라나 강(Rio Paraná)으로 유입된다.

늘 술과 미소로 가득한 마음씨 좋은 선장 '루이스' 씨.

반밖에 알아들을 수 없었지만 이후 이야기는 점차 박자를 맞춰갔다. 숙소 주인의 소개로 다음날 아침부터 어부가 배를 내어 준다고 했다. 드디어 꿈에도 그리던 괴어, 도라도를 만날 수 있게 된 것이다.

다음날 아침, 약속보다 조금 늦게 와 담배를 입에 물고 선 어부는 언뜻 인상이 좋아 보였다. 마을 외곽의 항구로 나가 몸체가 폴리에틸렌으로 건조된 작은 배를 타고서 파라나강으로 향했다. 일단은 소형 엔진이 붙어있지만 강폭이 2km나 될 것 같은 대하에 이르러서는 좀 걱정스럽게 느껴졌다. 더욱이 어부는 배를 띄우고부터는 맥주 캔을 차례차례로 비워나갔다. 극도의 알코올중독인 것 같았다. 친절한 아저씨이긴 하지만 조금은 불안한 출발이었는데…

파라나강은 너무도 광활하고, 진흙탕으로 흐려진 물빛이 천천히 거의 변화도 없이 끝없이 흘렀다. 도라도의 포인트는 전혀 짐작조차 할 수가 없었다. 우선은 아저씨에게 키를 맡기자 그의 조종은 한 점의 주저함도 없이 강을 일직선으로 거슬러 올랐다. '이 아저씨, 좋은 포인트를 알고 있구나!' 안심하고선 나도 따라서 슬슬 맥주 캔을 열었다. 그로부터 황금 괴어와의 만남은 순식간이었다.

아저씨가 배를 멈춘 것은 속력을 내기 시작한 지 약 30분 후. 평평하고 변화가 없는 물 흐름이 강바닥에 가라앉은 바위에 의해 아주 조금 변화를 보이는 포인트였다. 배의 엔진을 멈추더니 캐스팅을 재촉했다. 지금까지 보아 온 곳 중에서는 그래도 물 흐름이 좋은 지점 같았지만 그다지 고기가 숨어있으리라고는 생각되지 않았다. 반신반의하며 표층을 겨냥한 미노우로 탐색에 들어갔다.

그런데 이게 뭔가? 배를 흘리기 시작하자마자 입질이 왔다. '털컥!' 순간적이긴 하지만 강렬한 충격이 낚싯대에 와 닿았고, 엷은 밀크커피 색깔의 수면 위로 황금빛 어체가 춤을 추었다. 실로 눈 깜빡할 사이에 수면 위로 치솟은 고기는 그대로 수중으로 머리를 처박고는 그것으로 끝이었다. 점프 한 번으로 루어를 털어버린 것이다. 그리고 그런 일이 세 번, 네 번이나 반복되었다. 나는 훅킹이 좋아지길 고려해 미노우를 표층보다는 중층으로 들어가는 종류로 교환했다. 물 흐름이 수중 바위에 부딪쳐 약간의 소용돌이를 이루는 지점으로 루어를 통과시키자 또다시 황금빛 물고기가 수면 위로 치솟아 공중제비를 돌았다.

나는 무아지경에서 릴을 감아 돌렸고 인정사정없이 놈을 끌어 들였다. 단숨에 배로 올려져 온 몸을 펄떡이는 놈은 지난 6년 동안이나 벼르고 별러 오던 그 도라도였다. 처음 잡아보는 도라도는 61cm로 그다지 크지는 않았지만 가슴 벅찬 감동이 밀려와 두 다리가 떨릴 정도였다.

한 마리를 낚은 후로는 순조롭게 마릿수가 늘었고 그로부터 5일간 총 23마리를 올렸다. 바이트 수는 도합 79회, 놓친 것이 29회에

드디어 파라나 강에서 꿈에도 그리던 황금빛 '도라도'를 올렸다.

달했을 정로로 소문 그대로 도라도는 가히 바늘털이의 명수였다. 민첩하고도 불규칙적인 유영, 화려한 도약에 잠시 눈길을 뺏기다 보면 놈은 순식간에 강바닥으로 처박아버리곤 했다. 그러나 도라도의 당길 힘은 기대한 만큼 엄청난 것은 아니었다. 강한 태클로 강제로 끌어당기면 60cm 정도의 사이즈라면 금방 끌려나오는데, 마지막 뜰채에 담을 때 또 한 차례의 위험이 따랐다. 잘못하여 헛손질이라도 하게 되면 금세 바늘을 뱉어버리므로 무조건 속전속결이 좋다는 결론에 도달했다. 한 마디로 점프를 허용해선 안 될 일이었다.

그러나 나는 여전히 도라도를 얕보고 있었다. 어느 날, 강 위에 떠 있는 큰 섬 주위를 공략하고 있을 때였다. 물 흐름이 섬에 막혀 거칠게 파도치며 격류를 이루는 주변으로 배를 흘리면서 사이즈가 큰 미노우를 멀리 던져 세찬 물 흐름을 가로지르는 순간, 거대한 도라도가 멋지게 걸려들었다. 그런데 겨우 30여초 공방을 벌였을까? 갑자기 낚싯줄이 느슨해져 회수해 보니 바다낚시용 대물 바늘이 쭉 뻗어버린 채로 돌아왔다. 목제 루어의 뒷부분 또한 사정없이 깨져버려 내부를 관통하는 와이어가 그곳 깨진 틈으로 삐져나와 있었다. 선장 아저씨로부터 "드랙을 좀 더 느슨하게! 너무 서둘지 말고 신중하게!"라는 주의를 받고서야 내가 너무 심하게 굴었다는

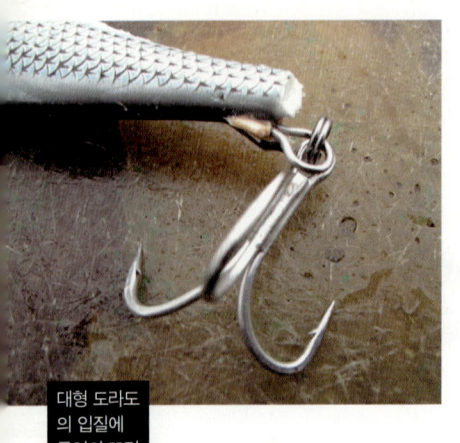

대형 도라도의 입질에 루어의 꼬리 부분이 깨지고 바늘도 휘어졌다.

점을 깨달았다.

급히 루어를 보수하고는 같은 포인트에 배를 흘렸다. 섬 상류 부위, 물 흐름이 격류로 변하기 시작하는 지점에 루어를 투입 시키자마자 또 입질이 왔다. 손에 전해지는 강렬한 충격이 역시 대물임을 확신케 했다. 이번엔 드랙을 느슨하게 조정했고, 고기의 저항에 맞춰 손가락으로 낚싯줄을 눌러가며 신중하게 끌어들였다. 드디어 배 옆으로 커다란 황금빛 물체가 떠올라 선장의 뜰채가 수면을 파고들었다. 하지만 어림도 없다. 뜰채가 작아 고기의 몸통이 절반도 들어가

파라나강은 대형급 '도라도'의 보고였다.

강한 탐식성을 상징하는 도라도의 이빨.

지 않는다. 아저씨는 당황하면서도 냉정함을 잃지 않고 손으로 붙잡아 배 위로 끌어 올렸다. 눈앞에 '털썩!' 하고 도라도가 굴렀다. 나는 기쁨에 넘쳐 술 냄새가 진동하는 아저씨를 끌어안고 절규했다. "야, 해냈다. 해냈어!"

저녁 무렵, 선착장 방향으로 돌아가면서도 연안을 난사하듯 계속 공격을 감행했다. '내일은 브라질로 돌아가야 하는 날, 지금 이대로 선착장에 배가 도착하게 되면 이번 조행도 끝이다. 미련 없이 실컷 즐기자…' 이 같은 나의 미련을 자극이나 하듯 파라나강은 도무지 나를 쉬게 내버려 두지 않았다. 연안의 수면 위로 무수히 드리워진 고사목을 향해 차례차례 루어를 때리자 황금의 탄환이 작렬하듯 입질이 쏟아졌다. 입질의 3분의 1정도밖에 잡을 수는 없었지만 놓치더라도 금방 또 입질이 왔기 때문에 애통할 필요가 없었다. 그저 수렵본능에 따라 캐스팅을 계속할 뿐이었다. '이대로

교통사고로 걸려 나온 '카스쿠드' 라는 희귀종.

영원히 흘러가며 계속 낚시를 할 수 있었으면….' 이에 파라나강이 '그래, 얼마든지… 그리고 다음에 또 와!'라고 유혹하듯 나에게 행복한 한순간을 부여해 준 것 같았다.

●● 아마존, 거대한 악어 포획 대작전

일본계 브라질인 친구 '실비오'가 운전하는 경차를 타고 브라질 서쪽 끝으로 향했다. 실비오의 친구가 볼리비아 국경 근처의 정글 속에서 약 4만 헥타르에 달하는 광대한 목장을 경영하고 있다고 했다. 그 농장 일각에 둘레 500m정도 되는 작은 저수지가 있는데, 그곳에 4m가 넘는 거대 악어 종류인 블랙카이만Black Caiman이 우글거린다는 얘기까지 덧붙여졌다. 이 책을 여기까지 읽어 온 분이라면 이미 알고 계시겠지만, 나의 낚시 대상어는 폭이 아주 넓어 물고기 이외에까지 미치고 있다. 아니, 오히려 나는 물고기보다도 파충류 등 온갖 잡스런 쪽을 좋아하는 변태 조사釣士일지도 모른다. 결국 그 이야기에 즉석 화답, 뜻밖의 거대 악어낚시가 시도된 것이다.

지루하리만큼 아무런 변화도 없는 산길을 서쪽으로 계속 달렸다. 오랫동안 화제가 끊긴 채 차 안은 온통 침묵만 흘렀다. 실비오가 극도의 스피드광이라 고물 경차를 시속 150km로 달리고 있었기 때문이기도 했다. '이런, 브라질 사람은 모두 F1 레이서인가?' 하고 내심 질린 마음으로 손에 식은땀을 쥐던 그때였다. 작은 동물이 돌연 도로를 가로지르는 바람에 자동차가 급정거했다. 창문으로 얼굴을 내밀어 보니 정체를 알 수 없는 작은 동물이 도로변의 덤불 속으로 도망가고 있는 모습이 눈에 들어왔다. 차에서 뛰어내려 5분정도 추적해 어찌어찌 포획을 했다. 스페인어로 '무장한 작은 것'이라는 뜻의 이름을 지닌 '아르마딜로'였는데, 몸통이 온통 갑옷 같은 것으로 덮여 있는 희한한 동물이었다. 처음으로 실물을 본 나는 기쁨을 감출 수

보기에는 귀여운 '아르마딜로'. 하지만 지독한 냄새를 풍긴다.

없었지만 뜻밖에도 냄새가 너무 심했다. '방귀벌레 100마리를 한꺼번에 뭉쳐놓은 것 같은 엄청난 악취'에 크게 얼굴이 찡그려지고 쓴웃음이 나왔다.

그로부터 2시간 후, 자동차는 포장도로를 벗어나 붉은 흙먼지 흩날리는 오프로드를 달렸다. 차체의 틈으로부터 들어오는 분진을 겨우 참아가며 1시간을 달리자 이윽고 나무로 만들어진 문이 나타났다. 실비오가 "여기부터가 친구의 땅이야!"라고 말했지만, 그 후로도 친구의 집은 나타날 기미를 보이지 않았다. 그도 그럴 것이 친구의 목장은 4만 헥타르라는 어마어마한 넓이다. 시속 70km로 약 40분을 더 달려서야 집 앞에 도착했다. '대문을 통과하고서 현관까지 차로 40분이라?…' 좁은 섬나라에서 온 나는 놀라움을 감출 수 없었다.

도착 후 얼마 되지 않아서 인사는 나누는 둥 마는 둥 하고 실비오의 친구로부터 저수지를 안내받았다. 초대형 악어의 보고라고 하는 그 저수지는 집으로부터 50m도 떨어져있지 않은 코앞이었다. 저수지 중앙에 가로놓인 다리 위에서 주변을 둘러보니 거대한 검은 그림

일본계 브라질인인 '실비오'가 악어 새끼를 낚아 들었다.

자가 여기저기 떠 있다. 실비오의 친구이자 목장 주인인 '기레미' 씨에 의하면 "1주일 전, 말이 물을 먹으려다 '앗' 하는 순간에 물속으로 끌려들어갔는데 그 사체가 아직 떠오르지 않고 있다"고 했다.

짐짓 겁주기 위한 농담일 수도 있다고 생각하면서 나는 물가로 접근해 신속하게 카이만의 먹이가 되는 작은 물고기를 확보하는 데에 힘을 기울였다. 소형 루어를 던지자 '삐라냐'가 생각보다 쉽게 잡혔다. 4마리를 확보한 뒤 저수지 중앙에 걸쳐진 다리 위로 올랐다. 드디어 초대형 악어, 카이만 사냥이 시작된 것이다.

릴과 낚싯대는 가물치 전용, 낚싯줄은 PE 120파운드. 그 끝에 1m 정도 와이어 리더를 이중으로 묶고 낚싯바늘 또한 초대물용으로, 2m가 넘는 아마존 메기를 상대하는 용도의 것이다. 이 바늘에 악어가 좋아하는 삐라냐를 한 마리 꿰어 수면에 던지자마자 기다렸다는 듯이 카이만이 차례차례로 다가와 예리한 이빨이 돋은 커다란 아가리를 공중을 향해 쩍하고 벌렸다. 다리의 난간 부위가 곳곳에 썩어 '혹시나 떨어지면 확실하게 먹히겠구나!' 하는 생각에 내심 불안해

삐라냐 먹이를 가로채려 서로 싸우는 '블랙카이만'.

다리 위에서 악어와의 사투가 벌어졌다.

졌다. 떼거리로 달려들어 물어뜯는 악어에 비명 지르는 내 모습을 상상하고는 식은땀이 흘렀다.

먹이 쟁탈전은 무리 중에서도 가장 큰 놈 차지로, 작은 삐라냐를 파리 나꿔채듯 물고서 중심부를 향해 승리를 자랑하듯 유유히 헤엄쳐 갔다. 기레미씨가 "아직 챔질하지 마! 완전히 삼킬 때까지 기다려!" 하고 조언을 했다. 나는 카이만의 움직임에 맞추어 낚싯줄을 조금씩 풀어주며 예의 상황을 주시했다. 카이만이 30m 정도 헤엄쳐가더니 삐라냐를 본격적으로 먹기 시작했다. 이때다! 혼신의 힘을 다해 2번, 3번 크게 챔질을 했다. 그 순간, 카이만이 몸통을 비틀면서 발악을 시작했고 나는 당황해 어쩔 줄을 몰랐다.

10분 정도의 공방전을 펼쳐 카이만을 다리 아래까지 끌어내는데 성공했지만 괴물은 아직 괴력을 발휘하지 않은 것 같았다. 다리 밑으로 잠수해 유유히 빠져나가더니 이번에는 반대편을 향해 엄청난 기세로 달아나기 시작했다. 허리가 꺾여 다리 난간에까지 닿아버린 낚싯대가 '끼긱! 끼긱!' 하고 울었다. 와장창 부러지기 직전에 기레미씨가 도움의 손길을 주었다. 그가 다리 난간 반대편으로 몸을 뻗어

다리 부근까지 끌려 왔다가 방향을 바꾸는 악어.

낚싯줄을 잡았고, 이에 나는 낚싯대를 저수지로 던졌다. 그러자 그가 낚싯줄을 손으로 잡아당겨 낚싯대를 구출했다. 운 좋게 다리 아래로 낚싯대를 통과시키는 일에 성공하고서 다시 파이팅 개시! 다음에는 다리에서 기슭으로 뛰어내려 카이만을 쫓았다. 그러나 단 한 번 눈앞까지 끌려 왔을 뿐, 또다시 중심부로 달아난 카이만은 낚싯줄을 단번에 끊고서 도망쳐버렸다.

의기소침, 모두가 바라보고 있는 다리로 돌아왔다. 카이만의 대단한 파워에 공포를 느낀 나는 일단 소형 사이즈로 목표를 수정했다. 그 정도는 확실하게 포획할 수 있을 것 같은 자신감이 생겼다. 곧바로 2m 정도 됨직한 새끼악어가 미끼를 물었다. 단숨에 낚싯줄을 20m 가량 차고 나갔지만 드랙을 단단하게 조이고 정면승부를 걸었다. 소형이라고 얕본 탓일까. 몇 번인가 발밑까지 끌려와서는 번번이 저항을 했다.

10분 후, 카이만이 피로해졌는지 저항을 멈췄다. 그렇지만 나도 그 이상으로 지쳤다. 물가에서 큰 입을 벌리고 이쪽을 노려보는 카이만을 멍하니 바라볼 뿐이었다. '어떻게 해야 뭍으로 올릴 수 있으

2m 정도의 어린 악어지만 엄청난 저항에 쩔쩔매는 필자.

거대한
낚싯바늘이
입 안에…

려나…' 궁리하고 있는데, 기레미씨가 "나에게 맡겨!" 하더니 로프를 손에 들었다. 그러더니 고리를 지은 로프를 휘둘러 멋지게 카이만의 입을 묶어버렸다.

"과연 카우보이시군요!" 하고 인사말을 건네자 "이놈은 아직 새끼라서…" 하며 씨익 웃었다.

휴식을 취한 후 다시 대물을 노리기로 했다. 이번에는 낚싯대로만

자동차에 연결한 밧줄을 함께 당기며 영차~ 영차!

싸우겠다는 생각을 버렸다. 카이만이 미끼를 문 직후부터는 로프를 던져 목에 걸고 모두가 잡아당기는 요령으로 끌어올리겠다는 작전을 세웠다. 그것이 낚시냐고 묻는다면 할 말은 없지만 수단을 가리지 않고 의지로라도 잡아버리겠다는 각오에서였다.

다리 아래에는 아직 5~6마리의 카이만이 먹잇감이 언제 내려오느냐는 듯 기다리고 있었다. 무리 중에서 가장 큰 놈을 선택해 그 머리 위에 미끼를 늘어뜨려 유혹을 했다. 놈은 도약도 하지 않은 채 그냥 머리를 수면 위로 들어 올려 미끼를 덥석 물었다. 그 순간, 기레미 씨가 로프를 던져 멋지게 놈의 위턱을 걸었다.

나는 낚싯대를 던져버리고는 일행들의 줄다리기에 가세했다. 머리를 좌우로 흔들어 바늘을 빼내려는 카이만의 중량이 로프를 타고 직접적으로 전해져 왔다. 그리고 머리를 좌우로 크게 휘두르며 발악하는 카이만에게 이리 비틀 저리 비틀 시달리던 중 부상자가 발생했다. "아악!" 하는 비명소리에 돌아보니 후방에서 로프를 붙잡고 씨름하던 실비오씨가 로프의 마찰로 손가락에 화상을 입은 듯했다. 손가락을 움켜쥐고선 찡그린 얼굴로 그가 말했다.

"안 되겠어. 자동차로 끌어당길 수밖에 없겠어!"

그가 주차장을 향해 줄달음을 치는 사이, 그간 구경만 하던 브라질 아저씨가 가세해 다시 3명의 줄다리기 선수들이 힘을 뭉쳤다. 카이만이 버티고 선 지점에서 연안까지는 약 30m. 3명의 선수들이 온 힘을 다해 어찌어찌 기슭까지 끌어왔다. 그러나 육지에 앞발이 닿은 카이만은 육지의 네 발 달린 짐승처럼 요지부동 앞발로 버텨 아무리 힘을 가해도 더 이상 꼼짝을 하지 않았다.

상황을 타개하려는 고육책이었을까. 도중에 가세한 브라질 아저씨가 잘린 나무기둥 하나를 주워오더니 카이만의 머리 위로 힘차게 던졌다. '쾅!' 하고 커다란 소리가 울렸고 이에 놀란 카이만이 물속에서 데굴데굴 구르듯 몇 차례 회전을 했다. 그 바람에 맨 앞에 있던 나는 로프에 그만 팔이 빙빙 감겨 악어에게 물린 것보다 더 아픈 비명을 질러댔다. 겨우겨우 로프를 흔들어 풀었지만 순식간에 팔에 피멍이 들어 나도 모르게 고함을 지르고 말았다.

"아저씨, 갑자기 뭘 한 거야? 조금만 늦었으면 팔 잘릴 뻔 했잖아!"

그러나 그 소동으로 인해 카이만의 전신이 육지로 올라왔다. 동시에 실비오씨가 자동차를 몰고 도착했다. 카이만에 연결된 로프를 자동차에 걸고 엔진을 최고로 돌리면서 급발진! 너덜너덜한 고물 경차라고는 해도 역시 자동차의 힘은 절대적이었다. '지지지지직' 거대한 카이만은 우리들 눈앞을 미끄러지듯 끌려 올라왔다. 어휴! 이게 낚시냐, 뭐냐? 황당한 악어 포획 대작전이었다.

자동차에 끌려나온 악어의 꼬리를 붙들고….

Picture Gallery — 아마존

위풍당당한 레드테일 캣피시.

어뢰처럼 질주하는 비쿠다.

밤낚시 도구는 랜턴과 노, 그리고 작살이다.

아마존하면 역시 이빨 무시무시한 삐라냐가 떠오른다.

421

미지의 괴어가
계속 존재하길 기원하며

내 방의 벽에는 유라시아대륙이 그려진 큰 지도가 걸려 있다. 그 지도를 바라보면서 아직 방문하지 않은 나라에 대한 상상의 나래를 펼치거나 여행한 나라에 대한 추억을 떠올려보는 때가 나는 가장 즐겁다. 나는 여행을 할 때마다 검정 펜으로 내가 거친 육로와 해로의 여정을 표시해 왔는데, 이제 일본에서 시작되는 선이 지도 위를 종횡무진 뻗게 되었다. 직선거리로 따지면 지구 한 바퀴를 가뿐히 넘는 거리가 될 것이다.

그러나 아직 부족하다. 아직도 낚고 싶은 괴어가 세계 도처의 물가에 존재한다. 유라시아대륙에 군림하는 거물급 메기인 '유럽대왕메기'. 지금은 남획으로 대형 개체가 감소했다고는 하나, 여전히 5m에 달하는 개체도 포획되고 개나 어린아이를 집어삼켰다는 옛날 이야기도 남아 있다. 또한 최대 3m에 달하는 북미 최강의 괴어, '앨리게이터 가'도 있다. 악어를 방불케 하는 용맹스런 모습인 데다, 때로는 대형 물새를 공격할 정도의 포식성을 자랑한다. 이런 괴물들의 모습을 떠올리노라면 나는 갑자기 이성을 잃고 당장이라도 뛰쳐나가고 싶은 충동에 휩싸인다.

그리고 이 책의 '아마존 편'에서 소개한 것처럼, 결국은 잡지 못한 고대어(古代魚) '피라루쿠'를 비롯, 딱 일보 직전에 놓치고 만 식인 메기 '쟈우'에게도 재도전하지 않으면 안 된다.

지금까지 낚은 괴어 중에서 가장 기억에 남는 한 마리를 꼽는다면, 2001년 몽골에서 낚은 첫 타이멘이다. 말을 타고 출릇강을 향한 나는 들개에게 쫓기고, 말 등에 엉덩이가 짓무르기도 했다. 또한 흥분해 질주하는 말 위에서 비명을 질러대기까지 했다.

우연히 만난 친절한 몽골인들의 도움으로 꿈에 그리던 타이멘을 품에 안은 것은 일본을 떠난 지 무려 16일째 되던 날이었다. 그 후부터 나는 무엇인가를 진지하게 구하며 여행을 하는 재미를 알게 되었다. 그러나 그날의 타이멘을 넘는 감격의 한 마리는 아직도 만날 수 없었다.

나는 그 이유를 스스로 알고 있다. 여행 경험이 오래 쌓이면서 문화가 다른 사람들과의 교류, 목적한 물고기에게 다가가기 위한 방법을 터득한 나머지 여러 가지를 예측해버리는 습관이 생겼기 때문이다. 나는 이제 어떤 괴어를 손에 넣더라도 이미 저 예측 불가능했던 여행에서 낚은 타이멘을 넘어서는 물고기는 만날 수 없을지 모른다.

하지만 세계는 넓고, 아직 아무것도 모르던 그 시절로 나를 돌려보내줄 비경이 남아 있음에 틀림없다. 미지의 괴어가 계속 존재하기를 기원하며, 앞으로도 세계 어딘가의 물가로 나의 여행이 계속될 것을 굳게 믿는다.

2010년 2월
다케이시 노리타카

세계 오지여행 수칙 10장

'여행은 나 자신이 만드는 것'

1 영어를 익혀라!
영어가 전 세계 어디에서나 통한다고 할 수는 없으나 영어를 해서 나쁠 것은 하나도 없다. 영어권을 제외하는 경우, 도회지 관광지를 떠나 시골로 가면 현실적으로 영어가 통하지 않을 때도 있다. 하지만 세계 여행의 공용어는 영어이므로 여행 계획이 잡히면 더욱 영어 학습에 열중하고, 현지에서 열심히 써먹다 보면 실력도 늘어나게 된다. 간단한 단어라도 좋다.

2 현지어를 적극적으로 활용하라!
영어가 통하지 않는 지역으로 여행할 경우는 현지어를 최소 10문장 정도 외우고 떠나자. '안녕하세요?' '고맙습니다!'로 시작하는 간단한 것이라도 좋다. 그리고 이를 토대로 현지인에게 적극적으로 말을 걸어 보자. 거기서부터 커뮤니케이션이 시작될 것이다. 현지인 또한 호감을 갖고 응대해 줄 것이다.

3. '해프닝'과 '액시던트'의 경계를 확실히 파악하라!

해프닝은 일상적으로 일어나는 예상 밖의 일, 액시던트는 불시에 일어난 사고. 여행에는 다소의 위험이 따르기 마련이다. 그러나 이를 두려워 해 행동을 제한한다면 여행을 풍요롭게 해주는 해프닝은 일어나지 않는다. 하지만 해프닝은 대체로 액시던트로 변하기 쉬운 것, 그 경계선을 파악하는 힘을 기르자.

4. 위험지역에서는 돈을 분산시킬 것!

여행지의 위험도에 따라 생각해야 한다. 복대 형식이나 목걸이 식의 귀중품주머니, 바지 양단 안쪽에 만든 비밀포켓 등에 돈을 분산시킨다. 그리고 강도가 가장 노리기 쉬운 바지 뒷주머니에도 지갑을 넣어두되, 거기에는 강도가 납득할 만한, 잃어도 손해가 크지 않을 정도의 금액을 꼭 넣어두는 것이 좋다. 금액이 너무 적으면 약 오른 강도가 '다른 곳에 더 숨긴 것 아니냐?'고 2차 위협을 가할 수 있기 때문이다. 현금, T/C, 카드 또한 분산 시켜야 피해를 줄일 수 있다.

5. 현지인과는 절대 싸우지 말 것!

언쟁 정도야 일상다반사이지만, 무슨 일이 있더라도 절대 주먹을 사용해서는 안 된다. 외국에서 벌어진 폭력은 결과에 상관없이 결국 외국인이 지게 되어 있다. 아무리 자신에게 과실이 없다 하더라도 언어가 부자유스런 외국인에게 정당방위는 통하지 않는다. 나 자신이 다른 나라, 그들의 영역에서 여행을 하고 있다는 점을 잊어서는 안 된다.

6 예약 없이 그냥 떠나 보라!

이 책은 여행사나 가이드에 의존하는 단순 관광 목적이 아닌, 물고기를 낚는 낚시의 목적으로 떠난 여행 기록이다. 인간은 자유롭게 나만의 여행을 해야만 한다. 그러므로 예약을 하지 않고 떠나는 여행을 권하고 싶다. 호텔, 교통수단 등 여정의 전부를 예약하지 말고 그냥 나서보라. 낚시여행이라고 해서 단순히 물고기를 낚는 것으로만 그치지 않는다. 그곳 사람들과의 만남, 낯선 땅에서의 우연과 행운의 기회도 맛봐야 한다. 그런 과정을 많이 거칠수록 목적한 물고기를 손에 넣었을 때의 감동이 더욱 진하게 느껴질 것이다.

7 짐을 줄이고 기동력을 올려라!

먼 나라 여행을 떠난다고 해서 이것저것 짐을 많이 꾸리지 말라. 필요최소한, 가능한 한 가볍고 얇게 짐을 싸야 한다. 짐이 가벼울수록 기동력이 올라가고 행동범위가 넓어진다. 낚싯대 또한 시판되는 대형 원통케이스에 넣으면 오히려 짐이 커진다. 낚싯대 개수에 맞춰 수도관용 PVC파이프 등으로 콤팩트하게 자작하는 것이 유리하다.

8 물고기를 낚기 전에 사람을 낚아라!

미지의 땅, 미지의 포인트를 찾는 것은 좋으나, 말도 통하지 않고 지리도 모르는 입장에서 낚시정보를 구하기란 매우 어렵다. 그러나 이 세상 어느 나라든 낚시꾼은 있다. 먼저 물가에서 친구를 찾는 일부터 시작하라. 친구가 생기면 목적한 물고기에게 보다 쉽게 다가갈 수 있다.

9 오지에서는 현지음식을 먹어라!

개중에는 일상과는 너무나 이질적인 식사도 있을 수 있지만, 긴 역사 속에서 정착된 현지음식은 그곳 특유의 토양에서 생성되었기 때문에 그곳에 알맞은 영양소가 결집되어 있음에 틀림없다. 또한 현지에 녹아들기 위해서도 좋다. 싫으면 떠나고…. (다만, 간을 맞추기 위해 고추장은 갖고 갑시다.)

10 여행은 나 자신이 만드는 것!

'나홀로 여행'에 룰 따위는 없다. 혹시 이제부터 여행을 떠나려고 생각하는 독자가 있다면 다른 이의 충고에 귀 기울이지 말라. 사실은 쓸모없다. 멋대로 하라! 그리고 나만의 여행을 만들라! 이상의 아홉 가지는 흘려들어도 좋다. 마지막 이 열 번째가 유일하게 강조하고픈 조언일지도 모른다.

이 책에 등장하는 괴어·괴수 일람

그레일링 Mongolian grayling, 사루기

Thymallus brevirostris. 등지느러미가 아주 큰 아름다운 물고기이다. 유럽에서부터 아시아, 북아메리카에 걸쳐 몇몇 아종이 서식하며, 우리나라 압록강 지류에서는 '사루기'라 부른다. 주위가 고요한 시간에 얕은 물가에 나와 등지느러미를 물 밖으로 드러내고 휴식을 취하는 모습을 목격할 수 있지만, 작은 소음에도 놀라 도망치는 예민한 성격의 소유자다.

나일퍼치 Nile perch

Lates niloticus. 아프리카대륙의 하천과 호수에만 서식하는 초대형 물고기로 전장 2m, 체중 200kg에 이른다. 담수어 세계최대 1~2위를 다투는 거구의 괴어. 외형이 바라만디와 닮아 구별이 어렵지만 덩치가 두 배 가량이나 크다. 1950년대, 당시의 종주국이던 영국에 의해 아프리카 각지에 이식된 이래, 재래 생태계 파괴의 주범이 되고 있다.

노던파이크 Northern pike

Esox lucius. 북아메리카·시베리아·유럽 등 북반구 고위도 지역에 널리 분포하는 파이크(Pike·꼬치고기 종류)의 일종. 전장 150cm로 성장한다. 날카로운 이빨로 무장하고 드넓고 고요한 유라시아대륙의 수중세계를 호령하는 폭군으로 불린다.

뉴기니 다토니오 New guinea Tiger

Datnioides campbelli. 파푸아뉴기니 및 인도네시아령의 뉴기니섬에 걸쳐 서식하는 독특한 다토니오 종류. 전장 40cm에 달하고, 노랗고 검은 호랑이무늬가 특징인 희귀어(稀貴魚)이다. 인적 드문 오지를 흐르는 강에 숨어 사는 애교 있는 열대어.

도라도 Dorado

Salminus brasiliensis. 커다란 머리에 강한 턱과 날카로운 이빨, 금빛으로 물든 외형이 특징이다. 남미 아마존강 유역과 라플라타강 유역에 서식하며, 강렬한 파워와 쉬지 않는 수면 도약으로 세계의 낚시인들에게 선망의 대상이 된다. 스페인어로 '도라도'는 '금색'을 의미해 같은 이름으로 불리는 어종도 있지만, 도라도 하면 역시 남미의 도라도가 최고!

레노크 Lenok, 열목어

Brachymystax lenok. '눈에 열이 많아서 차가운 물을 찾아 상류로 올라간다'는 열목어가 바로 이 레노크이다. 우리나라가 세계적으로 서식 남방한계선에 해당한다. 우리나라의 경우 태백산맥 서쪽으로 흐르는 계곡이 서식처이다. 연어과 어류 가운데 한 종류로 우리나라에서는 계류낚시 대상어로 귀히 여기지만, 몽골에서는 아주 흔한 어류로 취급 받는다.

레드테일 캣피시 Redtail catfish

Phractocephalus hemioliopterus. 남미의 아마존, 오리노코 강 등에 서식하는 꼬리가 핏빛으로 물든 괴어. 최대 120cm 이상으로 자란다. 짙푸른 정글, 블랙커피색 강물 위로 떠오르는 그로테스크한 어체는 현실세계의 피조물이 아닌 것 같은 착각에 빠지게 한다.

맹그로브잭 Mangrove Jack, Mangrove red snapper

Lutjanus argentimaculatus. 태평양 및 인도양 연안의 열대아열대 해역에 널리 분포하는 갈돔 종류로, 맹그로브가 우거진 장소에 서식한다는 뜻에서 명명된 것이다. 대형급은 연안의 암초나 산호초 지대에 서식하지만 길이 50cm 정도의 젊은 개체는 하구나 기수역 및 완전 담수 지역까지 진입한다. 날카롭게 돋아난 송곳니에서 느껴지듯 성질도 매우 사납다.

물총고기 Archerfish

Toxotes jaculatrix. 물총고기과로 분류되는 물고기들의 총칭. 특이한 구조의 입과 아가미를 사용해 입으로 물총을 쏘듯 물을 내뿜는다. 물속에 살면서도 바깥 세계의 육상곤충을 잡아먹는 신기한 기술을 갖고 있는 열대어.

바라만디 Barramundi

Lates calcarifer. 동남아시아, 오스트레일리아 북부의 열대지방에 분포하는 연안성 육식어종. 전장 2m, 체중 60kg에 달하는 열대정글의 괴어. 강력한 파워와 수면 점프가 뛰어나 중독성 강한 게임피시로 각광받는다. 1m 정도로 크게 성장하면 모두가 암컷으로 성전환(性轉換)하는 기묘한 생태를 지니고 있다. 오렌지색으로 빛나는 눈동자가 매력!

비쿠다 Bicuda, Pike characin

Boulengerella cuvieri. 모습은 바다의 바라쿠다와 비슷하다. 마치 중생대의 익룡(翼龍)을 연상시키는 괴이한 모습으로, 아마존 급류의 어뢰형 괴수라 부를 만하다. 남미 아마존강, 오리노코강 등의 수계가 서식처이며, 급류지대를 주 무대로 살아간다.

삐라냐

Redeye piranha, Black piranha

Serrasalmus rhombeus. 남미 열대지역에 서식하는 공포의 물고기. 사진의 블랙삐라냐는 삐라냐 중에서 대형종으로 50cm 이상으로 자란다. 인디오 언어로 'Pira'는 물고기, 'Ranha'는 치아를 의미하는 것으로 '이빨이 있는 물고기'라는 뜻이다. 원래 겁쟁이라 항상 무리를 짓는데, 무리 전체가 흥분 상태가 되면 공격적이 되어 먹이를 순식간에 뼈만 남긴다.

사라토가 Saratoga, Australian arowana

Scleropages leichardti. 파푸아뉴기니, 오스트레일리아 등 오세아니아의 열대정글 깊숙이에 서식한다. 길게 찢어진 입, 큰 비늘이 철갑처럼 덮여 있는 고대어(古代魚). 다른 아로와나 종류에 비해 몸통이 길고 납작하다. 판스프링과 같이 탄력 넘치는 몸매로 수면을 두들기며 허공으로 치솟아 공중제비를 하는 모습은 가히 환상적이다.

세바로우 Transverse Bar Barb, Pla kasoop

Hampala macrolepidota. 정원 연못에서 노니는 잉어를 보고 대개 온순한 물고기라고 생각한다. 그러나 세바로우는 동남아 정글 깊숙한 곳, 호수나 강에 서식하면서 다른 물고기를 공격해 잡아먹는 육식성 잉어 종류다.

시크리드科 Cichlidae

아프리카·중동·남아시아·중앙아메리카·남아메리카에 널리 분포하는 어종이다. 완전한 담수에서 생활하는 종류와 기수역에 서식하는 종류를 합치면 적어도 1300여종. 많은 지역에서 식용으로 사용하는 종류도 많고, 엔젤피시나 디스커스 등 아름다운 관상용 열대어로 유통되는 종류도 수를 헤아릴 수 없을 정도로 많은 것이 바로 이 시크리드 종류이다.

실버아로와나
Silver arowana

Osteoglossum bicirrhosum. 남미의 하천에 널리 서식하는 아로와나 종류 가운데 최고 대형급으로 손꼽히는 원시성 물고기. 철갑 같은 큰 비늘로 몸을 감싸고, 매우 얇은 몸통에 몸 길이의 절반을 넘는 꼬리지느러미와 등지느러미가 특징이다. 최대 크기는 1.2m에 달한다. 성장 속도가 빠르고 개체수도 많은 편으로 남미 지역에서는 식용으로 삼기도 한다.

아시아 아로와나
Asian arowana

Scleropages formosus. 동남아시아 정글 깊숙한 곳에 서식하는 아름답고 진귀한 아로와나 종류이다. 크기는 보통 60~70cm. 고가로 거래되는 관상어로 붉은 색이 짙은 홍룡(紅龍), 몸 전체에 금색이 나는 금룡(金龍)은 수천만 원이 매겨지기도 한다. 워싱턴조약(CITES)의 절멸 위기종으로 지정되어 있고, 관상용의 수출입은 양식 개체에 한하고 있다.

아프리칸 캣피시
African catfish

Clarias gariepinus. 아프리카 전역의 담수 호수, 강계 등지에 널리 서식하는 대형급 메기 종류. 야행성이므로 여느 메기낚시와 마찬가지로 밤낚시에 주로 낚인다. 삐죽이 돋아난 수염과 시커먼 몸통에 150cm 정도 크기로 자란다. 수중 암흑세계에 군림하는 암흑대마왕.

엘리게이터 가 Alligator Gar

Atractosteus spatula. 북아메리카 미시시피강 유역에 서식하는 괴어 중의 괴어. 몸은 물고기이되 머리는 악어를 닮았다. 전장 3m, 체중 170kg를 넘는 미주대륙에서 가장 큰 물고기로 손꼽힌다. 이름 그대로 악어처럼 날카로운 이빨이 돋아 있다. 미국이 본거지이지만 동남아시아의 여러 양식장에 이식되어 있고, 낚시 대상어로 활용되기도 한다.

자이언트 스네이크헤드 Giant snakehead

Channa micropeltes. 동남아시아와 인도 일부 지역에 서식하는 가물치의 한 종류. 순백의 피부에 새카만 광택 무늬, 에메랄드 색으로 빛나는 등판, 화려한 체색은 마치 고대 크메르 압사라(Apsara)의 보석인 듯하지만, 성격은 사납다. 전장 1m, 체중 20kg에 달하는 동남아 최강의 맹어(猛魚). 태국에서는 '프라 샤도', 말레이시아에서는 '토만'이라 부른다.

쟈우 Jahu, Jaú catfish

Zungaro zungaro. 아마존의 대형 메기 종류들 가운데 겉모습의 그로테스크함이 타의 추종을 불허한다. 으스스한 겉모습에서도 느껴지듯 사람을 잡아먹는다는 소문이 나돌 정도의 이른바, 식인메기! 길이 1.5m, 체중 50kg 정도는 흔한 편에 속한다.

클라이밍 퍼치 Climbing gourami, Climbing Perch, 登木魚

Anabas testudineus. 아시아와 아프리카의 담수 수계에 서식하는 신기한 물고기. 아가미 이외에 폐 역할을 하는 기관을 갖고 있어서 물 밖에서도 공기호흡을 할 수 있다. 이름처럼 나무를 기어오르지는 못하지만 지느러미로 바닥을 기어 다닌다.

타이거피시
Tiger fish

***Hydrocynus* 屬.** 엄청난 속도로 헤엄치며 입 밖으로 삐죽이 돋아난 32개의 날카로운 송곳니로 상대방을 단칼에 해치우는 아프리카의 이빨괴어. 아프리카의 여러 하천과 호수에 5종이 서식하며, 그중 콩고강 유역에 서식하는 '골리앗타이거 *Hydrocynus goliath*'는 길이 2m, 체중 60kg에 달하는 괴수이다. 물고기라기보다는 공포영화에 등장하는 살벌한 악마 같기도 하다.

타이거쇼벨노우즈 Tiger shovelnose catfish, Barred Sorubim

Pseudoplatystoma fasciatum. 남미 아마존 수계에 서식하는 열대메기의 일종. 최대 120cm 이상까지 성장한다. 호랑이 무늬에 말의 얼굴을 한 모습으로 괴어 중의 괴어로 일컬어진다.

타이멘 Taimen

Hucho taimen. 카스피해와 북극해로 흘러들어가는 여러 하천과 아무르강(흑룡강)에 서식하는 특대형 연어 종류로, 세계적으로도 5종류에 불과한 진귀한 물고기이다. 성장이 느린 대신 오래 생존하며 길이 2m, 체중 100kg 이상으로 성장한다. 물 마시러 온 사슴을 순식간에 덮친다는 바로 그 전설의 주인공. 하반신이 핏빛으로 물든 동토의 괴어.

파쿠 Pacu

Colossoma brachypomum. 아마존 수계에 서식하는 특대형 카라신이다. 외형은 삐라냐를 확대해 놓은 모습이다. 아종인 '탐바퀴*Colossoma macropomum*'는 길이 1m, 체중 30kg를 육박하는 체구를 지니는 고급어종이다. 일단 낚시에 걸려들면 외관으로는 상상도 못할 손맛을 보여준다. 공중을 나르듯 원반처럼 수면을 박차고 점프를 하는 '둥근 괴어'.

파푸안배스 Papuan bass, Papuan black bass

Lutjanus goldiei. 파푸아뉴기니 본토 및 뉴브리튼 섬, 솔로몬제도가 주 서식영역이다. 이외에도 인도네시아 및 필리핀 일부에서만 서식이 확인되는 미지의 괴어. 담수어 중 동급 최강의 파워를 발휘함으로써 세계의 많은 낚시인들로부터 선망의 대상이 된다. 길이에 비해 육중한 덩치를 자랑하는데 30kg가 넘는 무게로 성장하는 것으로 알려져 있다.

퍼시픽 타폰 Indo-Pacific tarpon

Megalops cyprinoides. 태평양 아열대지역의 수심 얕은 곳에 서식한다. 어린 시기에는 기수역이나 담수역까지도 거슬러 올라간다. 최대 성장은 1.5m 정도. 대서양에 사는 특대형급 타폰*Megalops atlanticus*의 축소판으로 성질도 급하고 몸놀림도 재빠르다. 수면을 가르며 허공으로 치솟는 광란의 몸부림으로 낚시꾼의 정신을 쏙 빼놓는 수중 야생마.

페슈카쇼로
Peixe cachorro, Payara, Dog tooth characin

Hydrolycus scomberoides. 세로로 찢어진 입에 놀라운 길이로 한 쌍의 견치가 돋아 있다. 야성의 아마존에 어울리는 괴어의 인상 그대로다. 전장 1m 정도로 성장한다. 머리를 아래로 향한 채 급류 중간에 매복하고 있다가 지나가는 물고기를 호시탐탐 노린다.

프라 크라벤 Giant freshwater stingray, Pla Kabeng Nam Djut

Himantura chaophraya. 태국·인도네시아·말레이시아 등지의 동남아시아, 파푸아뉴기니·오스트레일리아 등지의 오세아니아 수계에 서식하는 지구 최대의 담수 가오리. 채찍처럼 휘두르는 꼬리에는 날카로운 독침도 달려 있다. 체중 600kg, 체적 2평이 넘도록 성장하는, 자타가 공인하는 대하의 괴수!

피라루쿠 Pirarucu

Arapaima gigas. 공식적인 세계최대의 담수어로 1억년의 세월동안 변치 않고 현존하는 아마존의 고대어. 성장하면 길이가 보통 3m, 최대 5m를 넘는다. 수면에 얼굴을 내밀고 공기호흡을 하는 숨소리는 정글을 울리는 악마의 휘파람 소리와도 같다. 투구를 뒤집어 쓴 듯한 머리와 온몸에 두른 갑옷같은 비늘 역시 인상적이다. 인디오들의 언어로 'Pira'는 물고기, 'Urucu'는 열매에서 붉은 색소를 채취하는 식물을 말한다. 즉, 붉은 물고기라는 뜻으로 하반신이 붉은 비늘로 덮여 있는 데서 유래했다.

피코크배스 아스
Peacock bass Asu

Cichla temensis. 남아메리카 아마존 수계에 서식하는 시크리드 종류 중 대형종이다. 수면에 폭발하듯 작렬하는 입질과 강력한 파워는 낚시 대상어로 특급에 속한다. 전장 또한 80cm 이상으로 성장한다. 낚시인들 사이에서는 흰 반점이 있는 것을 '파카', 번식기에 색상이 바뀌어 검은 세줄 무늬가 두드러진 것을 '아스'라고 부른다. 아마존의 대표 어종.

나일크로커다일
Nile Crocodile

Crocodylus niloticus. 전장이 4~6m에 달하는 대형급 악어 종류. 아프리카 중부·남부 및 나일강 유역에 서식하며 주둥이에 돌기가 없는 것이 특징이다. 이 책의 아프리카 기행에 자주 등장하는데, 새끼의 경우는 맨손으로 잡아 들기도 하지만, 어미라면 거꾸로 사람이 잡혀 먹힐지도 모른다.

바다 크로커다일 Saltwater Crocodile

Crocodylus porosus. 전장 5~7m로 자란다. 동남아시아 및 오세아니아의 연안에 서식하는 세계 최대의 악어. 주둥이에 돌기가 발달되어 있다. 이 책의 파푸아뉴기니 기행에 자주 등장하는 악어가 바로 이 종류로, 세계에서 가장 위험한 악어다.

블랙카이만 Black Caiman

Melanosuchus niger. 전장 4~6m로 성장한다. 남미 아마존 유역에 서식하는 대형 악어 종류로 등이 검은색이다. 이 책의 아마존 후편에 등장하는 악어인데, 낚시로 걸어 몇 사람이 합세해도 끌어내지를 못해 결국 자동차로 끌어낸 악어가 바로 이 종류이다.

안경카이만
Spectacled Caiman

Caiman crocodilus. 전장 2~2.5m로 성장하며, 중앙아메리카·남아메리카 북부 및 중부의 하천에 서식하는 소형 악어 종류. 이 책의 아마존 전편 이야기에 자주 등장하는 소형 악어가 바로 이 종류다. 맨손으로 잡아낼 수 있는 악어이기도 하다.

나일왕도마뱀 Nile Monitor

Varanus nilotictus. 전장 1.5~2m로 성장하는 악어처럼 생긴 도마뱀. 아프리카 나일강 유역 및 사하라사막 이남에 널리 분포하는 도마뱀으로, 아프리카의 도마뱀 중에서 최대급. 그로테스크한 외모와는 달리 성격이 온순한 파충류이다.

투구게
Japanese horseshoe crab

Tachypleus tridentatus. 중국·일본·동남아시아 일부 지역에 서식하는 고생대 삼엽충과 비슷한 외모의 진귀한 생물. 전장 70~85cm에 달하며, 게라는 이름이 붙어있지만 갑각류가 아닌, 거미나 전갈과 유사한 절지동물이다.